# 몸과 움직임 읽기

라반 움직임 분석의 이론과 실제

# 몸과 움직임 읽기

## 라반 움직임 분석의 이론과 실제

신상미 · 김재리 지음

이화여자대학교출판문화원

## | 머리말 |

"인간은 움직임으로 자신을 표현한다."
*-루돌프 폰 라반*

인간은 태어나면서 생명을 유지하는 아주 작고 잔잔한 호흡으로부터 시작해서 점차 몸을 움직이게 된다. 유럽 현대 무용의 아버지이자 무용이론가인 루돌프 폰 라반Rudolf von Laban은 이 작은 움직임을 곧 삶이라 했고 자신을 표현하는 창조의 근원이라고 생각했다. 이 책에서는 바로 삶을 표현하는 움직임이 우리가 살아가는 공간 속에서 어떠한 방식으로 어떻게 표현되고 있는가에 대한 답을 찾아보고자 했다. 이를 위해 저자들은 움직임의 관찰과 분석을 가능하게 만든 라반의 움직임 분석 체계를 중심으로 그 이론과 실제를 다루었다. 그 이유는 라반의 움직임 이론이 신체 경험을 매우 포괄적이고 보편적으로 설명하고 있으며, 실제 습관적으로 움직이는 사람이나 움직임을 창조하는 예술가의 실제적인 경험이나 예술적 경험 등을 모두 고려해 그의 이론을 개념화하고 실용화하고 있기 때문이다. 또한 어린아이부터 다양한 분야의 학자에 이르기까지 그들이 보고 느낀 내용과 경험한 방법을 쉽게 설명할 수 있는 분석틀과 기회를 제공하기 때문이다.

따라서 이 책의 초반부에서는 라반 움직임 분석Laban Movement Analysis: LMA의 이론적 근간을 마련한 라반의 삶과 예술에 대해 알아보고, 라반 움직임 분석이 탄생하게 된 철학적 · 과학적 배경과 발전 역사 및 적용 사례를 살펴보았다. 그리고 움직임과 움직임 분석이 무엇인가를 논의하면서 분석 이론에 대한 기초적 이해를 돕고자 했다. 중반부에서는 라반 움직임 분석에 근거해서 네 가지 분석 카테고리와 그 이론 및 방법을 설명했다.

네 가지 카테고리 중 인간에게 가장 중요하고 핵심적인 몸Body에 대한 이해를 돕기 위해 먼저 라반의 제자인 엄가르트 바르테니에프Irmgard Bartenieff가 창안하고 발전시킨 신체훈련법의 하나로 바르테니에프 기초 원리Bartenieff Fundamentals에 대해 알아보았고, 몸의 구조 속에서 가장 자연스럽게 생성되는 열두 가지 기본 동작을 살펴보았다. 두 번째로는 움직임의 내적 충동, 즉 우리가 움직이고자 하는 마음가짐이나 동기라고 할 수 있는 에포트Effort에 대해 정의했으며 그 구성 인자와 각 인자 안에 내재되어 있는 에포트의 요소들 그리고 그 요소들 간의 상호 작용 및 조합을 통해 생성되는 에포트 상태State와 에포트 충동Drive에 대해 살펴보았다. 이를 통해 우리가 말하고 글을 쓸 수 있는 언어와 같이 움직임은 어떤 방식으로 조합되고 어떻게 표현되어 비언어적 의사 소통을 가능케 하는가에 대해 논의해 보았다. 세 번째로는 이 에포트를 통해 창조되는 움직임의 형태에 관한 셰이프Shape, 즉 몸이 공간 안에서 그려내는 형태의 유형들을 제시해 보았다. 네 번째로는 움직임도 음악처럼 조화로운 형태를 가지고 있다는 라반의 공간 조화Choreutics 논리를 다양한 기하학적 도형으로 만들어진 결정체의 예를 들어 공간과 신체의 관계와 그 안에서 우리가 움직이는 조화로운 패턴 및 그 의미를 유추해 보았다.

후반부에서는 이 네 가지 카테고리인 몸, 에포트, 셰이프, 공간Body, Effort, Shape, Space: BESS이 서로 어떠한 필연성을 가지고 상호 작용을 하고 있는지 또 어떤 논리로 친화성을 갖게 되는지 그 관계에 대해 살펴보았으며, 마지막으로 인간이 만들어 내는 움직임을 간단하게 표기할 수 있는 모티프 표기법Motif Writing에 대해서도 살펴보았다.

또한 〈부록 1〉에는 LMA 용어 정의를 실었고, 〈부록 2〉에서는 바르테니에프의 여섯 가지 기본 동작을 LMA로 분석해 우리의 몸과 움직임을 이해할 수 있도록 도움을 주고자 했으며, 〈부록 3〉에는 근골격계의 그림을 덧붙였다.

그 동안 인간의 움직임에 대한 연구는 주로 개념적인 측면을 위주로 진행되어 왔고, 실제적인 측면에서는 라반의 이론을 근거로 라반 자신에 의해 에포트 그리고 공간 조화 이론 등으로 쓰인 책이나 그의 제자가 각각의 이론을 개별적으로 발전시켜 집필한 책들이 대부분이다. 라반 움직임 분석 이론을 총체적으로 다룬 책으로는 1980년에 출판된 바르테니에프의 『몸 움직임: 환경에 대처하기*Body Movement: Coping with the Environment*』가 유일하다. 따라서 이 책은 라반의 움직임 이론을 총망라해 우리의 몸이 만드는 움직임 그 자체를 실제적으로 이해하고 그것을 분석할 수 있는 방법론을 제시했으며, 그리고 연구하는 과정에서 간과할 수 있는 많은 내용을 포함하고 있다는 점에서 기존의 책들과는 차별화할 수 있다.

이 책은 몇 년 전 공인 움직임 분석가Certified Movement Analyst: CMA들이 모여 움직임을 관찰하고 실행하면서 거기서 발견되는 흥미롭고 신비한 진실을 볼 수 없는 사람들에게, 그리고 움직임을 효과적으로 표현하거나 소통하는 데에 어려움을 겪는 사람들에게 이 세상의 다양하고 새로운 아름다움을 경험할 수 있도록 그 분석 방법과 움직임 훈련법을 소개해 보자는 의견을 모아 집필을 시작했다. 이 과정에서 라반의 움직임 이론에 대한 서로의 견해를 피력하고, 해석 · 평가 및 비판을 해가면서 심도 있는 토론을 하기도 했고, 그것을 바탕으로 각 장의 내용을 정리할 수 있었다.

이 책이 인간의 몸이 공간에 그려내는 움직임을 읽기 위한 움직임 분석 이론 또는 무용분석 이론을 다루는 수업과 인류학, 심리학, 무용/움직임 치료, 무용 비평, 비언어적 의사 소통 연구, 창의성 개발과 교육, 움직임 표현법 등 움직임을 다루는 다양한 분야에 적합하게 응용할 수 있는 가치가 있는 전공 교재이자 학술서가 될 것으로 기대한다.

끝으로 이 책의 출판을 위해 애써 주신 이화여자대학교출판부 최민숙 부장님을 비롯한 출판부 여러분의 노고에 감사의 뜻을 전한다.

2010년 1월

저자 대표 신상미

| 차례 |

머리말 _ 5

제1장 루돌프 폰 라반은 누구인가?

1. 라반의 젊은 시절 _ 12
2. 라반에게 영향을 준 인물들 _ 15
3. 라반의 춤과 철학 _ 18
4. 라반의 이론 _ 21
5. 라반의 영향을 받은 주요 인물들 _ 23
6. 끝나지 않은 그의 연구 _ 27

제2장 라반 움직임 분석이란?

1. 라반 움직임 분석 _ 32
2. 기록에서 시작된 움직임 분석 _ 33
3. 라반 움직임 분석의 발전 과정 _ 35
4. 라반 움직임 분석의 활용 사례 _ 40

제3장 움직이는 몸

1. 몸의 구조와 기호 _ 48
2. 몸의 움직임 _ 50
3. 움직임의 원리: 바르테니에프 기초 원리 _ 56
4. 여섯 가지 기본 훈련 _ 78

제4장 감정 표현

1. 에포트의 개념 _ 80
2. 에포트의 유형 _ 82
3. 에포트 구문 표현법 _ 113

제5장 움직이는 구조물

1. 셰이프의 개념 _ 120
2. 셰이프의 유형 _ 122
3. 셰이프 유형의 특징 _ 136

제6장 움직임의 흔적

1. 코레우틱스/공간 조화의 개념 _ 140
2. 개인 공간의 개념 _ 146
3. 개인 공간에서의 움직임 _ 155
4. 스케일 _ 161

## 제7장 BESS의 상호친화성

1. BESS의 상호친화성이란? _ 180
2. 1차원 공간과 에포트-셰이프의 상호친화성 _ 183
3. 2차원 공간과 에포트-셰이프의 상호친화성 _ 188
4. 3차원 공간과 에포트-셰이프의 상호친화성 _ 191
5. BESS의 반친화성 _ 195

## 제8장 움직임 표기법 – 모티프 표기법

1. 라반의 움직임 표기법 _ 198
2. 모티프 표기법 _ 199

## 부록

부록 1. LMA 용어 정의 _ 216
부록 2. 여섯 가지 기본 훈련 _ 227
부록 3. 근골격계 _ 247

그림 목차 _ 251
표 목차 _ 255
참고 문헌 _ 256
찾아보기 _ 266

제1장

# 루돌프 폰 라반은 누구인가?

"이 세상의 모든 것은 움직인다."

*- 라반*

1. 라반의 젊은 시절

2. 라반에게 영향을 준 인물들

3. 라반의 춤과 철학

4. 라반의 이론

5. 라반의 영향을 받은 주요 인물들

6. 끝나지 않은 그의 연구

안무가이자 무용 이론가로 알려진 루돌프 폰 라반Rudolf von Laban, 1879-1958은 19세기와 20세기에 걸쳐 예술계에 창조적 힘을 발휘한 가장 영향력 있는 예술가이자 철학자이다. 그는 유럽 현대 무용의 어머니 마리 뷔그만Mary Wigman에게 영향을 주었으며, 1960년대 이후 피나 바우쉬Pina Bausch에 의해 꽃피운 독일 탄츠테아트르Tanztheatre의 철학적 기초를 세우기도 했다. 라반은 현존하는 움직임 기록법 중 가장 보편적으로 사용되는 라바노테이션Labanotaion을 고안했으며, 특히 그의 움직임에 대한 생각과 개념들은 오늘날 라반 움직임 분석Laban Movement Analysis: LMA으로 발전했다. LMA는 춤을 포함한 인간의 모든 움직임을 분석하는 체계로서 과학과 예술 사이에 다리를 놓은 이론으로 평가된다. 라반은 현대 무용의 아버지라 불릴 만큼 무용 역사에서 중요한 인물이며 그가 세상을 떠난 뒤 지금까지도 그의 생각과 이론은 무용은 물론 움직임과 관련된 모든 분야에서 계속 연구, 발전되어 오고 있다.

## 1. 라반의 젊은 시절

라반은 1879년에 지금의 슬로바키아Slovakia 수도인 오스트리아-헝가리 제국의 브라티슬라바Bratislava에서 태어났다. 라반은 가톨릭 신자 집안의 장남으로 아버지는 군인이었으며 어린 시절 부유한 생활을 했다. 라반의 어머니는 군인 집안에서의 엄격함을 가지고 있었지만 일생 동안 아들에게는 친근한 어머니였으며, 그가 다양한 예술적 경험을 할 수 있도록 지원했다. 이러한 부모 밑에서 어린 라반은 리더십이 있고 호기심 많은 청년으로 자라게 되었다.

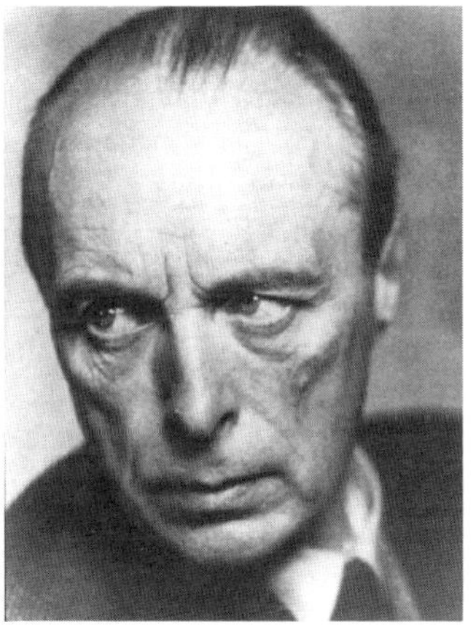

〈사진 1〉 루돌프 폰 라반
(Laban Collection, 1938)

라반은 군인인 아버지를 따라 세계 곳곳을 자주 여행하면서 다양한 경험을 하게 되었는데, 여행 중 받은 자연에 대한 영감은 후에 라반의 창조적인 작업에 풍부한 자원이 되었다. 라반이 움직임에 대해 매력을 느끼게 된 것은 중앙아시아를 여행하던 중 목격했던 어떤 종교의 수도修道 방식을 보고 난 이후였다. 그는 승려들의 소용돌이치는 듯이 추는 춤이 고통 없이 엑스터시에 이르는 것을 보고 깊은 감동을 받았다. 라반은 이러한 종교 의식에서 인간이 움직일 때 느껴지는 힘과 인간이 춤을 통해 자연과 우주를 초월할 수 있는 가능성을 발견했다. 또한 이 시기에 그는 인간의 움직임을 지각하기 시작했고, 다양한 문화 안에서 나타나는 각기 다른 춤을 보고 움직임에 대한 깊은 관심을 갖게 되었으며, 춤은 인생을 종합적으로 보여 주는 것이며 유흥이나 사회적 목적을 갖는다는 것을 깨닫게 되었다. 어린 시절부터 라반은 단 한 번도 무용수로 훈련받은 적이 없었으며 대부분 자신이 관찰한 것과 경험에서 비롯된 자연스러운 춤을 추었다. 그는 이렇게 내적 충동에서 자연스럽게 흘러나오는 움직임에 기본을 두어 다양한 움직임을 개발하고 그 이론을 발전시켜 나갔다.

무용 역사를 통해 라반만큼 화려한 업적을 이룬 무용가를 찾아보기 어렵지만 그는 처음에 무용이 아닌 시각 예술과 건축을 공부했다. 1900년부터 1907년까지 파리에 머무르면서 사회 관습에 구애받지 않고 자유분방한 방랑 생활을 하는 보헤미안적인 삶을 살았다. 그는 미술 스튜디오에서 일하며 인상파 화가가 속한 살롱이나 물랭 루주Moulin Rouge와 같은 카바레 생활을 하기도 했다. 1910년 이후에는 뮌헨München으로 들어가 회화 공부를 했고, 유명한 미술가들과 교분을 쌓으며 예술적인 교류를 하기도 했다. 특히 라반의 오래된 동료이자 현대 미술의 선구자로서 20세기 현대 미술의 발전에 중요한 역할을 맡은 것으로 알려져 있는 미술가 헤르만 오브리스트Hermann Obrist는 라반에게 중요한 영향을 주었다. 라반은 회화와 시각 경험의 두 가지에 관심을 가지고 조각이나 건축 등 다양한 매체들을 광범위하게 사용하는 오브리스트의 아이디어를 자신의 방식대로 응용한 예술 작업을 추구했다.

라반은 오브리스트 이외에 당시 현대 미술의 중요한 인물로 평가되는 다른 미술가들의 작업을 통해서도 많은 예술적 영감을 얻었다. 그 중에서도 색의 의미에 관한 이론을 미술과 무대에 적용시킨 바실리 칸딘스키Wassily Kandinsky, 1866-1944[1]와 같은 미술가의 활동에서 영감을 받아 그림을 그리고 디자인을 하고 건축을 배웠다. 그는 미술이나 건축과 같은 예술 작업을 통해 예술품에서 나타나는 조화Harmony를 발견하게 되었으며, 이것은 후에 그의 움직임 철학의 가장 중요한 핵심 개념이 되었다.

또한, 라반은 20세기의 음악에 큰 영향을 끼친 아르놀트 쇤베르크Arnold Schönberg, 1874-1951[2]의 음악 세계와도 대조할 만한 예술 세계를 창조했다. 라반은 전통적인 발레 동작이 기본 이외 좀 더 확장된 동작으로 구현될 수 있다고 생각했는데, 이는 요한 제바스티안 바흐Johann Sebastian Bach, 1685-1750 이후 3세기에 걸쳐 이어온 전통적인 자연적 음악 어법을 부정하고 지知의 체계에 따라 치밀한 음악 질서를 사용한 쇤베르크의 12음 기법의 창조와도 일맥 상통한다고 할 수 있다. 이처럼 칸딘스키, 라반, 쇤베르크 등 서로 다른 예술 매체를 다루는 예술가들은 당대의 예술적 경향

---

1 1866년 러시아 태생으로 20세에 법학과 경제학을 시작했으며, 30세에 미술을 공부한 인물이다. 1899년 라반이 뮌헨에서 조각가인 헤르만 오브리스트에게 미술을 배웠을 때(1899~1900), 칸딘스키도 비공식적으로 오브리스트에게 미술을 배운 것으로 알려져 있다. 오브리스트는 라반과 칸딘스키의 절친한 친구이기도 했다. 1910~1914년 칸딘스키는 자신의 책 *Uber das Geistige in der Kunst*에 그리고 라반은 그의 책 *Die Welt des Tanzers*(1920년 이후 출판)에 예술의 영성에 대한 그들의 신조를 표현했다(Laurence Louppe, et., 1994. *Traces of Dance: Drawings and Notations of Choreographers*, pp. 110-116).

2 오스트리아의 작곡가로서 자아의 고뇌와 모순을 묘사하기 위해서 전통적인 선법과 화성법을 무시하고 독특한 음악 양식을 창조한 인물이다. 이상한 음정, 극단적인 리듬의 대비 등을 이용한 새로운 것으로 20세기의 음악에 큰 영향을 주었다.

을 따르면서 새로운 예술 이론을 창조한 예술가이자 표현주의자들이라 할 수 있다.[3] 라반은 1900년대 초기 대부분의 예술가가 관심을 가지고 있던 극장에서 이루어지는 공연 중 몸의 움직임과 비언어적 의사 소통을 강조했다. 그는 음악이나 연극 혹은 마임mime에 종속되어 있던 무용을 하나의 독립된 예술로 인식하고 다른 예술 장르로부터 자유로워야 한다고 생각했다. 라반은 무용이 가진 예술적 특질을 강조하면서 무용의 가장 핵심적인 요소가 되는 움직임의 의미를 밝히고자 했다. 이를 위해 그는 학생들 혹은 다른 무용수의 관계 속에서 이루어지는 모든 경험을 통해 움직임의 특질과 감정 표현의 관계에 대해 연구했고, 움직임에 관한 이론을 정립하고자 했다. 이를 위해 라반은 그의 젊은 시절을 공공 장소에서 사람들의 행동을 관찰하거나 정신병원에서 보내면서 환자들의 움직임을 보고 스케치하며 움직임을 통해 그들의 성격이 드러나는 것을 발견했다. 이것이 후에 라반이 움직임과 정신과의 관계에 대해 생각하고 논의할 수 있는 자극제가 되었다. 라반이 몸을 통해 표현되는 내적 상태나 요구에 관한 에포트 이론을 창안한 것도 인간의 몸과 정신의 관계 안에서 움직임이 창조된다는 것을 전제로 한다. 이처럼 라반은 다른 무용가들과는 달리 전통적인 방식의 무용 교육을 받지는 않았지만 세계 곳곳에서의 다양한 경험들을 토대로 기존의 틀을 벗어난 안무를 했고, 무용 예술뿐 아니라 다양한 분야에 적용할 수 있는 움직임 분석 체계를 창안했다.

3 칸딘스키는 선에 대해 에너지의 흔적이라 표현했으며, 형태와 색 이론form and color theory을 발전시켰다. 라반은 움직임에 대해 공간상에서 무용수가 그리는 제스처의 흔적 형태라고 표현했으며, 유키네틱스Eukinetics와 코레우틱스Choreutics 이론으로 발전시켰다. 쇤베르크는 새로운 음악 질서, 즉 음조가 없거나 다양한 음소를 시행하면서 장조와 단조의 음계가 아닌 무조음악無調音樂의 12음 기법을 시도했다.

## 2. 라반에게 영향을 준 인물들

젊은 시절 라반은 여러 철학가나 예술가들로부터 영향을 받아 움직임에 대한 이론의 기초를 다지게 된다. 라반은 그의 저서 『코레우틱스*Choreutics*』에서 우주의 조화로운 구조 안에서 모든 자연 현상이나 인간이 살아가는 삶의 법칙을 발견할 수 있다고 했는데 이러한 생각은 고대 그리스 철학자인 플라톤Platon과 피타고라스Phytagoras의 영향을 받은 것으로 보인다. 플라톤의 대화편 『티마이오스*Timaeus*』는 우주의 기원과 체계에 관한 설명과 함께 고대 초기의 철학 원칙에 초점을 맞추고 있다. 특히 여기에서 나타나는 우주에 관한 관점, 물질의 구조, 인간의 몸이나 정신에 관한 생각들은 라반의 인생에서 가장 중요한 부분이 된다.

라반은 플라톤에 영향을 준 수학자 피타고라스의 이론에서도 영향을 받았다. 피타고라스는 만물의 근원을 수數로 보았으며 한정된 것과 한정되지 않은 것, 짝수와 홀수의 대립을 세계의 기초가 되는 최상의 대립으로 보았다. 그는 이 대립이 우주 전체의 차원에서 조화롭게 균형을 이루고 있다고 했으며, 이 개념은 서로 대립되는 개념들의 조화로운 관계 안에서 움직임이 발생된다는 라반 이론의 근간이 되었다. 라반은 피타고라스를 통해 자연과 우주에서 발견되는 수학적 법칙에 관심을 갖게 되었고, 피타고라스의 철학을 기반으로 공간 안에서 일어나는 인간의 몸 움직임에 대한 일정한 법칙을 설명했으며 기하학적 도형을 이용한 공간 조화Space Harmony이론의 기초를 세웠다. 또한, 라반의 움직임 철학이 고대 그리스의 철학에 기반을 두고 있다는 것은 그의 이론에서 사용되는 용어들, 즉 코레우틱스Choreutics(공간 조화), 코레오그래피Choreography(안무), 코레올로지Choreology(안무학)와 같은 용어 대부분이 고대 그리스어에 기원을 두고 있음을 통해서도 알 수 있다.

라반은 프랑스의 음악 이론가이자 움직임 이론가인 프랑수아 델사르트François Delsarte, 1811-1871의 연구에서도 영향을 받았다. 그는 델사르트가 설명한 움직임 방법론을 통해 표현적인 움직임에 매력을 느꼈다. 델사르트는 모든 예술과 과학은 삼위일체의 기본을 갖는다고 믿었으며 몸을 머리와 몸통, 다리의 세 부분으로 나누었다. 그는 몸을 통해 풍부한 표현을 하고 움직임의 균형을 위해서는 이 세 부분이 절대 떨어질 수 없다고 주장했다. 델사르트는 이러한 조화의 법칙을 논의하면서 인간의 영혼과 몸이 서로 영향을 미치며 모든 사물의 조화와 관계되어 있음을 강조했다. 그는 마임을 통해 몸의 표현과 제스처를 분석했으며 모든 움직임은 긴장과 이완, 균형과 형태를 가지고 있다고 설명하면서 덧붙여 인간의 몸과 감정 그리고 정신을 의식하는 것은 더욱 중요하다는 것도 강조했다. 델사르트의 이론은 라반을 비롯한 현대 무용의 선구자인 테드 숀Ted Shown, 루스 세인트 데니스Ruth St. Denis 등에게 영향을 주면서 표현주의 현대 무용을 창조하는 데 큰 영향을 미쳤다.

라반은 자신과 비슷한 시기에 같은 지역에 살았던 심리학자이자 정신과 의사인 카를 구스타프 융Carl Gustav Jung, 1875-1961의 심리 요법에 대해서도 흥미를 느꼈다. 융은 정신분석학자 지크문트 프로이트Sigmund Freud, 1856-1939의 이론에 영향을 받아서 자신의 이론을 발전시켰다. 라반의 책 『무용수의 세계 *The Dancer's World*』에서 1912년에 출판된 융의 저서 『무의식의 심리학 *Psychology of the Unconscious*』을 참고 문헌으로 사용한 것을 통해서 라반이 융의 심리 이론에 영향을 받은 것을 알 수 있다. 라반은 융의 또 다른 책 『심리학적 유형론 *Psychological Types*』에 대해서도 관심을 가졌다. 융은 인간을 생활 환경에서 나타나는 태도에 따라 외향적인 사람과 내향적인 사람으로 구분했다. 융은 대부분의 사람이 내향적이건 외향적이건 세상과 내적 · 외적으로 관계하고 있으며, 감각 · 감정 · 직관 · 사고의 네 가지 유형 중 한 가지의 기능이 다른 것들보다 발달되어 있다고 설명했다. 이 네 가지 유형은 라반이 에포트Effort 이론을 만드는 데 영향을 주었다. 이것은 각각 감각은 무게Weight, 감정은 흐름Flow, 직관은 시간Time, 사고는 공간Space과 관련되어 있음을 설명했다. 라반은 이 네 가지 유형론 이외에 무의식, 그림자 등에 관한 융의 이론을 융의 제자로 1940년대 이후 예술 치료의 선구자적 역할을 한 인물인 심리학자 아이린 챔퍼논Irene Champernowne에게 직접 배우게 된다.

이와같이 융의 심리학적 이론은 라반이 움직임을 이해하는 데 중요한 틀을 형성했고, 이를 통한 라반의 직관적이고 자기 반성적인 생각들은 그의 움직임 이론의 기초가 되었으며, 무용 창작 작업을 통해 구체화되었다.

## 3. 라반의 춤과 철학

라반의 첫 번째 창작 무용은 그가 오스트리아의 비엔나에서 사관학교the Officers Training Academy 생도로 있었던 시기(1899~1900)에 민속 축제에 참가한 작품이다. 라반이 가진 자연에 대한 본능적인 사랑과 민속 무용에 대한 관심 등은 민속 무용 축제에서 무용을 창작하게 만드는 계기가 되었다. 이 시기에 그의 작품들은 1900년대 초반 많은 예술가가 그랬던 것처럼 극장에서 만들어졌던 다양한 움직임과 함께 비언어적 의사 소통nonverbal communication의 효율성을 강조했다. 라반은 작품을 만드는 창작 과정과 무용수와의 작업을 통해 움직임의 특질을 보는 통찰력을 갖게 되었으며, 이러한 움직임에 대한 생각들은 그의 작품을 통해 나타나기 시작했다.

라반은 1911년부터 1917년까지 스위스와 이탈리아의 산맥에 넓게 걸쳐 있는 아스코나Ascona 지역에서 무용수들과 함께 공연한다. 그 지역은 당시 프란츠 카프카Franz Kafka, 라이너 마리아 릴케Rainer Maria Rilke, 헤르만 헤세Hermann Hesse와 같은 유명한 예술가들이 즐겨 찾는 곳으로서, 라반은 이곳에서 창작 작업을 통해 그의 자연에 대한 사랑과 움직임의 자유 그리고 몸과 정신의 관계 등에 대한 것을 구체화하는 데 전력했다. 대표적인 안무작으로 〈춤추는 드럼스틱*Der Tanzende Trommelstock*〉(1913), 〈제물의 승리*Sieg del Opfers*〉(1914), 〈태양에게 바치는 노래*Der Sang an Die Sonne*〉(1917) 등이 있으며, 이 모든 작품에는 아스코나의 영혼이 깃들어 있다. 특히 〈태양에게 바치는 노래〉는 무용 작품이면서도 의식儀式, ritual이었으며 극장에서 이루어진 공연인 동시에 아스코나에 머무는 민중공동체의 생생한 감각에 초점을 맞춘 사회적인 행사이기도 했다.

라반은 1910년부터 1936년까지 무려 128편의 무용 작품을 안무했으며, 이를 통해 무용수의 내적 충동과 자연이 어우러지는 몸의 움직임을 창작하려고 노력했다. 라반의 이러한 생각은 후에 에포트 이론으로 발전하게 되는데, 이것은 인간의 움직임을 가능하게 하는 내적 충동에 관한 이론이다. 라반이 활동하던 제1차 세계대전(1914~1919) 중 유럽은 허무주의자들이 예술가의 무기력함과 세상의 어지러움에 대항하는 몸의 충격적인 움직임들을 만들어 내는 것이 유행했다. 하지만 라반은 이러한 사회적 분위기에 영향받지 않고 자신만의 자유로운 몸 움직임을 통해 삶을 표현하는 방법을 제안했다.

라반은 1920년대에 세 종류의 무용단체를 구성했다. 첫 번째는 전문 무용수로 이루어진 규모가 큰 무용단체이며, 두 번째는 서너 명의 무용수로 이루어진 실내 무용단이다. 마지막은 다수의 일반인으로 이루어진 무용단체이자 라반의 가장 대표적인 무용단으로 알려져 있는 움직임 합창대Movement Choirs이다. 특히 움직임 합창대는 전문적인 무용수가 아닌 사람들이 공동으로 참여하는 합창 무용단으로, 라반은 이 단체를 통해 아마추어의 춤을 놀이의 수준에서 예술의 경지로 끌어올렸다.

움직임 합창대는 1920~1930년대에 라반이 그의 제자이자 동료인 알브레히트 크누스트Albecht Knust, 마르틴 글레이스너Martin Gleisner와 함께 독일 전역에서 발전시킨 대규모 무용 공연의 형태를 가진 단체이다. 이 단체는 고정적인 무용수가 있는 것이 아니라 노동자들이 자발적으로 공연에 참여하는 형식을 띠고 있어 매 공연마다 인원과 공연의 규모가 달라지는 것이 특징이다. 움직임 합창대의 공연은 프로와 아마추어 무용수 간의 경계가 없이 모든 사람이 참여할 수 있는 춤으로 만들어졌으며, 여기에 참여한 사람들이 서로를 자극하며 함께 움직임을 발전시켜 나간다. 이 단체는 구성원들이 상호 교류하면서 공연을 준비하는데, 이 과정에서 작품이 인위적으로 만들어지는 것이 아니라 자연스럽게 만들어진다. 이 단체는 사회성을 갖고 있으며, 움직이는 동안 사람들 사이의 의사 소통이 이루어지는 표현적 요소를 강조한다. 단순히 건강을 위한 운동을 목적으로 참여했던 사람들도 이 공연을 통해 그룹 안에서 공동체의 구성원으로서 소속감과 즐거움을 함께 맛보게 된다.

움직임 합창대 공연은 라반의 공간 조화 이론의 간단한 형태로 구성되어 있다. 라반은 공연에 참여하는 사람들에게 공간 조화 이론을 설명한 후에 간단하고 명확한 형태로 훈련시키는 방법을 사용했다. 라반의 이러한 움직임 교육 방식은 공연에 참가하는 모든 사람에게 쉽고 친근하게 다가왔으며 훈련자들은 과학적인 지식을 전달하기보다는 놀이로써 춤을 가르쳤다. 라반은 이 움직임 합창대의 공연이 재미있는 구조로 되어 있고, 동시에 특별한 의미를 가지며, 다양한 종교 무용에 존재하는 춤의 형식과 특성이 존재한다고 설명했다. 라반이 추구한 움직임 합창대의 주요 목적은 움직임의 기쁨을 경험하고, 그룹 안에서 소극적으로 참여하거나 반응이 없는 구성원이 함께 참여할 수 있도록 자극시키는 것이었다. 이를 위해 라반은 움직임을 인위적으로 창조해 내기보다는 기쁨 혹은 즐거움 속에서 움직임이 창조되어야 한다는 생각으로 합창대를 이끌어 갔다. 그리고 공연에 참여하는 사람들에게 고된 훈련과 몸의 정확한 테크닉 구사를 요구하지 않았다. 라반은 기존의 무용 공연에서 무용수들에게 강조된 춤의 기술적인 부분의 훈련을 반대했으며, 목적이 분명하고 지적인 움직임은 해부학적으로도 건강하고 아름다운 움직임을 만들어 낸다고 생각했다.

움직임 합창대에 참여하는 대다수의 사람은 노동자였는데, 힘든 일에 지친 그들은 합창대에서의 공연을 작업 후에 휴식과 놀이를 즐길 수 있는 좋은 경험으로 인식했다. 라반은 공연을 통해 이들이 몸과 정신의 조화를 느낄 수 있기를 바랐으며 삶의 활력소가 되기를 바랐다. 움직임 합창대는 규모에 상관없이 이루어지며 공연을 구성하는 인원 수보다도 중요한 것은 조화로운 움직임을 함께 경험하는 것이다. 그곳에서는 실제로 다양한 사람들의 참여에도 불구하고 공통된 춤의 경험으로 인해 비슷한 움직임을 만들어 내는 경향이 나타났다.

라반의 움직임 합창대에는 대다수의 사람이 참여하는 규모가 큰 공연도 있었는데, 대표적인 것으로 1936년 독일 뮌헨올림픽의 개막 공연을 위해 거의 500명 가까이 되는 사람을 출연시킨 대규모 공연이 있다. 이 공연의 작품 제목은 〈따뜻한 바람과 새로운 기쁨*The Warm Wind and The New Joy*〉으로서 프리드리히 빌헬름 니체Friedrich Wilhelm Nietzche, 1844-1900의 책 『자라투스트라는 이렇게 말했다*Also Sparach Zarathrustra*』를 바탕으로 만들어졌다. 그러나 의상 리허설을 관람한 나치당 대표 요제프 괴벨스Joseph Paul Göbbels는 이 공연이 나치와는 아무런 관련이 없고 너무 지적이어서 싫다며 자신들이 제공한 옷 이외에는 아무것도 나치와 관계된 것이 없었다고 꼬집어 비판했다. 결국 공연은 금지되고 이 일로 인해 라반은 해고를 당하게 되었다. 이러한 상황은 라반이 히틀러 독일 정권에 반대하는 것처럼 보이게 하는 결과를 초래했고, 이로 인해 라반의 학교는 문을 닫았으며, 무용 작품과 라바노테이션은 금지되어, 결국 그는 1937년에 프랑스로 망명하게 된다.

라반이 현대 무용의 아버지로 불리며 그의 작업이 독일 현대 무용에 크게 공헌한 것으로 평가됨에도 불구하고 라반 작업의 자료가 제대로 보존되어 있지 않은 것은 바로 나치 정권이 라반의 업적과 경력에 관한 자료들을 모두 파괴해 버렸기 때문이다.

## 4. 라반의 이론

현재 라반은 움직임 기록법인 라바노테이션의 고안자로서 널리 알려져 있다. 그는 움직임 기록법을 만듦으로써 좀 더 체계적으로 움직임을 다룰 수 있고 무용이 더 수준 높은 예술 형태를 갖출 수 있다고 생각했다. 라반은 프랑스 파리의 미술학교 에콜 드 뷰 아트École des Beaux-Arts에서 의상과 극장 디자인에 대해 연구하면서 훼이에Raoul Auger Feuillet, 1653-1709의 무용 기록법을 접하고 단순히 무대 패턴만을 기록하는 것이 아니라 몸의 부위들과 함께 모든 움직임을 기록할 수 있는 체계의 필요성을 느꼈으며 이를 찾기 위해 끊임없이 노력했다. 이러한 노력 끝에 라바노테이션이라는 움직임 기록법을 만들었으며 이것은 현재까지 인간의 움직임을 묘사하는 정확하고 간결한 언어로 평가되고 있다. 이 기록법은 라반의 이론과 춤이 연결되어 발전을 이루었으며, 춤을 기록하고 보존하며 재공연을 할 수 있게 만들어 주는 체계이면서 이를 통해 각기 다른 움직임들을 구분할 수 있고, 다양한 관점에서 동작을 연구할 수 있다는 장점을 가지고 있다.

라바노테이션은 1950년대 이후 앤 허친슨 게스트Ann Hutchinson Guest와 알브레히트 크누스트Albrecht Knust에 의해 체계적으로 발전되고 조직화되었다. 특히 최근에는 라바노테이션의 기호를 이용해 움직임의 동기만을 간단하게 기록할 수 있는 모티프 표기법Motif Writing이 개발되었는데, 이는 움직임 창작뿐 아니라 교육에도 널리 적용되고 있다.

라바노테이션과 함께 1960년대 이후 미국에서 발전한 라반의 에포트-셰이프Effort-Shape 이론은 인간의 내적 충동이 신체를 통해 공간 안에서 움직임의 형태를 갖는다는 것으로 움직임의 질적인 측면을 분석한다. 라반의 몸과 정신의 관계에서 움직임이 발생된다는 생각은 내적인 동기를 통한 움직임의 표현이라는 관점에서 창작으로 이어진다. 또한 라반은 공간 조화의 연구에도 많은 힘을 쏟았다. 그는 『움직임의 언어*Language of Movement*』에서, 모든 움직임은 공간 안에서 이루어지므로 빈 공간은 존재하지 않는다고 주장하면서, 공간과 몸의 밀접한 관계 속에 창조되는 움직임에 대해 연구했다. 라반은 공간에서 일어나는 움직임의 흔적들trace form을 분석함으로써 자연과 우주의 법칙을 설명했다.

에포트-셰이프 이론과 공간 조화 이론은 후에 라반의 제자들에 의해 몸Body, 에포트Effort, 셰이프Shape, 공간Space의 네 카테고리로 움직임을 분석하는 라반 움직임 분석Laban Movement Analysis: LMA으로 발전되었다. '모든 가시화된 현상들은 움직임으로 나타난다'고 믿었던 라반의 모든 생각과 개념은 라반 움직임 분석을 통해 구체화되었으며, 이는 움직임을 다루는 모든 분야에서 폭넓게 활용되고 있다. 라반은 인간의 움직임에 초점을 맞추어, 세상의 모든 현상이 움직임을 통해 발생하는 만큼 움직임이란 중요한 것으로 인식될 수 있으며 움직임이 주가 되는 무용은 예술로서 중요성을 갖는다고 생각했다.

라반은 자신의 이러한 움직임 이론을 토대로 교육에도 힘썼다. 1900년대 나치 치하에서 무용은 예술이나 자기 표현이 아닌 기술적인 단순한 신체 활동으로만 취급되었으며 독일의 무용 학교들은 모두 체조 학교와 연합해 있었다. 라반은 체조와 무용은 서로 다른 목적을 가졌다고 지적했으며 몸의 자유로움을 경험하기 위한 놀이와 예술적 표현의 필요성을 역설했다. 특히 전통적인 무용 훈련 방법보다는 움직이는 사람의 내적 충동의 경험으로 나타나는 표현적인 움직임 훈련 방식으로 아이들을 가르쳤다. 라반의 움직임 교육은 아이들뿐 아니라 공장에서 일하는 산업 노동자를 대상으로도 이루어졌다. 그는 노동자들이 단조롭고 반복적인 작업으로 피로를 느끼고 일의 능률면에서도 비효율적인 움직임의 패턴들을 사용하는 것을 개선하기 위한 교육을 했다.

이렇듯 라반은 자신의 움직임 이론을 바탕으로 다양한 분야와 계층의 사람들을 가르쳤다. 그는 배우들을 가르치기도 했으며, 그의 저서 『무대 움직임의 완성 *Mastery of Movement on Stage*』[4] 은 연기할 때 의미 있는 움직임과 마임의 기원, 배우의 성격과 상황 등을 다루고 있다. 특히 연극에서 콘스탄틴 스타니슬라브스키Konstantin Sergeevich Stanislavsky나 예지 그로토프스키Jerzy Grotowski 등이 그들의 방법론에 라반의 이론을 적용했으며, 배우 숀 코너리Thomas Sean Connery는 라반의 이론으로 연기 훈련을 받았다.

## 5. 라반의 영향을 받은 주요 인물들

라반의 움직임에 대한 생각은 그의 제자인 무용가와 이론가, 교육자들에게도 영향을 끼쳤다. 먼저 독일 현대 무용가를 중심으로 살펴보면, 마리 뷔그만Mary Wigman, 쿠르트 요스Kurt Jooss, 피나 바우쉬Pina Bausch 등이 대표적이다. 이 중 뷔그만은 라반의 학생이었으며 표현주의 무용의 대표적인 안무가이다. 그녀는 『마리 뷔그만의 책*The Mary Wigman Book*』에서 초기에 라반과 함께 했던 작업들이 자신의 무용 전반에 많은 영향을 주었음을 강조했다. 그녀는 움직임의 공간적 요소와 신체적 요소를 함께 사용하는 신체 훈련 방법과 무용에서 감정을 몸의 움직임으로 나타낼 때 사용하는 에포트 이론이 자신의 안무에서 중요한 개념이 되고 있음을 역설했다. 또한, 음악에 춤을 맞추는 것보다는 몸 움직임이

4 이 책은 신상미에 의해 『동작분석과 표현』으로 번역되었다.

자연스럽게 만들어 내는 리듬을 중요시한 라반의 생각 등에 동의했으며, 이와 같은 개념은 그녀의 안무에서 중요한 요소가 되었다.

뷔그만의 대표적 안무작 〈마녀의 춤*Witch Dance*〉에서는 음악의 극적인 효과를 내기보다는 단순한 리듬이 반복되는 타악기 음악을 사용했다. 그녀는 발레 테크닉을 철저히 거부하는 듯한 몸 움직임을 사용했으며 에포트를 극적으로 변화시켜 기괴한 가면과 잘 어우러지도록 이전까지의 무용과는 움직임의 표현적인 측면에서 확실히 구분되는 작품을 만들었다. 이후 뷔그만은 움직임의 요소를 이용한 다양한 실험을 통해 자신만의 독특한 안무 방법을 개발했으며, 이를 통해 예술성을 한층 높임으로써 표현 중심의 무용을 그녀의 확고한 철학으로 발전시키기에 이른다. 뷔그만은 초기 미국의 현대 무용과 쌍벽을 이루는 독일 현대 무용의 어머니로 불리며 유럽 표현주의 무용의 중요한 인물로 평가받고 있다.

쿠르트 요스는 라반의 에포트 이론을 처음으로 무대에서 사용한 안무가이다. 요스는 관객과의 감정 소통을 위한 방법을 연구했으며 라반의 에포트 이론(당시의 유키네틱스Eukinetics[5])을 작품에 적용했다. 1932년 그의 대표적인 작품인 〈녹색 탁자*The Green Table*〉가 파리에서 초연되었을 때, 기존의 전통적인 발레의 형식과 기교를 따르지 않고 새로운 시도를 한 작품으로 평가되었으며, 국제무용아카이브International Archives of Dance에서 안무상을 수상하기도 했다. 이 작품은 전쟁에서 승리하는 전사의 죽음에 관한 것이었다. 전쟁과 같은 무거운 주제는 기존의 발레 작품에서는 다루어지지 않았지만 요스의 영향으로 이후에 많은 안무가가 채택하게 되었다.

〈녹색 탁자〉는 전쟁을 삶과 죽음에 비유해 표현했으며 서로 대립되는 에포트의 사용으로 극적인 효과를 만들었다. 예를 들어, 에포트의 공간적 측면의 직접적/간접적Direct/Indirect 요소를 사용해 무용수에게 직접적으로 걷기를 요구했으며, '죽음Death'의 장면에서는 무용수의 솔로 부분에

5 Eukinetics는 '좋다'라는 'Eu'와 운동의 'Kinesis'라는 그리스어에 어원을 두며, '조화로운 역동적 움직임'을 의미한다. 라반은 몸과 정신 활동의 조화를 통한 움직임을 강조했으며 '유키네틱스Eukinetics'는 움직임에서 가시화되는 인간의 내적 충동을 다룬다. 이것은 후에 에포트Effort로 번역되었고 공간 속에서 나타나는 몸의 움직임을 다루는 '코레우틱스Choreutics'와 함께 라반의 대표적인 이론이다.

서 통제되는 흐름Bound Flow, 직접적인 공간Direct Space을 사용해 관객들이 눈앞에서 죽음의 장면을 목격하는 것과 같은 극적인 표현을 하기도 했다. 또한, 등장 인물들은 자신의 성격을 표현하기 위해 에포트의 요소를 다양하게 사용했으며 이 작품의 주제가 되는 죽음을 표현할 때에는 강도 높은 에포트를 사용했다. 이 작품은 기존의 발레 테크닉에서 크게 벗어나지는 않았지만 에포트의 사용으로 인해 다른 발레 작품과는 달리 극적인 효과를 만들어 냈으며, 이것은 관객들로 하여금 내용 전개와 주제를 잘 이해할 수 있도록 도와 주었다.

피나 바우쉬는 1960년대 이후 무용Tanz과 극Theatre이 합쳐진 무용의 한 장르인 탄츠테아트르Tanztheatre라는 장르를 발전시킨 독일의 안무가이다. 그녀는 자신이 안무가로 있는 독일 에센Essen의 폴크방 아카데미Folkwang Academy에서 앞서 언급했던 표현주의 안무가 쿠르트 요스에게 사사받았으며 이후에 미국에서 활동하면서 당시 앤서니 튜더Anthony Tudor, 호세 리몽José Limón, 루이 호스트Louis Horst, 폴 테일러Paul Taylor 등 미국 현대 무용가에게 영향을 받았다.[6] 하지만 많은 비평가가 그녀의 안무작들에서 표현주의 요소가 관찰되며 이를 통해 그녀가 독일 표현주의의 영향을 강하게 받은 것으로 평가하고 있다. 특히, 바우쉬의 안무 스타일을 살펴보면 라반이 춤을 만들어 내는 과정과 닮아 있는 것을 알 수 있다. 예컨대, 공간에서 그려내는 이미지의 강조와 일상 생활에서 발견되는 움직임들의 선택, 그리고 즉흥적인 움직임과 몸이 만들어 내는 다양한 리듬에 대한 집중 등은 라반의 안무에서도 자주 발견되는 요소들이다. 바우쉬는 오랫동안 클래식 발레를 전공했음에도 불구하고 기존의 발레 테크닉을 사용하기보다는 새로운 움직임을 창조했다. 그녀는 전통적인 무용 형식을 탈피해 새로운 무용 형식의 장을 열고 무용의 영역을 확장시켰으며, 라반으로부터 시작된 독일 표현주의의 계보를 이어간 중요한 후기 현대 무용가로 인정받고 있다.

라반은 무용가 이외에도 무용 이론, 교육, 치료 등 다양한 분야의 제자들에게도 영향을 끼쳤다. 알브레히트 크누스트는 라반의 이론을 온전히 받아들여 라바노테이션, 무용 등의 분야

6 http://www.pina-bausch.de

에서 활동한 라반의 제자이다. 그는 민속 무용을 발전시켰으며, 움직임 합창대에서 아마추어 무용수들과의 작업에도 참여했다. 이러한 경험을 통해 크누스트는 자신이 타고난 무용수는 아니지만 라반의 이론을 바탕으로 다양한 경험에서 중요한 것을 끌어 낼 수 있다고 믿게 되었다. 그는 라반의 이론을 자신만의 특별한 분야에 적용하기보다는 라반의 이론을 정리하고 발전시켜 나가는 역할을 했으며, 라반이 진행하는 주요 페스티벌과 학교에서 책임자 역할도 맡았다. 특히, 라바노테이션의 문제점을 발견하고 이를 개선시켜 1928년에는 키네토그래피 라반Kinetographie Laban[7]에 대한 원칙을 세우기도 했다. 이후에 크누스트는 일생 동안 라바노테이션에 초점을 맞추어 연구했으며 자신이 쓴 여덟 권의 『키네토그래피 사전*Encyclopedia of Kinetography*』을 발간했다. 1958년, 그는 라반 표기법협회International Council of Kinetography Laban: ICKL의 초대 회장직을 맡게 되었고, 라바노테이션이 좀 더 과학적이고 보편적인 체계를 갖춘 기록법이 되는 데에 공헌했다.

1930년 라반은 나치 정부의 감시와 억압을 견디지 못해 독일에서 활동을 포기하고 영국으로 망명해 리사 울만Lisa Ullmann과 함께 현대의 무용 교육을 위해 힘쓰게 된다. 울만은 라반의 관점들을 실제로 움직임 훈련에 적용하는 등 이전까지 영국의 움직임 교육과는 다른 방식의 움직임 교육 체계를 확립했다. 그녀는 일생 동안 라반의 생각들을 종합해서 이를 이론으로 정립했으며 영어로 번역했고 자료를 편집해서 책도 출판했다. 『현대의 무용교육*Modern Educational Dance*』은 라반의 이론에 대한 울만의 해석으로 집필된 무용 교육 총서이며, 라반과 울만이 함께 영국에 머무르는 동안 저술한 『코레우틱스*Choreutics*』는 공간 안에서 일어나는 움직임의 조화에 관한 책이다.

미국에서 활동한 라반의 제자 엄가르트 바르테니에프Irmgard Bartenieff는 라반의 이론을 적용해 바르테니에프 기초 원리Bartenieff Fundamentals를 창안했다. 그녀는 몸을 효과적으로 움직일 수 있는 방법론을 제시하면서 움직임

7 미국에서는 라바노테이션Labanotation이라고 한다.

연구와 무용 치료의 선구자적 역할을 수행했다. LMA의 카테고리 중, 몸과 몸 움직임에 대한 분석은 바르테니에프의 움직임 원칙을 토대로 이루어진다. 바르테니에프는 미국에서 라반의 이론이 뿌리내리게 하는 데에 지대한 영향을 미쳤으며, 그녀의 제자와 동료들은 바르테니에프 기초 원리를 움직임에 관한 다른 분야에도 널리 적용하고 있다. 바르테니에프에 관한 자세한 내용은 제2장에서 다룬다.

## 6. 끝나지 않은 그의 연구

라반은 일생 동안 여러 분야에서 활동하면서도 항상 그의 이론의 핵심이 되는 것은 움직임이었음을 강조했다.

> "움직임은 인간의 언어 중 하나로서 반드시 의식적으로 숙련되어야 한다."
>
> (Laban, 1966)

그는 이러한 신념을 바탕으로 오랜 연구 끝에 움직임의 기본적인 원칙을 세웠다. 1958년에 라반이 세상을 떠난 뒤에도 그의 연구는 제자들과 그의 이론을 연구한 많은 사람에 의해 무용이나 연극은 물론 교육, 스포츠, 문화 연구, 치료, 비언어적 의사 소통 등 움직임이 다루어지는 모든 분야에서 수용되고 다듬어지면서 발전하고 있다. 라반의 이론이 이렇듯 널리 보급되고 있는 것은 인간의 삶에서 중요한 부분을 차지하는 움직임을 좀 더 체계적이고 실제적으로 다루고 있기 때문이다.

현재 많은 예술가나 교육자, 무용 이론가에게서 라반의 이론이 전파되고 있는데, 앞에서 언급했던 마리 뷔그만과 쿠르트 요스는 라반 생전에 그의 이론을 바탕으로 무용 작품을 창작한 안무가로 잘 알려져 있으며 그 밖의 머스 커닝엄Merce Cuningham, 조지 발란신George Balanchine, 피나 바우쉬, 윌리엄 포사이드William Forsythe와 같은 안무가들이 라반의 공간, 시간, 에너지, 흐름 등 움직임에 관한 개념을 자신의 안무에 적용시켰다. 라반의 이론은 연극에도 많은 영향을 끼쳤다. 장 뉴러브Jean Newlove는 라반의 이론에 기초한 훈련법을 통해 연기자들을 연습시켰으며, 현재 라반의 움직임 이론은 연기 훈련의 유용한 방법론으로 대학이나 극단에서 가르치고 있다.

라반이 영국으로 건너가 현대 무용 교육에 힘쓸 때 함께 일했던 리사 울만은 영국뿐 아니라 전 유럽과 미국, 캐나다 지역까지 라반의 이론을 바탕으로 한 무용 교육을 전파했다. 그녀는 그 동안 체조와 분리되지 않은 채, 건강 증진만을 목적으로 했던 무용 교육에 라반의 이론을 이용해 창조적인 표현이 가능한 움직임의 훈련을 할 수 있도록 교육했다. 또한, 라반의 이론을 바탕으로 한 안무법과 라바노테이션 등을 중점적으로 가르치는 영국의 라반 센터Laban Center for Movement and Dance는 1946년 라반이 설립한 움직임 예술 스튜디오Arts of Movement Studio가 흡수되어 만들어진 학교이며, 현재 미국의 유아부터 고등학교(K to 12)의 무용 교육에 이론적인 근거를 제공한다.

이 밖에 라반의 이론은 무용/움직임 치료에서도 많이 사용되고 있는데, 그의 움직임에 대한 개념을 기본으로 인간의 행동에서 나타나는 심리에 대해 관찰과 분석을 할 수 있는 체계는 케스텐버그 분석표Kestenberg Movement Profile: KMP나 워렌 램Warren Lamb[8]의 행동 분석표Action Profile(후에 움직임 유형 분석표Movement Pattern Analysis: MPA로 명칭 변경) 등이 있다. 또한, 라반이 개발한 움직임 기록법인 라바노테이션은 앤 허친슨 게스트가 뉴욕과 런던에서 발전시켰다. 그녀는 1940년대 라바노테이션 전문 기관인 무용기록 사무국Dance Notation Bureau을 열었고, 이어서 오하이오 주립대학교Ohio State University에서 라바노테이션 전문가를 키워 내고 있다. 게스트는 뉴욕에서 라반 기호를 이용한 간단한 표기법으로 모티프 표기법 전문기관인 무용언어학교Language of Dance Center를 열고 현재까지 라반의 이론과 모티프 표기법을 이용한 움직임 창작 교육에 많은 영향을 미치고 있다.

현재 무용을 포함한 많은 분야에서 라반의 이론

8 Warren Lamb에 관해서는 제5장 움직이는 구조물 - 셰이프에서 소개한다.

은 지속적으로 연구 · 적용되고 있으며 그가 남긴 많은 업적은 무용의 새로운 시대를 만들게 되었다. 무용사를 통해 라반은 두드러진 작품을 만들어 내거나 무용계의 빛나는 스타로 평가되지는 않지만 안무나 무용 이론 분야에서 새로운 방법론을 만들어 낸 중요한 인물로 평가받고 있다.

제2장

# 라반 움직임 분석이란?

1. 라반 움직임 분석
2. 기록에서 시작된 움직임 분석
3. 라반 움직임 분석의 발전 과정
4. 라반 움직임 분석의 활용 사례

## 1. 라반 움직임 분석

라반 움직임 분석Laban Movement Analysis: LMA은 루돌프 폰 라반의 이론을 기반으로 만들어진 움직임 분석 체계로서 인간을 비롯한 동물이나 사물의 움직임 그리고 가상 공간에서 표현되는 다양한 모션 이미지 등 이 세상에 존재하는 자연적이거나 인위적인 모든 움직임을 분석 대상으로 한다. 라반 움직임 분석은 BESS, 즉 몸Body, 에포트Effort, 공간Space, 셰이프Shape 등 네 가지 카테고리로 움직임의 특질을 분석하며, 특히 인간의 무의식적 · 의식적 움직임에서 심리 상태 및 의도를 읽어내는 데에 주로 활용된다.

LMA에서 대상으로 다루는 움직임은 인간의 가장 기본적인 본질로서 모체의 자궁에 수정된 난자세포가 분열되는 순간부터 자연적으로 발생한다. 이러한 모체의 수정된 난자세포는 자궁 안에서부터 호흡과 같은 움직임을 시작하고 세상에 태어난 순간부터 환경에 적응할 수 있는 움직임과 더불어 생활한다. 인간은 이러한 움직임을 통해 자신의 욕구를 충족하기도 하고, 생명체로 존재하면서 지속적인 삶을 유지하기도 하며, 때로는 희망과 고통, 사랑과 기쁨 등 자신의 감정을 표현하기도 한다. 그래서 우리는 한 사람의 작은 제스처에서부터 얼굴 표정 그리고 움직이는 동안 몸 전체에서 풍겨나는 분위기를 통해 그 사람의 심리 상태나 기분 등을 알아차릴 수 있다. 또한 내가 어떤 움직임을 하게 되면 그것을 보는 사람은 내가 어떤 행동을 하고 있는지 그리고 표현하고자 하는 나의 생각과 의도가 무엇인지를 직감적으로 파악할 수 있다.

이처럼 움직임은 인간의 가장 원초적인 표현 매체이자 도구로서 실용적인 수단에서 표현적인 수단에 이르기까지 인간이 살아가는 데 가장 중요한 기능과 역할을 하면서 언어를 능가하는 의사 소통을 주도하기도 한다. 특히 이러한 표현이 예술적인 의미를 가질 때 그것은 무용 예술의 한 형태로 발전되기도 한다. 그래서 인간은 의식적으로 혹은 무의식적으로 움직임을 사용하며, 자신이 살고 있는 문화 안에서 정교하게 암호화되거나 상징적인 의미를 표현하기 위해 끊임없이 움직임을 창조한다. 즉 인간은 움직임을 창조하는 과정에서 각자 자신의 고유한 방법으로 움직임의 요소들을 결합하고 있으며, 몸과 환경과의 관계를 새롭게 변화시키면서 개인적, 예술적, 문화적 성향을 나타낸다.

라반(Laban, 1966)은 이러한 인간의 움직임에 대해 "인간의 언어 중 하나"라고 표현했고, 인류학자인 로데릭 랑게(Roderyk Lange, 1975)는 "인간 간의 표현과 의사 소통의 근본 수단"이라고 요약했으며, 무용학자인 재닛 에드쉬드(Janet Adshead, 1988)는 "동작 안에 몸의 특별한 사용이 겸비된 공간적이고 역동적인 요소들의 무리"라고 설명했다. 이는 인간의 움직임이 공간적이고 역동적인 몸의 움직임을 통해 인간 간의 의사 소통을 주도하는 언어 중의 하나로서 매우 중요한 의미를 가지고 있음을 말한다.

LMA는 이렇듯 우리의 삶과 뗄 수 없는 움직임을 관찰·묘사하는 분석의 틀과 어휘를 제공하는 체계로서 움직임에서 다양한 의미를 발견할 수 있고, LMA의 분석 요소를 활용해 표현적이고 효과적인 움직임을 창작할 수 있다.

## 2. 기록에서 시작된 움직임 분석

인간에게 생명과 같은 움직임에 대해 체계적으로 연구하고 분석할 수 있는 가능성은 움직임을 그려낼 수 있는 기록법이 개발된 이후에야 열리기 시작했다. 일반적으로 움직임을 기록하기 위해서는 정밀한 관찰과 비교 및 분석이 필요하다. 그리고 그 요소를 기록하고 해석하면서 그것이 무엇을 의미하고 어떤 가치가 있는가를 파악하는 것이 필요하다. 따라서 움직임 기록법의 발달은 인간의 몸이 움직이는 내용을 묘사하고 그 특성을 구체화해 설명하는 데 많은 영향을 끼쳤고 구체적인 분석 언어와 분석 방법을 제공함으로써 움직임의 특성을 분석해서 읽을 수 있는 계기가 되었다.

역사적으로 움직임의 기록은 대략 5세기경에 처음 시작되었으며 15세기 후반에 형식을 갖춘 기록법이 만들어졌다. 그러나 이 기록법은 움직임의 리듬이 분명하지 않고 단순히 지나간 경로를 그리는 형식이었기 때문에 경제적이고 합리적인 형태로 복잡한 움직임을 정확하게 기록하는 데에는 한계가 있었다.[9] 이는 박자와 음률을 기록하는 악보에 비해 몸이나 공간 그리고 중력의 영향 등 매우 복잡하기 때문이다. 그러나 20세기에 들어 베니쉬Benesh 기록법(1956), 에쉬콜-바크만Eshkol-Wachman 기록법(1958), 라반Laban 기록법 등이 창안되면서 움직임을 좀 더 과학적으로 관찰하고 세밀하게 기록할 수 있게 되었다. 이후 베니쉬 기록법은 현재까지 영국 로열발레단의 레퍼토리를 기록하는 공식적인 표기법이 되었고, 에쉬콜-바크만 기록법은 이스라엘에서 움직임 요법 분야의 연구와 실제에 사용되는 기록 체계가 되었다. 특히 라반 기록법은 그 체계가 매우 과학적이고 정교하게 이루어져 있어 키네토그래피 라반Kinetography Laban 혹은 라바노테이션Labanotation으로 명명되어 현재까지 모든 움직임을 묘사할 수 있는 국제 언어로서 그리고 분석에 필요한 개념 등을 제시하는 중요한 기능을 하며, 전 세계의 무용계뿐만 아니라 움직임을 다루는 다양한 분야, 즉 애니메이션, 영화, 연극, 마임, 모션 캡처 등에서 활용되고 있다.

이처럼 모든 움직임을 과학적으로 기록할 수 있는 표기법이 창안되고 이를 통해 분석 체계가 고안된 데에는 라반의 움직임에 대한 생각이 크게 작용했다. 그는 움직임에 대해 곧 삶의 핵심이고 몸이 변화하는 과정 속에서 의도를 가지고 인간의 마음을 표현하면서 소통하는 것[10]으로 생각하고, 삶의

9 A. Hutchinson(1977). *Labanotation or Kinetography Laban: The System of Analyzing and Recording Movement*. Theatre Arts Books, pp. 1–2.

10 Moore & Yamamoto(1996). *Beyond Words: Movement Observation and Analysis*, New York: Gordon and Breach, pp. 183–185.

근원이 되는 움직임의 중요성과 유용성을 강조했다. 이러한 그의 생각은 몸과 마음은 분리된 것이 아니라 상호 관련되어 하나가 된다고 보는 심신일원론心身一元論에 근거를 둔 것이며, 인간의 움직임이 몸과 정신의 결합으로 발생된 것으로 보는 견해이다. 즉, 마음은 몸을 움직이고 몸의 움직임은 여러 가지 정보를 마음에 전달해서 상호 작용하며, 움직임 그 자체는 우리의 마음에서 우러나는 감정을 자연스럽게 흘려보내는 표현으로 보는 것이다. 이러한 생각으로 그는 인간의 몸과 마음으로부터 출발해서 공간에 그려내는 모든 움직임의 구조와 특질을 깊이 있고 세밀하게 분석할 수 있는 가능성을 열고 자신의 이론을 체계화했다. 그의 제자들은 라반의 기록과 분석 이론을 발전시켜 라바노테이션, 라반 움직임 분석LMA, 바르테니에프 기초 원리BF, 움직임 유형 분석표Movement Pattern Analysis 등으로 정리해 다양한 분야에서 활용하고 있다.

## 3. 라반 움직임 분석의 발전 과정

라반은 몸과 공간의 관계 속에서 나타나는 움직임을 다각도로 연구하기 위한 분석 도구를 창안했다. 그가 심혈을 기울여 만든 라바노테이션이 움직임의 구조를 기록하고 묘사하기 위한 하나의 기록 체계로 유용하게 쓰이는 도구라면, LMA는 움직임의 구조와 특질이 몸을 통해 어떠한 방식과 모양으로 공간상에서 표현되고 있는가를 찾을 때 유용하게 사용할 수 있는 분석 도구이다. LMA에서는 움직임에서 일어나는 구체적인 변화와 감정이나 분위기를 나타내는 다양한 구성 인자 등 아주 미세한 부분까지 다룬다.

라반이 그의 분석 이론을 적용해 수행한 다양한 연구는 무용뿐만 아니라 문화적으로 행해지는 제의 행사나 결혼식, 장례식에서 발견되는 움직임, 그리고 우리 주변에서 흔히 발견되는 일상적인 동작, 노동자의 기술적인 움직임 등 많은 인간의 움직임을 토대로 이루어졌다. 그는 제2차 세계대전을 전후로 산업이 발전함에 따라 일반 노동자 개개인이 효율적으로 일할 수 있는 움직임을 발견하는 것이 매우 중요하다는 것을 인식했다. 그래서 영국 내 산업체에서 일하는 노동자를 대상으로 그들이 행하는 일의 효율성과 피로의 관계에 대해 조사했고, 그 결과 일의 내용이나 이에 사용되는 도구뿐만 아니라 가장 편안하게 생산성을 높이는 요인으로서 움직임 요소의 조화로운 결합이 무엇보다 중요하다는 것을 발견하게 되었다. 이러한 연구를 바탕으로 그는 단순히 인체의 움직임을 방향, 속도, 거리, 무게 등 움직임의 구조를 기록하는 라바노테이션의 한계를 보완하는 관점에서 인간의 심리가 인체 근육 조직을 통해 나타날 때 어떠한 종류의 에포트가 사용되어 어떠한 외형의 형태를 갖는지 등 움직임의 특질을 분석하고 기록하는 움직임 분석 이론을 발전시켰다.

여기에 그의 제자이자 동료인 워렌 램Warren Lamb에 의해 몸의 형태적 측면의 분석을 가능케 한 셰이프Shape 개념과 라반의 제자이자 미국에 처음으로 라반의 움직임 이론을 소개한 엄가르트 바르테니에프Irmagrd Bartenieff의 '바르테니에프 기초 원리'의 개념이 결합해 움직임의 특질을 묘사하고 분석할 수 있는 LMA 체계가 만들어지게 되었다. 그리고 이러한 개념 위에서 움직임의 기본적 요소를 파악하고 기록할 수 있는 포괄적인 언어가 구체화되었고, 움직임의 심리적 측면에서 신체적 측면으로의 변화, 내부 의도의 외부로의 표현이라는 주제를 분석 과정의 핵심 개념으로 설정하면서 움직임 자체의 감각 및 관찰 사이에 이루어지는 연결고

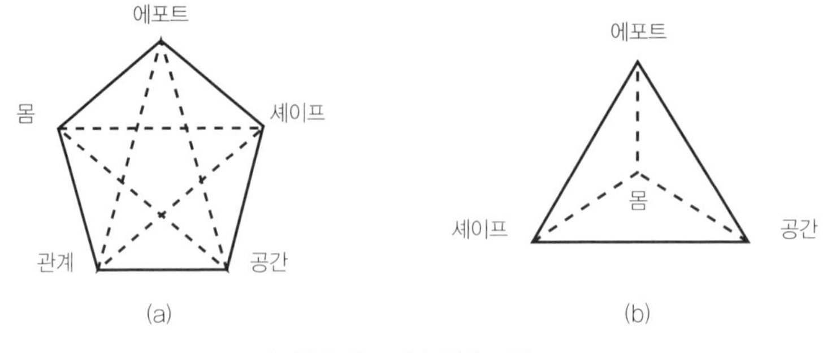

〈그림 2-1〉 BESS 관계 모형

리의 중요성도 인식하는 LMA의 기본 토대를 마련했다.

LMA에서 다루는 주요 움직임 분석 카테고리는 몸Body, 공간Space, 에포트Effort, 셰이프Shape이며, 각 카테고리는 밀접하게 연결되어 있다. 〈그림 2-1〉의 (a)는 BESS(Body/Effort/Space/Shape)의 관계를 보여 준다. 각각 네 가지 카테고리에서 몸의 측면은 무엇을 움직이는가? 에포트 측면은 어떻게 움직이는가? 셰이프 측면은 어떻게 환경과 관계되는가? 그리고 공간적 측면은 어디로 움직이는가?와 같은 관점에서 움직임의 특질을 관찰하고 이들의 관계를 종합함으로써 논리적인 분석을 가능케 한다. 이 네 가지 카테고리는 하나의 움직임의 요소가 다른 세 가지 움직임의 요소와 항상 균형적으로 관계하고 조화를 이루면서 움직임의 의미를 찾을 수 있게 한다. 그러므로 BESS 중 한 카테고리의 특징만을 구체적으로 분석하고자 할 때에도 이것을 독립적으로 분석하는 것이 아니라 다른 세 가지 요소의 관계 속에서 파악해야 한다. 예컨대, 〈그림 2-1〉의 (b) 모형처럼 움직임의 에포트 특징을 설명하기 위해서는 몸, 셰이프, 공간의 세 요소가 밑바탕을 이루어야 한다.

이 그림에서 보듯이 움직임의 네 가지 카테고리인 몸, 에포트, 셰이프, 공간은 움직임을 할 수 있는 몸과 움직임의 동기나 마음가짐을 말하는 에포트, 움직임의 형태를 그리는 셰이프, 조화로운 움직임은 공간으로 요약되며, 이들은 서로 연관성을 가지고 상호 관계하고 있음을 제시해 준다.

인간의 움직임에서는 여러 가지 상황에 따라 이 네 가지 카테고리 중 어느 하나가 다른 것에 비해 좀 더 강조되어 보이기도 하고 어떤 경우에는 이 네 가지가 모두 한꺼번에 보이기도 한다. 즉, 어떤 경우에는 움직임을 시작하는Initiation 몸의 부위나 특정 동작을 하는 부위에 좀 더 주의를 기울인 것으로 보이기도 하고, 팔이나 다리를 뻗어 수직 공간을 느끼거나 몸이 만들어 내는 사선을 의식할 때에는 공간에 더 집중하는 것처럼 보이기도 한다. 또한, 에포트에 집중해서 움직이는 동작에서는 강하거나 직접적인, 혹은 약하거나 자유로운 에포트가 강조되어 눈에 띄기도 하고, 셰이프 흐름Shape Flow의 움직임에서는 그 기저에 흐르고 있는 호흡 지지Breath

Support 요소가 좀 더 쉽게 보이기도 한다. 그리고 셰이핑Shaping과 관련된 움직임에서는 특히 3차원적 입체로 형태화되어 보이기도 한다.

한편, 우리가 이 네 가지 카테고리 중 의식적으로 몸만 움직이려고 하거나 감정만 표현하려고 해도 그리고 형태만 만들고자 하거나 공간만 사용하려고 해도 이들은 자연스럽게 서로 융화되는 경우가 많다. 이것이 움직이는 몸과 움직이려는 마음이 공간 안에서 순리적인 자연 법칙에 순응하면서 서로 관계를 맺어가는 현상이라 할 수 있다.

예를 들면, 움직이는 사람이 몸을 아래로 가라앉아 움직이거나 무릎을 꾸부리고 낮게 움직일 때에는 지구의 중력重力에 이끌리며 움직이는 것이 자연스럽게 보일 것이다. 반대로 위를 향해 팔을 높이 들어올릴 때에는 가볍게 움직이는 것이 더 편안해 보일 것이다. 따라서 이렇게 몸, 에포트, 셰이프, 공간 등 네 가지 움직임의 카테고리 간의 연관 관계를 고려한 움직임은 자연 법칙에 순응하는 편안하고 자연스러운 형태로 보이게 될 것이다. 여기서 움직임이 자연스럽다는 것은 움직임을 구성하는 요소들이 상호친화적[11]으로 관계를 이루면서 조화로운 이미지를 만드는 것과 같다고 할 수 있다. 이처럼 움직임은 이 네 가지 카테고리의 관계 속에서 서로 자연스럽게 엮이면서 그 특징적 형태와 의미를 갖게 되고 표현적 이미지를 만들게 된다. 이것이 움직임의 기본 요소가 되는 몸, 에포트, 셰이프, 공간의 상호 관계이다.

따라서 우리가 움직일 때 이 네 가지 카테고리 간의 관계를 이해하고 조합하게 되면 보는 사람으로 하여금 좀 더 쉽고 명확하게 그 의미를 분석하고 해석할 수 있는 가능성을 열어 주게 될 것이다. 또한 각 카테고리의 상호 관계를 통해 그 움직임을 이해한다면 아무리 복잡한 움직임이라도 그 특질을 좀 더 쉽게 파악할 수 있을 것이다.

〈그림 2-2〉는 이 네 가지 카테고리가 서로 불가분의 관계를 가지고 있음을 보여 주는 모형이다. 이것은 앞서 논의한 것과 같이 라반 움직임 분석

11 움직임의 상호친화적인 관계는 제7장 BESS의 상호친화성을 참고할 것.

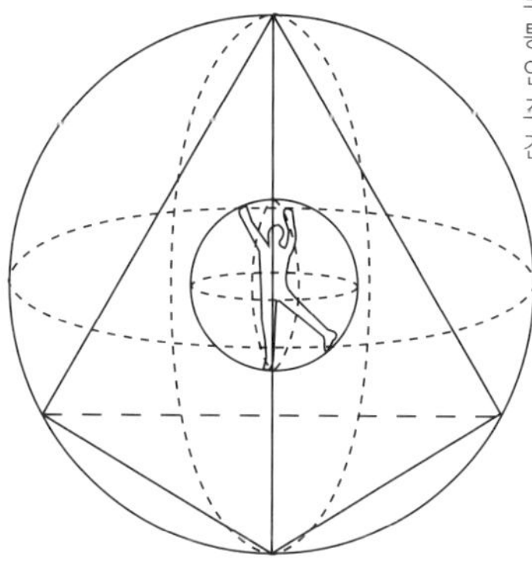


〈그림 2-2〉 라반의 BESS 상호친화성 모형

은 몸-마음-정신이 움직임을 통해 하나의 통합체를 이룬다는 측면에서 삼위일체론의 개념으로 이해할 수 있다. 즉, 인간 개인의 몸을 둘러싸고 있는 공간과 내적 충동을 드러내는 에포트, 그리고 움직임의 결과 우리 눈에 보이는 셰이프의 모든 요소가 우주 공간 안에서 서로 융화되고 있음을 보여 준다.

## 4. 라반 움직임 분석의 활용 사례

라반 움직임 분석이 발전하는 과정에서 라반의 이론을 토대로 다양한 관점에서 움직임을 분석한 사례는 무수히 많다. 우선 에포트-셰이프 분석 이론을 바탕으로 연구한 사례를 들어보면, 데이비스와 슈마이스(Davis & Schmais, 1967)는 인간의 움직임을 포괄적으로 인식하고자 라반의 에포트-셰이프 분석 개념을 통해 움직임의 스타일과 형태 그리고 움직임의 과정을 분석했고, 카간(Kagan, 1970)은 라바노테이션의 구조적 묘사와 에포트-셰이프의 분석 개념으로 구성된 부호 전표를 이용해 현대 무용에서 보이는 특징적인 움직임군을 찾아내고 비교하면서 움직임의 구조와 특질을 분석했다. 로맥스와 바르테니에프(Lomax & Bartenieff, 1968)는 움직임을 하나의 문화 속에서 나타나는 공식적인 몸의 의사 전달 체계로 전제하고, 몸 사용과 전이의 성질 및 주요 행위 등 에포트-셰이프의 개념을 적용한 안무측정표Choreometrics를 사용해 다양한 민족의 움직임을 분석했다. 노스(North, 1972)는 개개인의 움직임 특성을 기록 분석해 이와 개인의 성격 간의 관련성을 논의한 결과 움직임의 교정을 통해 성격을 바꿀 수 있다는 근거를 제시했고, 코헨(Cohen, 1975)은 몸의 움직임을 관찰 · 기록 · 분석하기 위한 도구로 에포트-셰이프 분석을 활용해 한 집단에 속해 있는 개인의 움직임 특성이 생활 스타일에 따라 습득하는 과정에서 그리고 그 환경에 적응하는 과정에서 집단의 움직임 특성을 닮아가게 된다는 결론을 끌어내었다. 포시크(Pforsich, 1978) 역시 특징적 움직임군을 라바노테이션과 에포트-셰이프로 기록하고 그 내용을 자신의 부호 전표에 제시한 여덟 가지 부분으로 나누어 분석했고, 영거맨(Youngerman, 1978)은 현대 무용가인 도리스 험프리Doris Humphrey의 〈청교도인들*Shakers*〉을 심리 분석과 문화적 맥락 안에서 움직임을 분석했다.

실바(Silva, 1983)는 초등학생들의 교육 현장에서 활용할 수 있는 프로그램을 개발했고, 인류학자 하나(Hanna, 1987)는 무용의 맥락에서 비언어적 의사 소통을 연구하기 위해 자신이 구성한 무용 움직임 자료 분류Dance Movement Data Categories

법으로 환경의 자극에 반응하는 근육을 통해 시간과 공간 안에서 방출해 내는 에너지를 보고 움직임의 시각적 구조와 동적 스타일을 찾고자 했다. 바르테니에프, 해크니, 존스, 밴 자일과 월츠(Bartenieff, Hackney, Jones, Van Zile, & Wolz, 1988) 등 다섯 명의 움직임 분석가들도 라바노테이션과 에포트-셰이프의 개념으로 만들어진 분석 요소를 제시함으로써 움직임 분석의 새로운 가능성을 열어 주었다. 그들이 창안한 분석 방법은 라반의 이론을 기조로 하여 추상적인 논의보다는 특별한 목표를 두고 작업하는 방법을 택해 개인적인 편견과 오류의 가능성을 최소화하고자 했고, 움직임의 핵심적 특성의 묘사, 움직임 분석의 사용을 위한 테크닉, 움직임 분석에서 중요하다고 생각되는 개념의 탐구 및 미래에 탐구해야 할 분야를 제안했다. 에드 그로프Ed Groff는 에포트-셰이프의 분석 개념으로 무용의 효과적인 지도 방법을 개발했다.[12]

이들의 에포트-셰이프 분석을 활용한 인류학적, 심리학적, 교육학적, 안무학적 연구는 라반이 제안한 이론을 근거로 한 LMA가 더욱 발전할 수 있는 초석이 되었고, 또 다른 분야에도 적극적으로 활용할 수 있는 계기가 되었다. 특히 최근에는 LMA의 발전에 따라 국외 및 국내의 학위 논문과 학회 논문 등에서도 많은 사례를 발견할 수 있고, 공인움직임 분석가들에 의한 연구도 매우 활발해지고 있다.

석 · 박사 학위 논문으로 국외의 사례를 살펴보면, 샌도벌(Sandoval, 1985)은 몸의 움직임에서 발현되는 춤의 의미를 탐구하기 위해 라반 움직임 분석으로 푸에블로 인디언의 코만치Comanch 춤을 분석, 묘사 및 평가했으며, 밀러(Miller, 1988)의 연구에서는 라반의 움직임 이론이 지휘 수업에서 음악적 해석 능력을 키워 주는 데 효과가 있다고 제안했다. 퍼킨스(Perkins, 1988)는 고대 조각과 그림에서 보이는 움직임을 분석해 고대 무용을 폭넓게 정의했다. 그는 라반과 워렌 램이 창안한 에포트/셰이프의 질적 평가가 무용의 기초가 되는 몸에 대한 '기술적 안내'로 보았다. 이는 플라톤이 기계 체조를 묘사한 것과 그 맥락을 같이하며, 아리스토텔레스의

12 Ed Groff(1995). Laban Movement Analysis: Charting the Ineffable Domain of Human Movement, *JOPERD: Journal of Physical Education, Recreation & Dance*, vol. 66, no. 2, pp. 27–30.

춤과 예술에 대한 원자론적atomistic 접근 방법과 비교될 수 있다. 웡(Wong, 1989)은 중국 당唐 시대의 역사, 정치, 철학, 미학적 개념 등 문화적 관점에서 〈실크 로드 위의 꽃비*Rain of Flowers on the Silk Road*〉 영화 속의 "등 뒤의 비파 연주하기Playing the P'i-p'a on the Back"를 라바노테이션과 LMA에 기초해서 연구했고, 이를 통해 중국 무용 안무에 대한 정보 제공 및 동양 무용에서 사용할 수 있는 움직임 어휘의 폭을 넓혔다. 부르통(Burton, 1990)은 사슴춤의 움직임 요소들을 모티프로 묘사하고, 그 춤의 에포트를 분석해 의식적 삶에서의 역동적 요소를 살펴보았다.

창(Chang, 1991)은 중국 무용을 훈련할 때 LMA의 요소를 탐구함으로써 함의 과정, 생각의 과정, 느낌의 과정과 의사 소통의 과정이 경험되었음을 입증했고, 체르노호르스키(Cernohorsky, 1991)는 유치원생에서부터 초등학교 2학년 아이들을 대상으로 라반의 이론에서 끌어온 리듬 공연과 발전적 리듬 속성에 따른 실제를 바탕으로 해서 지도법의 효과를 조사했다. 또한 커(Kerr, 1991)는 불가리아 각 지역에서 나타나는 춤 문화의 특징을 구별할 수 있는 방법으로 에포트 분석의 가능성을 피력했고, 던컨슨(Duncanson, 1991)은 라반의 움직임 분석 이론에 대해 움직임의 소통적 기능을 관찰하고 묘사하면서 해석하는 질적인 방법임을 제시했다. 로벨(Lovell, 1992)은 몸 움직임과 개인의 속성에 대한 관점 사이의 관계를 라반의 움직임 분석틀에서 유래된 포스처-제스처 연결Posture-Gesture Merger: PGM로 자세와 제스처를 성격 행동 유형과 연계해서 개성 측정과 행동 프로필 사이의 관계를 조사했다.

슈미트(Schmitt, 1994)는 움직임을 관찰하고 분석하고 조직하는 도구로 LMA를 사용해 자율적인 움직임에서의 내부 조직 사이의 관계 그리고 그것이 관계하고 반사되는 인간 경험의 의미 있는 구조를 중심으로 연구했다. 페르난데스(Fernandes, 1995)는 피나 바우쉬의 탄츠테아트르 〈카페 뮐러*Café Müller*〉를 LMA로 분석함으로써 작품에서 사용된 극단적인 반복을 몸의 투쟁적이고 역설적인 존재로 보고, 이를 자연과 언어 사이의 경험적, 자동적, 개인적, 사회적 패러다임으로 부각시켰다. 최상철(Choe, 1996)은 최승희의 삶과 춤 연구의 방법으로 LMA를 이용해서 최승희 춤을 기록하고 분석했다. 링(Lin, 2000)은 보디플로잉bodyflowing이 자아 보호와 자의식의 과정이라고 강조하고, 몸 안의 유동적이고 균형적 흐름을 가질 수 있도록 도와 주며, 명상 · 이완 · 자아 경작 · 자아 인식의 기본 형태를 형성하는 데 매우 중요한 것임을 논의했다. 누바우어(Neubauer, 2000)는 역사적 연구 방법과 라반 움직임 분석법이 도움을 받아 모리스 댄스를 민족학적으로 연구했다. 자하오(Zhao, 2001)는 의사 소통적인 제스처 연구를 위해서 에포트/셰이프 요소들 그리고 LMA로 움직임의 원리를 관찰했다. 빌링햄(Billingham, 2001)은 LMA이론이 지휘 제스처를 창조적으로 표현할 수 있는 유용한 도구로서 적용될 수 있음을 피력했다. 프리드먼(Friedman, 2003)은 LMA가 복잡한 움직임의 역동성에 극단적으로 적용되며, 움직임의 은유가 어떻게 내러티브와 연결되는가 등 실제와 언어 사이의 관계를 파악했다. 랜드본(Landborn, 2006)은 살아 있는 몸을 경험한 사람의 움직임 현상에 초점을 맞춘 소매틱스somatics 방법과 LMA를 사용해 플라멩코의 춤 어휘에 들어 있는 움직임의 동기가 황소 싸움의 기본적 움직임과 같음을 민속학적으로 밝히고 있다.

국내의 사례를 보면, 신상미(1998)는 라반의 이론을 근거로 한국 무용 움직임 분석 방법을 제안했고, 이어 음양오행적 표현이 한국의 궁중 무용인 처용무와 민속 무용인 살풀이춤 공간에서 어떻게 보이는가를 LMA를 통해 분석했다(신상미, 2000). 또한 한국의 대통령 출마를 위한 단일화 토론에 참석한 두 정치인의 삶과 움직임, 즉 자세와 제스처 등을 관련지어 분석함으로써 두 정치인이 자신의 취약점을 보이지 않는 새로운 이미지의 움직임을 활용하고 있음을 유추했고(신상미, 2003), 최승희의 〈보살춤〉을 BESS로 분석하고 델사르트의 표현 기법에 접목함으로써 그녀가 드러내고자 한 여성의 섹슈얼리티와 창작 기법에 대해 연구했다(신상미, 2006).

특히 한 · 중 · 일 창세 신화에서 보이는 춤(신상미, 2007)과 한 · 중 · 일 탈춤놀이극의 움직임 특질을 LMA로 분석함으로써 문화적 유형에 따라 서로 다른 특질의 움직임이 발견되고 있음을 주장했고(신상미, 2008), 현대 발레의 대표적 안무가인 바슬라프 니진스키Vaslav Nijinsky의 무용 분석을 통해 그의 몸짓 유형과 안무 형태를 파악했다(신상미, 2009). 또한 김재리(2004)의 한국 궁중 무용 연구와 강성범(2006)의 동서양 무용의 분석에서는 각 문화의 움직임 특질을 발견하고자 했고, 황혜원(2004)은 〈왕과 나*King and I*〉에서 나타나는 움직임을 LMA를 이용해 분석함으로써 무용 매체로서 움직임의 의사 소통 기능에 대해 논의했다. 김긍수(2008)는 발레 작품에서 나타난 특정 캐릭터의 움직임을 분석해 시대별로 변화하는 발레 움직임의 특징을 설명했다. 이 연구들은 LMA를 통해 춤문화를 연구하고 무용가의 안무 기법 연구, 움직임의 비언어적 의사 소통의 기능 및 몸짓 유형 분석을 시도한 데에 문화적, 인류학적, 안무학적, 도상학적, 민족학적 연구로서 그 의의를 찾을 수 있다.

또 다른 연구 사례로 LMA는 창작 현장과 교육 현장에 적용됨과 동시에 심신일원론心身一元論의 철학적 근거를 가지고 몸과 정신의 통합적 관계에서 접근하는 무용 치료 분야에서도 폭넓게 활용되고 있다. 창작 현장에서 김재리(2005, 2008)는 특정 안무가와의 실제적인 창작 작업에서 LMA의 주요 움직임 요소를 적용해 봄으로써 듀엣과 군무 등 다양한 형태의 작품에 활용할 수 있는 안무방법론을 개발했고, 교육 분야에서 강성범 · 김재리(2007)는 저소득층 학생들의 자기 표현력 향상을 위해 LMA에 근거한 움직임 교육 프로그램을 개발했으며, 이를 현장에서 직접 적용해 보고 그 효과를 질적 연구를 통해 밝혔다. 박성희(2007)는 무용의 좀 더 전문적인 분야인 발레에서 표현력 향상을 위해 LMA를 발레 기법 분석 및 발레 교수법에 적용했다. 김경희(2007)는 LMA의 신체적 측면에서 바르테니에프의 기본을 토대로 무용 실기를 위한 훈련법을 개발했고, 이경희(2007)는 LMA의 주요 개념인 바르테니에프 기본을 무용 치료사의 몸 지각 능력 개발에 활용했다. 이러한 연구는 현장에서 이루어지는 것으로서 LMA가 무용 이론과 실제의 통합적 관점을 제공한다는 측면에서 의의가 있다.

이상에서 보듯이 LMA는 기존의 무용 이론이 주로 학문적으로 논의되었던 것과는 달리 이론뿐만 아니라 실제 현장에서도 폭넓게 사용할 수 있는 분석 도구로서 무용 이론과 실기 모두에서 활용 가능하다. 교육에서는 훈련이나 학습의 목적으로, 창작에서는 보존과 새로운 움직임 개발을 위한 도구로, 안무 스타일 연구에서는 무용 역사와 미적 체계를 찾기 위해, 무용/움직임 치료에서는 부적응적인 움직임을 발견하여 치료하기 위한 목적으로 폭넓게 활용되고 있다.

제3장

# 움직이는 몸

1. 몸의 구조와 기호
2. 몸의 움직임
3. 움직임의 원리: 바르테니에프 기초 원리
4. 여섯 가지 기본 훈련

LMA의 네 카테고리 중 가장 먼저 고려되는 것은 몸Body에 대한 분석이다. 이는 연주를 잘하기 위해 악기에 대한 이해가 필요하듯이 춤을 추거나 움직이기 위해서는 기본적으로 몸에 대해 잘 알아야 하기 때문이다. 라반은 움직임을 통해 우리의 몸을 분석하는 방법을 제시했고 그것을 기록할 수 있도록 표기법을 개발했다. 라반의 이론에 따라 몸을 분석하는 것은 "무엇을 움직이는가?"라는 질문에 대한 해답을 찾는 것이다. 이 분석은 움직임을 만드는 몸의 각 부위 간의 연결성Connectivity 및 움직임의 과정에 대한 이해는 물론 기능적이고 표현적인 움직임의 창조를 가능하게 한다. 따라서 움직이는 몸을 구체적으로 분석하기 위해서는 몸의 구조Body Organization와 몸동작Body Action, 몸 부위 간의 관계Relationships, 움직임의 진행 과정Sequence, 제스처Gesture와 포스처Posture 등을 관찰하고 이를 통해 움직임의 내용이 어떠한지를 파악하는 것이 중요하다.

이 장에서는 몸의 구조, 몸을 사용해서 수행하는 기본 동작과 이것을 기록할 때 사용되는 모티프 표기법의 기호들을 알아보고자 한다. 또한, 우리의 몸과 움직임을 이해하기 위해 라반의 이론에 바탕을 두고 있는 바르테니에프의 기초 원리를 토대로 움직임의 원리와 그 훈련법에 대해서도 다루고자 한다.

## 1. 몸의 구조와 기호

움직이는 동안에 변화되는 몸의 구조를 분석함으로써 움직임의 특징을 발견할 수 있다. 일반적으로 사람들은 움직임의 목적에만 관심을 가질 뿐 움직임의 과정에 대해서는 주의를 기울이지 않는다. 하지만 움직임이 진행되는 동안 몸의 구조를 분석함으로써 실제 일어나고 있는 움직임의 요소와 특질을 좀 더 구체적으로 파악할 수 있다. 몸의 구조를 분석하기 위한 기본적인 단위는 〈그림 3 1〉과 같이 나눌 수 있으며, 관찰자는 다양한 시각과 관점에서 몸의 움직임을 분석할 수 있다.

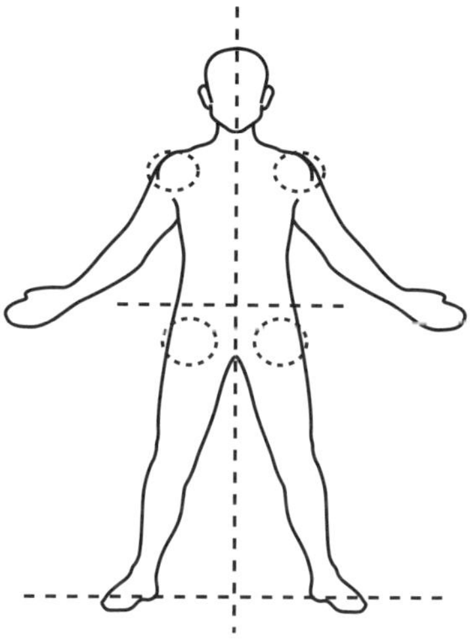

〈그림 3-1〉 몸 분석의 단위

〈그림 3-1〉에서 제시한 바와 같이 몸은 크게 상체와 하체, 오른쪽과 왼쪽으로 나뉜다. 상체는 머리/ 목, 가슴/ 척추 윗부분, 어깨 관절/ 견갑골, 그리고 팔/ 팔뚝/손목/손/손가락을 포함한다. 하체는 등 아랫 부분/배 아랫 부분, 골반/엉덩이hip/허벅지/종아리/다리/발/발가락으로 구성된다. 또한 척추를 중심으로 몸 중앙선Midline의 오른쪽과 왼쪽으로 구분할 수 있으며, 몸의 단위를 몸통과 사지로 구분해 움직임을 관찰할 수 있다. 이렇게 세분화되어 나뉜 몸은 다양한 방법으로 움직인다. 예를 들면,

- 몸의 모든 부위를 한꺼번에 사용할 수 있다.
- 몸의 모든 부위를 각각 독립적으로 사용할 수 있다.
- 상체/하체, 왼쪽/오른쪽, 몸통/사지 등 몸의 특정 단위로 나누어 사용할 수 있다.

우리는 이렇게 다양한 방법으로 움직이고 있는 몸을 관찰하게 되고, 움직임의 특성을 파악하기 위해 움직임이 일어날 때 두드러지게 나타나는 몸 부위를 모티프 표기법으로 기록할 수 있다.

〈그림 3-2〉는 몸의 부위를 나타내는 기호이다.

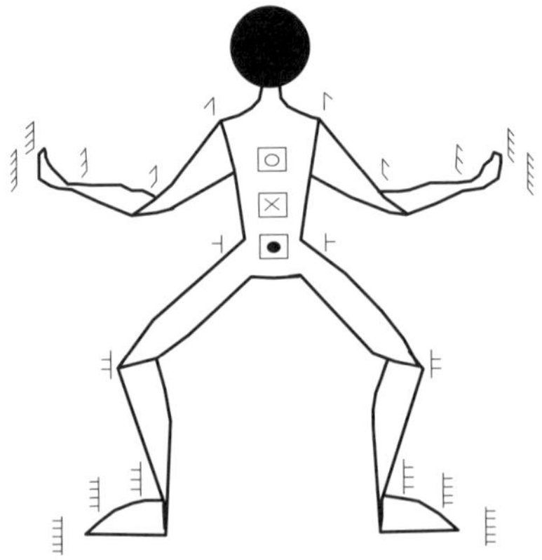

〈그림 3-2〉 몸 부위별 기호

## 2. 몸의 움직임

### 제스처와 포스처

우리는 몸의 한 부위 혹은 다양한 부위의 조합을 통해 움직임을 만들어 낸다. 몸의 어느 부위를 움직이건 간에 그것은 다른 부위에 영향을 주며 그 효과는 매우 다양하다. 이러한 몸의 부위가 조합해서 만들어 내는 움직임은 그 유형에 따라 제스처Gesture와 포스처Posture로 설명할 수 있으며, 그 형태와 특질에 따라 나타내는 의미를 파악할 수 있다.

인간의 몸을 만드는 각 부위가 조화롭게 연결되어 나타나는 특징은 제스처와 포스처로 우리의 눈을 사로잡는다. 인간이 표현하고자 하는 내용은 이 제스처와 포스처의 조합으로 이루어지는 움직임을 통해 나타나며, 이것은 때로는 단순하기도 하지만 대체적으로 복잡하고 미묘하다. 우리는 필요에 따라 습관적으로 제스처와 포스처를 사용해 실용적인 움직임을 행하기도 하고 창조적인 움직임을 만들어 우리의 생각과 느낌을 표현하기도 한다. 이렇게 몸에 의해 만들어지는 모든 움직임은 기본적으로 몸과 정신의 조합을 통해 일어나고 걷거나 말할 때 혹은 자는 순간에도 계속적으로 변화한다.

따라서 관찰을 통해 몸의 제스처와 포스처를 분석할 때에는 몸의 어떤 부위를 사용하는가, 어떤 단위로 몸이 움직이는가를 보면서 어떤 행동을 하고 이것이 무엇을 의미하는지를 파악하는 것이 중요하다. 특히 사람마다 이 제스처와 포스처의 특징이 다르게 나타나기 때문에 관찰과 분석을 통해 그 사람이 어떤 특성을 가진 사람인지 혹은 무엇을 표현하고자 하는지 유추해 낼 수 있다. 그러므로 제스처와 포스처 분석은 무용/움직임 치료Dance/Movement Therapy나 비언어적 의사 소통nonverbal communication을 하는 행동 양식을 관찰하는 데 사용되며, 인간의 심리 상태나 환경 및 문화적 배경에 관한 연구에서도 활용된다. 제스처와 포스처에 대해 자세히 설명하면 다음과 같다.

● 제스처

제스처는 몸 전체의 움직임이 아니라 몸통에 부착된 여러 부위, 즉 사지를 사용해서 만들어 내는 움직임이다. 이는 머리, 팔, 손, 다리, 발 등 서로 다른 몸 부위가 독립적으로 움직이거나 한꺼번에 움직인다. 예를 들면, 머리를 까딱거린다든지 손가락을 튕기거나 발로 바닥을 가볍게 두드린다든지 혹은 팔을 들어 인사 표현을 하거나 사랑의 표현을 위해 두 손으로 하트를 만드는 몸짓을 말한다. 따라서 일상생활에서 우리가 행하는 제스처는 반복적인 동작이나 일시적으로 나타나는 반응을 통해 발견되며, 때로는 움직임에 생기를 주기도 하고, 한 사람의 성향이나 성격 그리고 심리 상태를 드러내기도 하며, 긴장감이나 불안감 등을 표현하면서 비언어적인 의사 소통을 하게 된다.

● 포스처

포스처는 한 번에 변하는 몸 전체의 활동으로 움직임의 관점에서는 좀 더 정적

〈사진 2〉 구부정한 상체는 할머니에게서 자주 발견되는 대표적인 포스처이다.

이고 변화가 없는 것을 의미한다. 어떤 자세를 취하거나 움직임을 멈출 때, 또는 몸을 조각상처럼 정적으로 만드는 과정에서 포스처가 관찰된다. 이것은 정적인 분위기와 견고함을 제공하며 특정 행동을 강조하기도 한다. 포스처는 의식적으로 혹은 무의식적으로 몸을 통해 나타나게 되는데, 이것은 행동 습관과 관계가 있으며 주로 부모로부터 물려받거나 교육을 받을 때 그리고 개인의 역할 모델에 의해 영향을 받는다. 또는 일상 생활에서 겪는 특정 현상 등 타인과의 관계에서 비롯되는 반응을 통해 형성되기도 한다. 우리는 자라면서 부모의 포스처를 모방하거나 배우게 되며, 몸은 이런 것들을 저장하고 있다가 욕구와 의지를 표현하는 순간에 모두 꺼내게 된다. 따라서 포스처는 우리의 믿음과 신념을 보여 주거나 어떤 사건이나 자극에 대한 반응을 보여 준다. 〈사진 2〉에서는 할머니들이 앉아 있는 자세에서 구부정한 포스처가 보인다.

● 제스처와 포스처의 통합

제스처와 포스처의 통합Gesture Posture integration은 크게 제스처/포스처 흡수Gesture/Posture merger와 제스처/포스처 함께하기Gesture/Posture happen together 등으로 분류된다. 이는 움직이는 사람이 환경이나 자극에 반응하면서 변화하는 심리 상태와 함께 자연스럽게 이루어진다.

제스처/포스처 흡수

제스처/포스처의 흡수는 움직이는 동안 제스처와 포스처가 모두 관찰되는 것을 의미한다. 이것은 움직임이 발생할 때 제스처에서 포스처, 혹은 포스처에서 제스처로 전이transition되는 과정과 결과를 의미하는데, 이 두 가지가 순서대로 나타나거나 서로 겹쳐지면서 나타나기도 한다.

제스처/포스처 함께하기

제스처/포스처의 흡수와 마찬가지로 움직이는 동안 제스처와 포스처가 모두 관찰되는 것을 의미한다. 하지만 이것은 한 움직임 안에서 차례로 일어나거나 겹치는 것이 아니라 이 두 가지가 동시에 일어나는 것을 의미한다.

## 열두 가지 기본 동작과 기호

LMA에서는 몸을 통해 일어날 수 있는 기본 동작Basic Body Action을 열두 가지로 제시한다. 이들 동작은 뛰기Jump, 정지하기Stillness, 수축하기Contract, 늘리기Extend, 접기Fold, 펴기Unfold, 모으기Gather, 흩뿌리기Scatter, 무게 이동하기Weight Shift, 지지하기Support, 회전하기Turn, 이동하기Locomote 등이며, 이 동작들을 바탕으로 다양한 움직임을 만들어 낼 수 있다.

**뛰기**: 몸이 바닥에서 떨어져 공중으로 도약하고 다시 바닥으로 되돌아가는 동작

이다.

정지하기: 진행되는 움직임을 일시적으로 멈추는 것이며, 완전히 정지하는 것과 선행 동작의 여운을 가지고 정지하는 것을 의미한다.

수축하기: 몸을 움츠려 작아지는 동작을 말한다. 몸의 부위를 각각 움츠리거나 몸 전체를 수축시키는 동작이 이에 해당되며 두 부위 이상의 관절이 작용한다.

늘리기: 수축하기와 반대되는 개념으로 사지 혹은 몸 전체를 확장하는 동작이다. 이것은 몸의 길이가 늘어나는 것Elongate, Lengthen과 부피가 팽창되는 것Expand 등을 모두 포함한다.

접기: 몸의 특정 부위를 단순히 구부리거나 접는 동작을 말한다. 이 동작에서는 수축이나 움츠림의 느낌이 거의 없으며 한 부위의 관절만이 작용한다.

펴기: 접기와 반대되는 개념으로 몸의 접힌 부위를 펴는 동작을 말한다.

모으기: 몸의 다양한 관절을 사용해서 몸 안으로 모으는 입체적인 동작으로 주로 3차원 공간 안에서 일어나는 움직임이다.

흩뿌리기: 모으기와 반대되는 개념으로 몸 밖으로 흩뿌리는 동작을 말한다. 모으기와 마찬가지로 3차원 공간 안에서 이루어지는 동작이다.

무게 이동하기: 중심을 지지하고 있는 몸의 한 부위를 다른 부위로 옮기는 동작을 말한다. 예를 들어 왼발이 무게를 지지하고 있다가 오른발로 무게 중심이 이동할 때 나타나는 움직임이다.

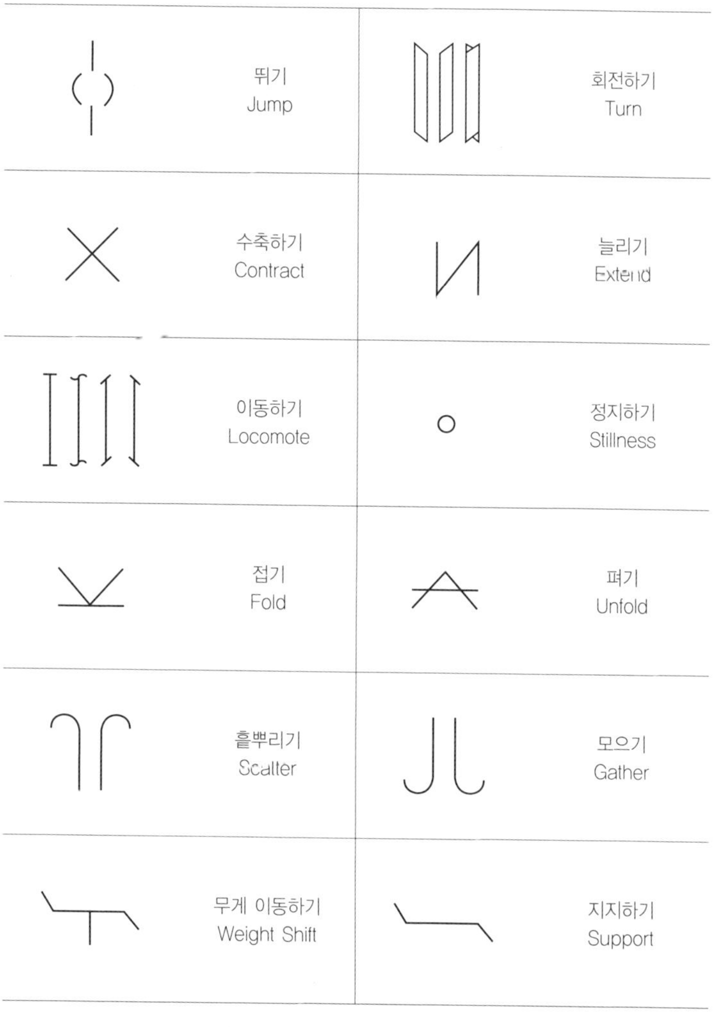


〈그림 3-3〉 열두 가지 기본 동작

**지지하기**: 몸의 특정 부위를 이용해서 무게를 지탱하는 동작을 말한다. 움직임을 지지하는 부위에서는 중력을 느낄 수 있다.

**회전하기**: 일반적으로 회전하는 동작을 모두 일컫는다. 회전에 해당하는 동작은

로테이션Rotation, 트위스트Twist, 피봇 회전Pivot Turn, 옆으로 재주넘기 Cartwheels, 앞뒤로 공중제비Somersaults 등이 있다.

이동하기: 무게의 이동과 함께 제자리에서 일반 공간General space으로 나아가는 동작을 말한다. 이동할 때에는 직선과 곡선 경로로 할 수 있으며 걷기, 뛰기, 구르기 등의 움직임이 여기에 속한다.

열두 가지 기본 동작은 앞의 〈그림 3-3〉과 같이 기호로 표기할 수 있다.

## 3. 움직임의 원리: 바르테니에프 기초 원리

LMA에서 몸 분석은 대부분 엄가르트 바르테니에프Irmgard Bartenieff, 1900-1981에 의해 만들어진 바르테니에프 기초 원리Bartenieff Fundamentals: BF를 중심으로 이루어진다. BF는 라반의 이론을 기초로 하여 바르테니에프가 제시한 움직임의 원리 및 신체 훈련법이다. BF를 통해 움직임의 일정한 패턴과 몸 부위의 조화로운 연결성Connectivity을 찾을 수 있다. 또한, BF 훈련을 통해 효과적으로 움직임을 행할 수 있고 다양한 움직임으로 표현할 수 있다.

### 엄가르트 바르테니에프

바르테니에프는 1900년 독일에서 태어났다. 그녀는 일생 동안 생물학, 무용, 신체 요법 등의 분야에서 활동했다. 1925년 이후로는 라반의 제자이자 동반자로 그에 대해 그리고 그의 이론을 연구해 베를린에서 학위를 받았다. 당시 바르테니에프는 라반 이론을 미국에서 가르칠 수 있는 자격을 받은 유일한 사람이었다. 1936년 미국으로 건너간 그녀는 하냐 홈Hanya Holm 스튜디오에서 라바노테이션을 가

〈사진 3〉 엄가르트 바르테니에프

출처: Laban/Bartenieff Institute of Movement Studies(www.limsonline.org)

르쳤으며, 베닝턴대학Bennington College, 콜럼비아대학Columbia Teachers College, 브루클린박물관Brooklyn Museum 등에서 라반 이론을 바탕으로 한 강의를 하며 활발하게 활동했다.

1943년 그녀는 뉴욕대학의 신체 요법 프로그램New York University's physical therapy program 과정을 졸업한 후 윌리어드 파커 병원Willard Parker Hospital에서 신체요법사로 일하면서 움직임을 통해 환자들이 능동적으로 자가 치유 및 교정을 유도하는 자가 치료 방법론을 개발하는 데 선구자적인 역할을 했다. 이 시기에 바르테니에프는 미국의 무용수들과도 작업을 같이했는데, 라반의 이론을 통한 움직임의 원리와 함께 몸의 사용, 움직임의 시작과 과정, 움직임이 나타나는 공간 등에 대해서도 가르치기 시작했다. 이러한 방법론은 기능적으로 효과적이며 표현적인 움직임의 발달을 도모하는 신체의 재교육Repatterning을 목적으로 하는 BF의 핵심이 된다. 신체 훈련을 위한 방법들은 알렉산더 테크닉Alexander Technique, 펠든크라이스 테크닉Feldenkraise Technique, 필라테스Pilates 등 다양하지만 바르테니에프의 기초 원리에서는 공간에 대한 개념을 사용한다는 점이 다른 훈련법과 차별된다. 바르테니에프의 전문적인 신체 요법은 미국의 요법 분야에 많은 영향을 미치게 되었으며, BF는 연기자나 무용수들뿐만 아니라 일반인의 신체 훈련에도 사용된다.

바르테니에프는 신체 요법 분야 외에도 인간의 움직임을 주제로 한 인류학적 연구에도 관심을 가졌다. 인류학자 앨런 로맥스Alan Lomax와 함께 경제 구조, 일하는 스타일, 춤 움직임 등 문화를 구성하고 있는 움직임의 요소를 체계적으로 분석하고 연구할 수 있는 안무측정표Choreometrics를 개발했으며, 이것은 지금까지도 움직임을 통한 비교문화 연구에 많이 사용된다. 이와 같이 바르테니에프는 라반의 이론을 움직임을 주제로 하는 많은 분야에 적용하여 자신만의 독특한 원칙을 만들어 냈으며, 지금까지도 그 이론은 그녀의 제자와 동료들을 통해 또 다른 분야에서 끊임없이 연구 · 적용되고 있다.

1978년 바르테니에프는 뉴욕에서 라반 이론을 연구하는 라반/바르테니에프 움직임연구소Laban Institute of Movement Studies: LIMS의 기반을 마련했다. 그녀는 이곳에서 라반의 이론을 발전시켜 체계화된 LMA를 가르쳤으며, 이곳에서는 현재 공인 움직임 분석 전문가Certified Movement Analyst: CMA를 키워 내고 있다. CMA는 라반 움직임 분석에 관한 지식을 토대로 이를 다양한 분야에서 활용할 수 있는 능력을 갖춘 전문가를 의미한다. 현재 세계적으로 900명 이상의 CMA가 공연예술, 무용/움직임 치료, 스포츠, 문화 연구 등의 분야에서 활발하게 활동 중이다.

## 바르테니에프 기초 원리

BF는 몸과 마음을 하나로 연결하고 움직이는 이유에 대해 의식할 수 있는 움직임 훈련법의 하나로 몸 구조에 대한 이해, 몸의 각 부위를 상호 연결해 움직임을 만드는 방법, 움직임의 발생 원인 등을 다룬다. BF에서 제시하는 가장 중요한 개념은 다음에 설명한 네 가지 주요 주제, 아홉 가지 기본 원칙과 그 밖의 개념들이다. 그리고 이를 근거로 창안된 여섯 가지 기본 동작 훈련법이 있으며, 움직임에 관한 연구, 무용이나 치료, 움직임 훈련 등 다양한 분야에 이론적인 토대를 제공하면서 폭넓게 활용된다.

BF에서 제시하는 개념의 이해와 여섯 가지 기본 동작의 훈련을 통해 다음과 같은 효과를 얻을 수 있고 실용적으로 활용할 수 있다.

첫째, 몸의 더 깊은 근육에 대해 지각하고 이를 발전시켜 움직임의 범위를 무한하게 넓힐 수 있으며 움직임의 효율성을 찾을 수 있다.

둘째, 몸의 각 부위 간 관계뿐만 아니라 에포트Effort, 셰이프Shape, 공간Space 등 라반의 다른 개념과도 서로 연결하면서 움직임에 대한 좀 더 깊은 이해와 경험을 유도할 수 있다.

셋째, 움직임 원리에 의한 신체적 경험을 통해 우리의 몸을 발전적으로 재교육할 수 있다.

넷째, 무용가나 연극인 등 움직임을 새롭게 창조하는 예술가들을 위한 창작의 기본 재료로 사용할 수 있다.

● BF의 네 가지 주요 주제

BF의 네 가지 주요 주제는 안정성Stability/운동성Mobility, 기능Function/표현Expression, 노력Exertion/회복Recuperation, 그리고 내면성Inner/외형성Outer이며, 라반이 발견한 움직임의 원리와 원칙을 기본 토대로 한다.

이 네 가지 주요 주제는 상대적인 개념을 함께 가지고 있지만 각각의 주제는 상호 영향을 주고 보완하거나 대립하면서 조화로운 움직임을 만들게 된다.

안정성/운동성

안정성과 운동성은 서로 긴밀하게 연결되어 효율적인 움직임을 만들어 낸다. BF에서는 사지의 움직임을 지지하는 몸의 중심을 강조하는데, 이것은 몸이 안정성을 유지할 때 좀 더 자유롭게 움직일 수 있기 때문이다. 안정성과 운동성의 조화는 "자식에게는 뿌리와 날개만 주면 된다"는 속담의 의미처럼 효과적인 움직임을 수행하기 위해서는 움직이는 몸의 부위와 이를 견고하게 지탱해 주는 부위가 모두 중요하다는 것을 의미한다. 예를 들어, 무용수가 춤을 출 때 움직임을 통해 두드러지게 나타나는 몸 부위 못지않게 움직임을 지지해 주는 몸 부위의 중요성을 강조한다거나 한국 무용의 정적인 움직임 속에서 동적인 역동성을 드러내는 정중동靜中動의 표현을 강조하는 것은 안정성과 운동성의 관계를 보여 준다. 라반은 이 안정성과 운동성이 연속적으로 관계를 갖는 과정에서 움직임의 역동성이 창조될 때 좀 더 효과적인 표현이 가능해진다고 했다.

### 기능/표현

기능적인 혹은 표현적인 움직임은 서로 친밀한 관계를 가지며 이들의 조합을 통해 의미 있는 움직임을 만들 수 있다. 일반적으로 기능적인 움직임은 특정 목적을 달성하기 위해 행하는 실용적인 움직임을 말하며, 표현적인 움직임은 기능과 상관없이 자신의 생각과 감정을 몸을 통해 나타내기 위한 움직임을 뜻한다. 예를 들어, 밥을 먹기 위해 손과 팔을 움직이거나 목적지에 도달하기 위해 걷거나 뛰는 움직임은 기능적인 움직임으로 분류될 수 있다. 이와는 다르게 무대 위에서 행해지는 예술적 동작이나 자신의 느낌을 표현하는 움직임은 기능보다는 표현이 강조되는 움직임이라고 할 수 있다. BF의 관점에서는 이러한 기능적인 움직임과 표현적인 움직임이 상반된 것이 아니라 상호 작용하는 것이라고 강조한다. 즉 기능과 표현의 조화 속에서 효과적인 움직임이 발생한다.

이를 구체적으로 설명하면, 움직임을 구성하는 몸, 에포트, 셰이프, 공간 등 네 가지 카테고리 중 하나가 변하거나 달라지면 움직임의 기능적인 측면뿐만 아니라 표현적인 측면까지 변하거나 달라지는 것을 알 수 있다. 또한 기능적으로 움직이거나 표현적으로 움직이는 것도 그 목적과 상황에 따라 서로의 역할을 바꿔 효율적이고 표현적인 움직임을 만든다는 것도 알 수 있다. 예를 들어 감성적이고 표현적인 움직임을 사용함으로써 기능적으로 불편한 신체의 부적응을 개선시킬 수 있고, 이와는 반대로 일상적으로 걷고, 먹고, 달리는 기능적인 움직임을 무대 위에서 표현적인 움직임으로 사용할 수도 있다. 실제로, 바르테니에프는 상해나 장애로 인해 기본적인 움직임을 수행하기 힘든 사람에게 표현적인 움직임을 수행하도록 함으로써 움직임의 기능적인 부분을 개선하기도 했다.

### 노력/회복

모든 움직임은 시작한 후에 재충전과 에너지를 보충해 또 다른 움직임으로 넘어간다. 이처럼 움직임을 하려는 노력은 독립적으로 존재하는 것이 아니라 회복을 통해 다시 살아나게 된다. 이와 마찬가지로 움직임을 다시 시작하고자 원래의 상태로 되돌아오는 회복도 노력을 한 다음에야 이루어질 수 있게 된다. 따라서 회복은 아무것도 하지 않는 것이 아니라 다른 움직임을 하기 위해 스스로 에너지를 보충하는 능동적인 것을 의미한다. 이처럼 노력과 회복의 순환 과정은 우리가 하고 있는 모든 움직임에서 볼 수 있는 능동적이고 자연적인 현상이다. 우리의 몸은 이러한 노력과 회복의 자연적 순환을 스스로 만들어 내며, 똑같은 움직임이라 할지라도 개인의 성향이나 상황에 따라 노력하거나 회복되면서 서로 다른 움직임의 특성을 만들고 움직임에 생동감을 더해 주기도 한다.

이러한 노력과 회복이 연속으로 일어나 이것이 하나의 움직임 구문을 이룰 때 독특한 의미를 표출하게 된다. 따라서 우리가 움직일 때, 노력과 회복의 주제를 적절히 사용하면 과도한 스트레스를 받거나 에너지를 소모하지 않고 기능적으로 효과적인 움직임을 창조하거나 표현이 풍부한 움직임을 만들 수 있다.

### 내면성/외형성

라반은 의도적이거나 그렇지 않은 경우에도 인간의 내적 충동은 신체 외부의 움직임을 통해 나타난다고 주장했고, 이것은 그가 제안한 에포트Effort 이론의 중요한 원칙이 되었다. 그의 에포트 이론은 몸과 정신은 하나이며, 모든 인간 활동의 기본이 된다는 것으로 정리된다. 구체적으로 설명하면, 우리의 심리 상태나 생각 그리고 감정은 몸의 외형적 형태로 가시화된다. 즉, 인간 내부의 정신이 외부의 몸을 통해 움직임의 형태로 가시화되므로 내면성과 외형성은 항상 창조적인 관계 안에서 존재한다. 이러한 그의 생각은 좀 더 발전된 에포트 분석으로 체계화되어 움직임의 특질을 이루는 다양한 요소를 발견하고 이를 통해 움직임의 의미를 찾을 수 있는 토대가 되고 있다.

LMA에서는 우리의 몸이 내부와 외부, 즉 내면성과 외형성의 관계 맺음을 통해 움직임을 창조해 내며, 이 움직임은 나름대로의 의미를 가지고 있다는 가정 아래 분석을 한다.

### ● 아홉 가지 원칙

BF의 아홉 가지 원칙9 Principles은 우리 몸을 지탱하는 척추처럼 BF를 이루는 중심축이 된다. BF의 아홉 가지 원칙은 움직임이 발생하는 규칙이나 법칙을 의미한다. 일반적으로 어떤 개념이 발전되어 법칙이 되었을 때, 우리는 그것을 원칙Principle이라고 부른다. 앞으로 제시될 아홉 가지 원칙은 자연적으로 혹은 인위적으로 행하는 움직임의 발생에 대한 법칙이라고 할 수 있다.

#### 동적인 신체 정렬: '움직이면서 느끼는 균형감'

동적인 신체 정렬Dynamic Alignment은 앞으로 설명하게 될 BF의 나머지 여덟 가지 원칙이 이것에서 파생되었다고 할 만큼 매우 중요한 원칙이다. 이것은 움직이는 몸을 사용해 효과적으로 표현하는 것과 더불어 기능적으로도 불필요한 긴장을 없애고 움직임을 안정적이고 균형적으로 할 수 있도록 도와 준다. 이 원칙에서 말하는 균형의 의미는 움직이다가 균형을 잡기 위해 일부러 동작을 멈추거나 움직임의 흐름을 막는 것이 아니라 안정적인 균형 안에서 자연스러운 움직

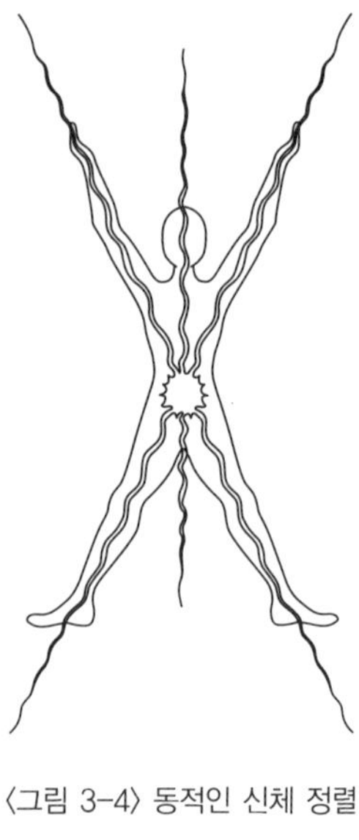
〈그림 3-4〉 동적인 신체 정렬

임의 연결을 만들어 낼 수 있는 것을 말한다.

동적인 신체 정렬은 움직이는 사람의 신체 중 관절과 근육의 운동성을 통해 관찰할 수 있으며 몸의 한 부위가 움직일 때 다른 부위도 연결되어 움직이는 데에서 찾아볼 수 있다. 따라서 동적인 신체 정렬은 움직이는 동안 몸의 특정 부위가 몸 전체의 변화에 영향을 주는 것에 대한 이해를 통해 파악할 수 있으며, 다음에 열거한 몸의 중심과 말단의 연결성Core-Distal Connectivity, 머리와 꼬리의 연결성Head-Tail Connectivity, 상체와 하체의 연결성Upper-Lower Connectivity 등과 같은 방식으로 이루어진다.

### 몸의 중심과 말단의 연결성

각각의 사지는 몸 중심을 통해, 반대로 몸의 중심은 사지를 통해 움직임이 만들어진다. 몸의 중심에서부터 시작되어 말단을 향해 방사되는 모든 움직임에서 이 연결성을 느낄 수 있다.

### 머리와 꼬리의 연결성

머리와 꼬리가 항상 상호 작용한다는 개념이다. 여기서 꼬리는 척추의 미골을 말하는 것으로 주로 척추를 중심적으로 사용한 움직임에서 발견된다. 즉, 머리와 꼬리의 연결성은 척추를 통해 일어나는 간단하고 복잡한 모든 움직임에서 발견되며 자신의 척추에 대해 인식하는 간단한 방법으로 느낄 수 있다.

### 상체와 하체의 연결성

상체와 하체가 분리되어 움직이는 것이 아니라 서로 다르게 움직이면서도 상호 작용하는 것을 의미한다. 몸 전체가 움직일 때, 상체와 하체가 각각 어떻게 움직여야 하는지를 찾는 과정에서 상체와 하체의 연결성을 느낄 수 있다. 바르테니에프는 만약 상체를 움직일 때 불편함을 느낀다면 상체의 움직임과 함께 이를 지지해 줄 수 있는 하체의 활동을 찾는 것이 도움이 된다고 했다.

이 밖에도 발뒤꿈치와 엉치뼈Heel-Sitzbone Connectivity, 견갑골과 꼬리뼈Scapular-Coccyx Connectivity의 연결성 등 움직임을 하면서 자신이 몸의 특정 부위와 또 다른 부위가 연결되어 있다고 느낄 때, 혹은 다른 사람의 움직임에서 몸 부위의 연결이 관찰될 때 앞서 언급한 부위 이외에도 다양한 연결성을 창조해 낼 수 있다.

중심 지지: '중심이 흔들리면 쉽게 무너진다.'

중심 지지Core Support는 움직이는 사람이 중력과 지구의 축에 대해 의식하는 것으로 움직임을 지지하는 몸 중심의 역할을 의미하며 움직임과 직접적으로 연결되어 있는 신체 내부의 에너지와 같은 것이다. 우리가 중심 지지를 의식하면서 움직이면 몸의 표면적인 근육보다는 좀 더 깊은 근육을 사용할 수 있으며 이를 통해 강하고 유연한 움직임을 할 수 있게 된다. 중심 지지는 주로 복부와 상체와 하체를 연결하는 장요근iliopsoas이[13] 적절하게 집중적으로 수축하는 움직임에서 발견된다. 예를 들어, 현대 무용가 마사 그레이엄Martha Graham의 수축contraction이나 바르테니에프의 우묵해지는 셰이프Hollowing, 혹은 한국 무용에서 표현하는 몸의 중심Center, 즉 하단전을 중요시하는 것 모두 중심 지지를 강조하는 움직임이다. 이것은 춤을 추는 동안 지탱Support, 균형Balance, 그리고 강함Strong에 대한 신체적 느낌으로 나타난다.

호흡 지지: '움직임은 호흡을 타고……'

우리는 매일 숨을 쉬고 있기 때문에 그것을 거의 의식하지 못한다. 그러나 생리학적으로 호흡은 우리가 살아가기 위해 없어서는 안 되는 중요한 과정이며, 움직임을 유동적이고 자연스럽게 하기 위해서도 매우 중요하다. 바르테니에프는 호흡은 "모든 관점에서 움직임에 영향을 준다"고 했고, "호흡은 몸의 내부와 외부의 형태를 모두 변화시킨다"고 했다. 이처럼 움직임에 매우 중요한 영향을 미치는 호

13 장요근iliopsoas은 장골근iliacus과 허리 근육psoas을 한꺼번에 통칭하는 용어이다. 이 근육은 상체와 하체를 연결하는 긴 근육으로 하체의 움직임을 할 때 상체(복부)가 이를 도와 주는 움직임의 원리이다.

흡을 움직이는 동안에 인식하는 것을 호흡 지지Breath Support라고 한다. 예를 들어, 숨을 들이마실 때에는 몸이 위로 올라가거나 가슴이 넓어지면서 앞으로 불룩해지는 것을 볼 수 있고, 반대로 숨을 내쉴 때에는 몸이 가라앉거나 가슴이 좁아지면서 뒤로 우묵해지는 것을 볼 수 있다. 즉, 몸이 수직축으로 자라나거나 가라앉는 것에서, 필라테스Pilates의 호흡법과 같이 흉곽이 수평축 양옆으로 벌어지거나 가운데로 모아지는 것에서, 그리고 배가 시상축으로 앞으로 불룩하게 나오거나 우묵해지는 호흡을 볼 수 있다. 우리는 이러한 호흡 과정에서 몸의 형태 변화뿐만 아니라 움직임 양식의 변화도 볼 수 있고, 이를 통해 공간적 감각을 함께 느낄 수 있다.

따라서 우리가 춤을 출 때, 의도적으로 호흡에 변화를 주면 다양한 형태의 움직임이 모여 춤을 효과적으로 할 수 있는 독특한 구문을 만들게 된다. 그래서 창의적이고 뛰어난 무용수들은 호흡 방법을 연구해 자신만의 독특한 움직임을 만들기도 하고, 움직임의 원칙 중 다른 원칙과 함께 호흡의 지지를 결합해 기능적이고 표현적인 움직임을 창조하기도 한다. 특히 호흡을 강조하는 한국 무용에서는 다양한 호흡법을 이용한 춤사위를 쉽게 찾을 수 있다.

공간적 의지: '공간을 의식하는 움직임'

우리가 일상적으로 하는 움직임이나 무용 공연과 스포츠 활동과 같이 어떤 목적을 갖고 하는 움직임도 공간에 대한 정확한 목표나 목적을 갖고 이루어질 때 좀 더 효과적일 수 있다. 공간적 의지Spatial Intent란 우리가 특정 방향으로 가고자 할 때 분명한 경로를 정하고 움직이는 것을 말한다. 예를 들어, 등산할 때 힘을 덜 들이기 위해 혹은 경기에서 목표 지점에 빠르게 도달하기 위해 공간 안에서 방향이나 높낮이 그리고 움직임의 경로에 대해 지각하고 의식하는 것을 공간적 의지라고 한다. 따라서 공간적 의지가 분명할수록 우리의 신경 근육계는 좀 더 효과적으로 움직임의 목적을 성취할 수 있게 된다. BF에서는 의도적으로 공간적 의지를 갖고 움직이는 것을 주요 특성으로 꼽는다.

이는 움직이는 사람이 공간적 목적을 갖고 이를 동기화해 의도적으로 공간을 사용할 때 좀 더 풍부하고 명확한 메시지를 전달할 수 있는 움직임을 할 수 있다는 것을 의미한다. 이처럼 분명한 공간적 의지는 움직임의 동기가 되고 이것이 확실해질 때 의도한 움직임에 대한 상반된 긴장감Countertension[14]이 자연스럽게 발생해 안정적이고 동적인 균형을 유지하는 움직임을 가능하게 해 준다.

실제 공간적 의지가 작용하는 움직임의 예를 들어보면, 발레에서 자주 볼 수 있는 아라베스크Arabesque 동작과 한국 무용의 살풀이춤에서 자주 보이는 수건 뿌리기 동작을 그려볼 수 있다. 우리가 아라베스크를 잘하기 위해서는 앞으로 든 팔과 뒤로 뻗은 다리를 앞과 뒤로 잡아당기는 듯한 에너지를 사용하고 몸의 균형을 잡는 과정에서 머리를 위로 올리고 발을 아래로 누르며 지탱하려는 공간적 의지를 의도적으로 사용하는 것이 중요하다. 또한 살풀이춤의 수건 뿌리기 동작을 멋지게 하기 위해서는 팔 동작을 통해 수건을 몸 밖으로 뿌려내지만 몸의 중심으로 에너지를 잡아당기는 공간적 의지의 사용이 매우 중요하다.

회전 인자: '움직임의 범위를 무한대로 넓히자.'

회전은 3차원의 공간을 모두 아우르는 동작을 할 수 있도록 움직임의 범위를 넓혀 주는 움직임 인자이다. 바르테니에프가 강조한 회전 인자Rotary Factor의 중요성은 움직임의 재교육과 훈련에서 발견할 수 있다. 회전 인자는 움직임이 발생하는 관절에서 충분한 공간을 느낄 수 있게 하여 넓은 움직임의 범위를 사용할 수 있게 도와 준다. 회전을 사용한 움직임을 할 때에는 사용되는 개별 근육이 몸의 연결Body Connectivity을 만들어 한 몸의 부위가 다른 부위에 영향을 주는 것을 느낄 수 있게 된다. 또한, 특정 근육만 지나치게 사용하는 것을 막아 주는 기능을 함으로써 특히 무용수나 운동 선수들이 상해나 부상으로 특정 근육을 사용하기 힘들 때 그것과 인접한 다른 근육이 이를 대신할 수 있도록 유도하기도 한다.

춤을 출 때 회전 인자를 의식적으로 사용함에

14 상반된 긴장감은 다음 절 '그 밖의 개념들(이 책 74쪽)'에서 자세하게 다룬다.

따라 공간상에서 복잡한 3차원의 동작과 다양한 높낮이의 변화를 응용할 수 있으며 움직임의 부피감도 느낄 수 있다. 예를 들어, 발레에서는 골반 관절의 회전을 이용한 론 드 잠Ronde de jambe이나 하체의 회전을 사용하는 에티튀드 앙 데리에 Attitude en derriere 등이 이 회전 인자를 사용해서 효과적이고 아름다운 동작을 하게 되며, 스포츠 종목 중 골프에서는 발을 안정적으로 바닥에 붙이고 멋진 스윙 동작을 할 때 이 회전 인자를 사용하게 된다.

**에포트 동기: '마음이 가면 몸도 간다 vs 몸이 가면 마음이 따라간다.'**

에포트는 인간의 자세나 행동에서 나타는 것으로 내적인 태도나 감정과 관련 있다. 에포트 동기Effort Motivation란 움직이기 직전에 일어나는 내적인 준비로서 움직이는 사람을 둘러싼 환경에 주의를 기울이는 내적 충동을 말하며, 움직이는 사람의 몸무게에 대한 지각과 시간에 대한 의식 등 움직임에 관한 자신의 의지를 의미한다. 라반은 이와 같은 에포트 동기를 공간Space, 무게Weight, 시간Time, 흐름 Flow 등 네 가지 인자로 구체화했고, 이 에포트 인자들은 움직이는 사람의 감정, 환경, 상황 등에 따라 다양하게 변화한다고 설명했다. 이 에포트는 사람을 움직이게 하는 중요한 원칙이 되며, BF의 네 가지 주제 중 하나인 내면성/외형성과 연결해 설명할 수 있다. 에포트에 관한 구체적인 설명은 제4장에서 자세하게 다룬다.

**움직임의 시작과 진행 과정: '머리, 어깨, 무릎, 발, 발가락? 어디부터 시작할까?'**

움직임의 시작Initiation은 몸의 어떤 부위에서건 가능하며, 시작된 움직임은 다양한 공간의 경로를 통해 진행된다. 몸의 중심에서 시작되거나 반대로 말단에서 시작되는 움직임은 기본적으로 같은 동작을 수행한다 할지라도 그 진행 과정이 서로 다르다. 그러므로 움직임의 시작과 진행 과정은 서로 연결되어 작용한다는 것을 알 수 있다. 첫 단추를 잘 끼워야 마지막 단추까지 완벽하게 채울 수 있는 것처럼 적절한 시작점의 선택은 움직이는 사람이 의도한 움직임의 과정을 완성하는 데 아주 중요하다. 또한 몸의 어떤 부위를 선택해 어떠한 과정을 통해 움직임을 완성하는가는 움직임의 특질을 변화시키는 중요한 요소가 된다.

움직임의 진행 과정Sequencing은 대표적으로 팔, 다리, 머리 등 서로 인접하지 않은 부위를 차례대로 움직이는 순차적 진행 과정Sequential Sequencing, 손가락, 손목, 팔꿈치 등 인접한 관절을 연결해 움직이는 연속적 진행 과정Successive Sequencing, 혹은 많은 몸의 부위를 한꺼번에 움직이는 동시적 진행 과정Simultaneous Sequencing 등이 있다. 모든 움직임은 움직임이 시작되는 몸 부위의 선택, 주요 동작main movement, 이후에 따라오는 움직임following movement 순서로 발생되고 마무리된다. 〈표 1〉과 〈그림 3-5〉는 어떤 몸 부위부터 움직임을 시작할 수 있는지, 그 움직임의 과정은 어떻게 진행되는지를 설명한 것이다.

〈표 1〉 움직임의 시작

다음과 같은 몸 부위에서부터 다양한 움직임을 시작할 수 있다.

- 몸 중심부Core
- 근위Proximal
- 사지의 중간 부위Mid-limb
- 원위, 말단Distal

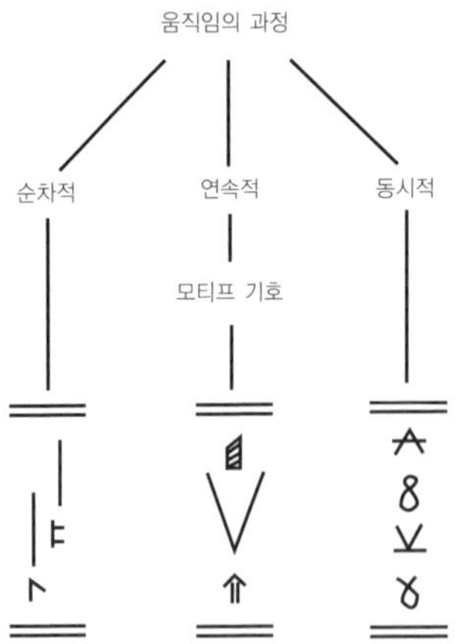


- 순차적Sequential: 근접하지 않은 몸 부위의 움직임이 부분적으로 겹쳐지면서 차례대로 일어난다.
- 연속적Successive: 근접한 몸 부위의 움직임이 연속적으로 일어난다. 예를 들어 어깨부터 팔꿈치, 손으로 이어지는 움직임 등이 여기에 해당한다.
- 동시적Simultaneous: 두 개 이상의 몸 부위가 동시에 일어나는 움직임을 의미한다.

〈그림 3-5〉 움직임의 진행 과정

〈그림 3-5〉에 표기된 모티프 표기법은 움직임의 진행 과정을 이해하는 데 도움을 주기 위해 제시한 것이다. 순차적 움직임 구문은 오른쪽 어깨를 움직이다가 오른쪽 무릎의 움직임이 겹쳐지는 움직임이고, 연속적 움직임 구문은 양팔이 손, 팔꿈치, 어깨 순으로 차츰 앞/오른쪽 옆/위 방향을 향해 진행하는 움직임이다. 동시적 움직임 구문은 하체가 한꺼번에 접기를 하고 곧바로 몸 전체를 한꺼번에 펴는 움직임이다.

### 무게 이동: '나만의 공간에서 외출'

무게 이동Weight Shift은 BF에서 가장 중요한 원리 중 하나이다. 우리가 움직임을 진행하는 과정에서 무게를 지지하고 있는 몸의 부위는 움직임을 통해 다른 부위로 그 무게가 옮겨진다. 이 때 우리는 땅과 우리 자신의 무게와의 관계에 대해 지각할 수 있고 몸의 이동에 대해 의식할 수 있다. 이처럼 무게 이동에 대해 지각하고 의식하게 되면, 안정적이고 자유롭게 몸을 이동하는 데 도움이 된다. 다음은 무게 이동이 진행되는 과정에서 일어나는 현상을 열거한 것이다.

- 무게 이동은 움직이는 동안 몸의 무게 중심을 다른 부위로 옮기는 동작이다. 이 과정에서 무게를 지지하는 몸의 부위가 달라지기도 하고 다른 부위가 첨가되기도 한다.
- 무게 이동은 능동적으로 일어나기도 하고 수동적으로 일어나기도 한다.
- 무게 이동은 움직임의 양과 질 그리고 흐름을 변화시킨다.
- 정확한 무게 이동은 몸의 중심과 중력 간의 관계에서 안정된 움직임을 수행할 수 있게 하며, 동적인 신체 정렬을 용이하게 하는 데에도 도움을 준다.

### 발달 유형: '움직임의 진화론'

발달 유형Developmental Pattern이란 생명체가 태어나면서부터 자라는 동안 거치게 되는 발달 단계에서 두드러지게 나타나는 움직임의 유형을 말한다. 이것은 행동 발달에 근거한 개체발생론Ontogenetic과 동물계의 진화 과정에 근거한 계통발생론Phylogenetic에서 나타나는 움직임의 유형을 기본으로 한다. 인간은 태어난 후 성장하는 과정에서 움직임의 유형이 진화하기 때문에 전 단계의 발달 유형은 앞으로 일어나게 될 발달 유형의 토대가 된다. 따라서 엎드리기는 서기 위한 전 단계가 될 수 있고 서고 난 후에는 걸을 수 있는 단계가 될 수 있다. 인간은 이러한 움직임의 진화 과정과 발달 단계를 거쳐 정상적으로 살아갈 수 있다.

다음은 인간의 움직임이 발달하는 과정과 동물의 진화 과정에서 보이는 발달 유형을 열거한 것이다. 이는 갓 태어난 아기의 발달 단계 중 첫 단계인 숨을 쉬는 것부터, 몸의 중심부에서 발생되어 사지의 말단 부분으로 발전되어 가는 중심 방사 움직임, 머리부터 꼬리뼈까지를 움직이는 척추 움직임, 그 이후에 차례로 나타나는 상동Homologous 움직임, 상측Homolateral 움직임, 대측Contralateral 움직임 등이다.

1단계: 호흡

호흡Breath 단계는 〈사진 4〉와 같이 세포의 호흡만 하고 있는 아메바의 모습처럼 인간이 태어나면서 하게 되는 세포와 폐의 호흡을 의미한다. 인간은 숨을 들이마시고 내쉬면서 몸이 자라나거나 오그라드는 움직임을 만들며 이것은 몸의 모든 부분을 살아 있게 한다. 또한, 일상 생활에서 생명을 유지하기 위해 의식적으로 혹은 무의식적으로 호흡을 한다. 이처럼 생명과도 밀접한 관계가 있는 호흡은 움직임을 발생시키고 유지하는 데 중요한 역할을 한다.

호흡은 신생아에게서 나타나는 첫 번째 발달 단계로 모든 움직임의 기초가 되며 움직이는 동안 자연스러운 흐름을 만들어 낸다. 인간은 숨쉬는 것을 의식할 때 살아 있다는 것을 느끼게 된다. 안정감을 갖고자 하거나 불안 요소를 제거하기 위해 깊은 숨을 쉬는 것과 춤을 출 때 호흡을 강조하는 것, 그리고 대화할 때 호흡의 방법을 조절해 효과적인 의사 소통을 하는 것 등은 호흡의 중요성을 보여 주는 중요한 예가 된다.

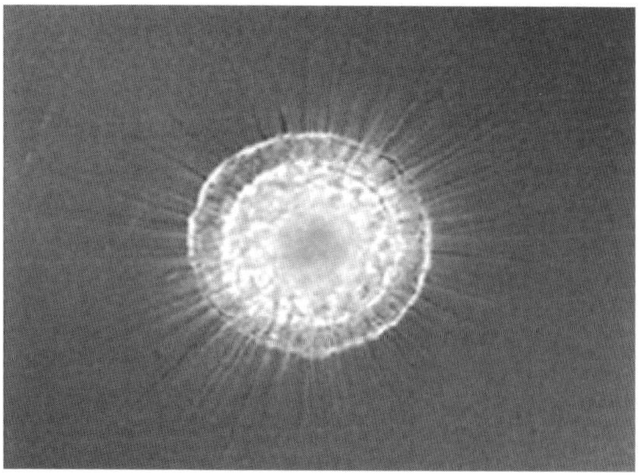

〈사진 4〉 호흡 운동만을 하는 아메바

2단계: 중심 방사

신생아에게서 두 번째로 나타나는 발달 유형은 몸의 중심부에서 시작되어 말단으로 이동하는 중심 방사Navel Radiation움직임이다. 이것은 〈사진 5〉의 불가사리와 〈사진 6〉의 불꽃과 같이 안에서 밖으로 방사되는 움직임과 같다. 이 중심 방사 현상은 아기가 몸을 구부릴 때 배꼽 부분에서부터 움직임이 시작되는 것에서 관찰

〈사진 5〉 중심에서 말초 쪽으로 확장되는 불가사리의 몸체

〈사진 6〉 작은 불씨에서 바깥쪽으로 점점 확장되는 불꽃

〈사진 7〉 헤엄치는 금붕어의 척추 움직임

할 수 있다.

3단계: 척추(머리-꼬리 Head-Tail) 움직임

아기는 이 단계에서 몸의 중심축을 이루는 척추를 통해 처음으로 개인 공간을 이루는 움직임을 형성한다. 그리고 척추의 마디마디를 독립적 혹은 유기적으로 사용하게 된다. 이러한 움직임은 〈사진 7〉과 같이 척추 운동을 하는 물고기의 움직임에서도 발견된다. 아기는 척추의 움직임을 통해 세상에 대해 주의를 기울일 수 있게 되는데, 엎드려 있을 때, 소리가 나는 방향으로 머리를 들거나 장난감을 바라보기 위해 몸통을 일으키는 등의 움직임이 가능해진다. 구부리기, 지지하기 등 척추의 움직임을 통해 몸의 수직적인 감각을 가질 수 있다.

4단계: 상동 움직임

상동 움직임Homologous이란 상체와 하체를 분리해 움직이는 것이다. 아기는 이 단계에서 처음으로 사지를 사용하게 되는데, 두 다리만을 동시에 움직이거나 두 팔만을 움직이게 된다. 아기가 배를 땅에 대고 기어갈 때 두 손을 먼저 움직인 이후에 하체가 따라가는 움직임을 보이거나 두 발을 먼저 밀어내며 기어가는 움직임에서 발견되는 발달 유형이다. 상동 움직임은 〈사진 8〉과 같이 개구리와 같은 양서류에서 발견되는 특징적인 움직임으로 개구리가 점프할 때 앞발을 먼저, 뒷발을 나중에 움직이는 것에서 발견된다.

5단계: 상측 움직임

상측 움직임Homolateral이란 몸의 중심부를 중심으로 오른쪽과 왼쪽을 분리해서 움직이는 유형이다. 이것은 같은 쪽의 팔과 다리가 동시에 움직이는 형태를 취하

〈사진 8〉 상체와 하체를 분리해서 움직이는 개구리의 상동 움직임

〈사진 9〉 왼쪽 앞다리와 같은 쪽 뒷다리가 동시에 움직이는 도마뱀의 상측 움직임

〈사진 10〉 앞다리와 반대편의 뒷다리가 움직이는 말의 대측 움직임

기 때문에 몸 전체로 볼 때에는 비대칭적인 움직임이 된다. 이러한 움직임은 〈사진 9〉와 같이 도마뱀과 같은 파충류에서 발견되는데, 오른쪽 팔과 오른쪽 다리가 한 방향으로 움직이며, 앞으로 나아가거나 뒤로 물러나 다른 쪽과 서로 다른 움직임을 하면서 비대칭적으로 움직인다.

6단계: 대측 움직임

대측 움직임Contralateral은 발달 유형의 마지막 단계이자 가장 복잡한 움직임의 유형으로 〈사진 10〉과 같이 포유류의 움직임에서 발견된다. 이것은 전두골과 자각 의식의 발달을 통해 이루어지는 움직임으로 무게 중심을 이동할 때, 움직이는 다리와 이것의 반대쪽 팔이 동시에 움직이는 것이 한 예가 될 수 있다.

● 그 밖의 개념들

앞에서 제시된 아홉 가지 원칙 이외에도 바르테니에프는 다음과 같은 움직임 개념들에 관해 설명했다. 이 개념들 역시 BF의 아홉 가지 원칙과 마찬가지로 움직이는 사람의 의식 혹은 무의식 중에 움직임을 지탱해 주는 기본이 된다. 움직이는 동안 의식적으로 이 원칙들을 인식하고 주의를 기울인다면 기능적인 움직임은 물론 표현이 풍부한 움직임도 할 수 있을 것이다.

### 운동학적 연결고리

운동학적 연결고리Kinetic Chains란 움직임을 만들거나 움직이는 몸 부위를 지탱하기 위해 동시에 혹은 순차적으로 사용되는 근육계를 의미한다. 이 근육계는 일반적으로 몇몇 관절이나 뼈에 부착되어 있는 것을 말하지만 이들은 서로 연결되어 하나의 특정한 움직임을 완성하기 위해 기능적으로 작용한다. 이렇게 다양한 결합체들은 버릇에 의해 자연스럽게 형성되거나 또 어떤 것은 일시적으로 나타나기도 한다. 이 운동학적 연결고리는 개인적인 특징에 따라 다르게 형성될 수 있는데, 두 명의 무용수가 같은 동작을 수행한다 할지라도 앞서 언급한 근육 결합체의 형성 과정의 방법에 따라 서로 다른 연결고리를 만들어 낼 수 있다.

움직임을 분석하기 위해서는 몸을 구성하고 있는 개별 근육보다는 특정 움직임을 통해 연속적으로 반응하는 근육계를 이해하는 것이 중요하다. 운동학적 연결고리를 고려해 효과적으로 움직일 때, 근육을 통해 몸의 한 부위가 다른 부위에 영향을 주며 자연스러운 흐름으로 움직임 구문를 만들 수 있다. 바르테니에프가 강조하는 것도 근육의 강함보다는 움직임의 조화를 창조하는 근육 사용의 과정이었다. 운동학적 연결고리를 의식하는 움직임을 통해 몸을 구성하고 있는 근육의 체계를 이해할 수도 있지만 이미지를 사용하는 것이 도움이 된다. 예컨대 몸을 연결하고 있는 줄이나 끈을 연상하거나 움직임이 지나가는 도로 등과 같은 이미지나 은유적인 생각을 떠올리면서 운동학적 연결 고리를 좀 더 쉽게 이해할 수 있다.

### 그라운딩

그라운딩Grounding이란 몸과 몸을 지탱하고 있는 땅과의 관계 속에서 안정적으로 움직이는 것을 의미한다. 즉, 인간이 능동적이고 안정적으로 바닥이나 땅에 연결되어 있을 때 그 사람을 매우 '그라운디드grounded'[15]되어 있다고 말한다. 여기서 능동적인 관계란 지구의 중력重力에, 즉 무게에 대해 지각하고 지구가 인간의 움직임을 지지하고 있다고 감각적으로 느끼는 것을 의미한다.

지구는 인간 삶의 토대가 되며 땅은 우리가 존재하고 움직일 수 있게 한다. 즉, 인간은 지구나 땅과의 관계 속에서 움직이고 살아간다. 실제로 인간이 움직임을 통해 무겁거나 가볍다고 여기는 무게에 대한 감각을 통해 지구의 중력을 인식할 수 있다. 중력에 대한 감각은 땅에 직접 닿은 발바닥뿐 아니라 땅으로부터 떨어져 있는 머리, 사지 등을 통해서도 느끼게 되며 이러한 감각을 통한 움직임에서 그라운딩이 발견된다. 또한 심리학적 관점에서 땅의 지지는 한 인간이 존재하고 그의 몸과 정신 안에서 편안함을 느끼는 것을 의미한다.

그라운딩을 받는 움직임은 땅 지향적인 움직임이 많은 한국 무용의 특징이라고 할 수 있는데, 이는 무용수의 발이 땅 속에 뿌리를 박은 듯한 낮은 굴신 동작을 할 때 나타난다. 지구의 중력을 느끼면서 춤을 추면 무게에 대한 지각을 이끄는 그라운딩으로 안정적인 동작을 할 수 있다.

### 상반된 긴장감

상반된 긴장감Countertension은 몸의 사지가 어떤 한 방향으로 움직일 때 공간적 의지를 가지고 그 반대 방향을 의식하면서 움직임의 안정성을 유지하는 것을 의미한다. 상반된 긴장감을 사용하면 몸의 움직임을 능동적으로 할 수 있는 가능성의 폭이 커져 몸의 중심으로부터 여러 방향으로 사지가 도달할 수 있는 움직임을 연속적으로 만들어 낼 수 있다. 예를 들면, 현대 무용의 '립Leap'[16] 동작을 할 때에는 왼팔을 앞으로, 오른팔은 옆으로 벌리고 두 다리를 상체와 대측을 이루며 앞과 뒤로 벌리며 뛰게 된다. 이 때 팔과 두 다리 그리고 상체와 하체는 몸을 균형적으로 만드는 상반된 긴장감을 유지해야 안정적이고 효과적인 동작을 할 수 있다. 만약 하체의 움직임을 도와 주는 상체의 상반된 긴장감

15 사전적으로는 '기초가 단단하여', '근거가 충분함' 등의 의미를 가지고 있다. 여기서는 '흔들림 없이 안정적인'의 의미로 사용하는 것이 적합할 듯하다.

16 점프의 한 종류로 다리를 앞뒤로 벌려 뛴다. 한쪽 다리가 먼저 도약하고 착지하며 다른 한쪽 다리가 따라온다.

〈사진 11〉 줄을 당기고자 하는 몸통과 지탱하는 다리는 다른 방향을 향하며 상반된 긴장감을 갖는다.

과 두 다리와 양팔에서 만들어 내는 상반된 긴장감이 없다면 '립'에서 가장 중요한 부력과 추진력을 볼 수 없을 것이다. 또 다른 예로, 발레에서 무용수가 발 끝으로 선 상태에서 균형을 잡는 순간에 무용수의 몸이 위로 상승하는 힘이 작용하는 동시에 몸 속에서는 아래로 향하는 상반된 긴장감이 작용한다. 이러한 움직임의 작용과 반작용을 적절하게 사용하면서 몸은 좀 더 안정적인 균형감을 유지하게 된다.

상반된 긴장감은 움직임에서 잘 드러나지는 않지만 신경계와 함께 몸 속에서 역동적으로 움직이고 있어 아주 작은 동작을 하더라도 이를 효과적으로 수행할 수 있다. 그래서 무용수는 움직임을 역동적이고 균형적으로 하기 위해 동작을 할 때마다 움직임의 상반된 긴장감을 느끼는 것이 중요하다. 이는 움직임이 일어나는 공간에 대한 지각을 도와 주고 신체 연결에 관한 의식도 함께 가질 수 있게 도와준다.

### 뼈 표지점

뼈 표지점Bony Landmarks이란 움직일 때 두드러지게 관찰되는 몸의 부위를 말하며, 이것은 뼈뿐만 아니라 움직임을 가능하게 도와 주는 뼈를 둘러싸고 있는 근육계까지 포함한다. 특정 움직임을 분석할 때에는 뼈 표지점을 관찰하면서 움직임을 주도하는 몸 부위를 발견할 수 있고, 상대적으로 움직임에 참여하지 않는 부위도 찾을 수 있다. 이렇게 움직임의 관찰을 통해 뼈 표지점을 파악하게 되면 정확한 움직임을 행하는 데 많은 도움이 되며, 자신이 움직이면서 사용하는 근육의 동작을 확인하고 자신의 문제점을 찾아 이를 개선하고 발전시킬 수 있는 방법을 터득할 수도 있다. 뼈 표지점에 관한 설명은 〈부록 2〉 '여섯 가지 기본 훈련Basic Six Exercises'에서 여섯 가지 기본 동작과 연결해 자세히 설명할 것이다.

## 4. 여섯 가지 기본 훈련

BF의 여섯 가지 기본 동작은 몸의 깊은 근육을 사용할 수 있도록 도움을 주는 동작으로 구성되어 있다. 이 동작들은 라반의 이론 중에서 세 가지 주요 개념을 적용해 수행하게 되는데, 첫째, 근육을 강화시킬 뿐 아니라 움직임을 하는 과정과 방법을 강조한다. 둘째, 움직임이 시작되는 몸의 한 부위와 이와 연결되는 몸 전체의 기능을 유도한다. 셋째, 움직임을 어디에서 시작할 것인가에 따라 움직임의 과정이 달라지며, 이에 따른 기능과 표현의 특질도 다르게 적용된다. 따라서 이 여섯 가지 기본 동작을 훈련하는 동안에는 공간 안에서 일어나는 몸의 움직임에 대한 생각을 유도해 낼 수 있고, 근육 강화를 비롯해서 몸의 기능을 발전시키는 결과를 얻을 수 있다.

여섯 가지 기본 동작은 각각 인간이 효과적으로 활동할 수 있도록 도움을 주는 특별한 목적을 가지고 있으며, 공통적으로 동작을 수행하는 과정에서 몸의 중심을 지지해 주는 요소에 집중하고 있다. 이는 몸의 수축/이완, 내전/외전, 내회전/외회전 등 모든 움직임을 좀 더 균형적으로 행할 수 있도록 도와 주며, 이를 기반으로 무한한 동작의 변형을 소화할 수 있는 기본 능력을 갖출 수 있도록 한다. 기본 훈련에 대한 자세한 내용은 〈부록 2〉에서 살펴볼 수 있다.

# 제4장

# 감정 표현

"우리가 움직이고자 하는 마음가짐이나 동기"

*–라반*

1. 에포트의 개념
2. 에포트의 유형
3. 에포트 구문 표현법

## 1. 에포트의 개념

라반은 움직임에 대해 연구하는 과정에서 움직임을 채우는 역동성의 본질을 발견하게 되었으며, 이것을 유키네틱스Eukinetics라는 용어를 사용해 설명했다. 이 용어는 '좋다'라는 뜻의 Eu와 '운동'을 의미하는 Kinetic의 합성어로 조화롭고 역동적인 움직임으로 해석할 수 있다. 이 용어는 영어의 에포트로 번역되었으며, 라반 움직임 분석이 체계화된 이후에는 에포트가 일반적으로 사용되고 있다.

에포트[17]는 'Antrieb'라는 독일어에서 그 어원을 찾을 수 있으며, 환경에 대한 내부Inner의 반응을 외부Outer로 유도하는 'on-drive', 즉 무언가를 끌어내려는 동기 혹은 의도를 의미한다. 즉, 에포트는 내적 충동Inner Impulse 혹은 내적 태도Inner Attitude라고 정의할 수 있다. 이러한 정의는 움직임을 단순히 신체적인 측면만 제한해서 보는 것이 아니라 몸과 정신의 조화를 통해 보고자 한 관점에서 움직임은 몸과 정신의 끊임없는 상호 작용 속에서 발생하며 에포트를 통해 밖으로 드러난다는 것으로 해석된다. 다시 말하면, 에포트는 인간이 감정이나 사고 등을 표현하고자 하는, 즉 '우리가 움직이고자 하는 마음가짐이나 동기'로서 이는 인간의 생리학적 · 해부학적 체계와 연결되어 인간의 몸을 각양각색으로 움직이게 한다. 그리고 움직임의 근원으로서 역동적인 방법으로 몸의 움직임을 조정하기 때문에 우리는 에포트의 결과, 역동적 특질로 나타나는 몸의 외형적인 움

17 라반의 이론을 다루는 많은 문헌에서는 영어의 사전적인 의미에 근거하여 에포트를 '노력'으로 번역하는 경우가 많았다. 하지만 라반이 사용한 에포트란 '노력'보다는 인간의 내적인 충동이나 마음의 상태 혹은 내적인 태도 등을 의미한다. 그러므로 이 책에서는 라반이 의도한 본래의 의미를 명확하게 전달하기 위해 용어 그대로 '에포트'로 사용한다.

직임을 보고 인간의 심리 상태나 내적 갈등을 파악할 수 있다. 또한 모든 사람은 스스로 에포트를 의식하고 활용하면서 움직임에 생명력을 불어넣을 수 있고, 이를 보는 사람은 그 움직임에서 의미 있는 표현을 관찰할 수 있게 된다.

이처럼 움직임의 근원이 되는 에포트에 관한 이론은 라반의 수제자인 로렌스F.C Lawrence와 함께 한층 더 발전시켰다. 그들은 산업 현장에서 일하는 노동자들의 움직임을 관찰해 일의 능률을 올릴 수 있는 인간의 동작 리듬을 발견했고, 일상 생활에서 자주 나타나는 인간의 움직임을 관찰해 그들의 심리 상태와 성격 및 개성을 파악할 수 있는 관점을 제시했다. 그들은 같은 일을 수행하더라도 어떤 사람은 강하고 직접적이고 빠르게 움직일 수도 있고 또 다른 사람은 부드럽고 유연하게 움직일 수도 있다고 전제하고, 서로 다른 사람에게서 나타나는 움직임의 특질은 그 사람의 특성을 구별하는 근거가 될 수 있다고 판단했다. 이러한 생각으로 라반과 로렌스는 에포트 분석이란 '어떻게 움직이는가?'에 대한 답을 구하는 것이라 보고, 움직임을 구성하는 에포트 요소를 찾는 것이 움직임의 의미[18]를 찾을 수 있는 기본적인 바탕이라고 강조했다.

이들의 생각은 라반이 움직임과 언어를 비교하는 맥락에서 이해할 수 있다. 즉, 글자의 조합이 단어를 만드는 것처럼 움직임의 결합이 하나의 의미 있는 움직임 구문Movement Phrase[19]을 만들고, 단어가 모여 문장이 되듯이 움직임의 구문이 모여서 완전한 이벤트가 되는 것과 같은 맥락이다. 이는 움직이는 사람이 주위 환경에 따라, 혹은 자신의 감정에 따라 움직이므로 자신의 의도를 표현하기 때문에, 움직임 구문을 이루는 에포트 요소와 그 조합을 분석하고 이해함으로써 움직임의 의미를 찾을 수 있음을 말하는 것이다. 따라서 라반은 이 에포트에 대해 인간이 살아가는 삶의 원천이요, 움직임이 시작되는 근원이

18 라반의 이론Laban Theory은 '모든 움직임은 나름대로의 의미를 갖는다'는 전제에서 시작된다(Bartenieff, 1978). 움직임을 관찰하고 분석하는 작업도 그 움직임이 가지는 의미를 찾는 과정이라고 할 수 있다.

19 움직임 구문이란 각각의 동작을 조합하여 하나의 의미 있는 움직임을 만드는 것을 말한다. 이것은 언어에서 각각의 음절은 의미를 갖지 못하지만 이것이 조합된 단어는 의미를 갖는 것에 비유될 수 있다. 또한, 이러한 움직임 구문들이 모여 다른 의미를 구성하는 것은 단어의 조합으로 이루어진 문장에 비유될 수 있다(Laban, 1976).

라 보았고, 이러한 그의 생각은 에포트 분석 체계를 창안하는 기초 원리가 되었다. 라반은 로렌스와 더불어 인간이 의도한 움직임의 특질을 분석하면서 다양한 분야에서의 활용 가능성을 확인했다.

## 2. 에포트의 유형

라반은 인간의 움직임은 무한한 형태와 내용으로 가득 차 있지만 우리가 움직임을 행할 때 가장 먼저 지각할 수 있는 것이 에포트라고 주장했다. 이는 한 사람의 의도가 에포트로 표현되기 때문에 인간이 움직이고 있는 동안 자연적으로 보이는 그 에포트의 특성을 찾는 것이 그것을 행한 사람의 의도를 파악하는 지름길이 된다는 것을 의미한다. 또한 인간은 이 에포트를 사용해 서로 다른 특질의 움직임을 창조하게 되는데, 예를 들면 한 사람은 점점 느려지는 동작으로 일을 할 수 있고, 또 어떤 사람은 점점 빨라지는 동작으로 일을 할 수 있다. 또 어떤 경우에는 무겁거나 가벼운 느낌으로 혹은 하나에 집중하거나 다초점의 느낌으로 몸짓을 행할 수도 있다. 라반은 이렇게 다양한 움직임의 특질이 공간을 인식하고 있는 인간의 몸을 통해 흘러가는 흐름이 포함된 시간의 변화와 긴장감이나 이완 등이 포함된 무게의 변화에 따라 나타나는 결과라고 설명했다. 그리고 그는 인간의 생리적 현상과 자연 법칙에 따라 변화되는 움직임의 특성을 깊이 있게 관찰해 흐름Flow, 무게Weight, 시간Time, 공간Space 등 네 가지 에포트 인자Effort Factors의 존재를 구체화했다.[20] 라반은 이 네 가지 에포트 인자가 각각 상반되는 두 개의 요소element를 가지고

20 라반은 무용수의 움직임에 있는 역동적 특질을 가볍고 강한, 빨라지고 느려지는, 직접적이고 간접적인 등 움직임의 특성을 싸우는 성질과 무뎌지는 성질로 나눈 에포트 이론을 제시했다. 이는 당대 함께 공부한 칸딘스키가 6개의 관계된 떨림으로서 파랑색, 녹색, 노랑색, 오렌지색, 빨강색, 보라색 등 색의 특성을 따뜻한 성질과 차가운 성질로 나눈 색의 조화 이론과 유사한 이론적 기반을 가지고 있다. 이에 덧붙여 라반은 자유로움과 절제됨 사이를 오가는 흐름 요소의 움직임 특질을 더했으며, 칸딘스키는 흰색을 가능성이 풍부한 것으로 검정색을 죽음으로 그 성질을 분리했다(Laurence Louppe, et., 1994. *Traces of Dance: Drawings and Notations of Choreographers*, p. 120).

〈표 2〉 에포트 인자의 개념

| 에포트 인자 | 움직임의 특징 | 질문 | 신체적인 힘 | 특질 | 감각 |
| --- | --- | --- | --- | --- | --- |
| 공간 | 직시하거나 흩어진 | 어디로 | 환경 | 주의 | 청각적, 시각적 |
| 무게 | 무겁고 강하거나 가볍고 약한 | 무엇을 | 중력 | 의도 | 촉감의 근육질의 |
| 흐름 | 절제하거나 거침없이 흐르는 | 어떻게 | 내적, 심리적 감각 | 감정 | 혈액의 순환 |
| 시간 | 갑작스러워지거나 점차 느려지는 | 언제 | 진행 과정 | 결정 | 자극적인 손에 땀을 쥐게 하는 |

있으며, 이 요소 사이의 범주에서 보이는 에포트의 특질quality 변화는 항상 시각적으로 관찰할 수 있다고 설명했다. 실제로 어떤 움직임에서는 강하고 약한 정도의 긴장과 무게를 나타내기도 하고 어떤 움직임에서는 진행 과정에서 소요되는 시간과 함께 공간에 대한 인식 정도를 나타내기도 한다. 따라서 인간의 몸에서 발생되는 모든 움직임은 움직이는 사람이 어떤 특질에 초점을 맞추고 어떤 에포트 요소를 결합해서 움직였는가에 따라 성격이 다른 다양한 형태의 외형으로 관찰될 수 있다. 이러한 에포트 인자들은 〈표 2〉와 같은 개념으로 정리할 수 있다.[21]

〈표 2〉의 내용을 간략하게 설명하면, '어떻게'는 움직임의 흐름을, '무엇을'은 움직임의 무게를, '언제'는 시간을, 그리고 '어디로'에서는 공간을 분석하는 기준이 된다. 그리고 움직임의 흐름 인자는 내적이고 심리적 감각 등 감정을 나타내고, 시간 인자는 진행 과정을 결정하며, 무게 인자는 중력에 대한 의도를 보여 주고, 공간 인자는 환경에 주의를 기울이는 특질을 보여 주게 된다.

이 네 가지 에포트 인자는 〈표 2〉와 〈그림 4-1〉과 같이 각각 양쪽으로 두 개의 요소를 가지고 있다. 긴장감이 나타나는 흐름 인자는 '자유로운 흐름Free Flow'과 '통제되는 흐름Bound Flow'을 가지고 있으며, 무게 인자는 '가벼운 무게Light Weight'와 '강한 무게Strong Weight'의

21 CMA Yearlong Curriculum Book (2002~2003). Laban/Bartenieff Institute of Movement Studies. New York.

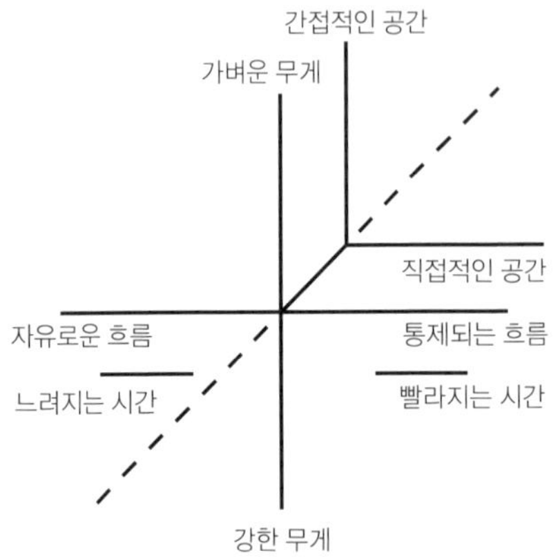


〈그림 4-1〉 에포트 그래프

에포트 요소를 가지고 있다. 시간 인자에는 '느려지는 시간Sustained Time'과 '빨라지는 시간Quick Time'이 존재하며, 공간 인자에는 '직접적인 공간Direct Space'과 '간접적인 공간Indirect Space' 에포트 요소가 존재한다.

또한 에포트 요소는 〈그림 4-1〉의 에포트 그래프에 양쪽을 가르는 점선으로 된 사선을 기준으로 움직임의 특질이 크게 두 가지로 분류된다. 즉, 에포트 그래프의 오른쪽 위에서 왼쪽 아래로 그어진 사선의 왼편에 있는 에포트 요소는 간접적인 공간, 가벼운 무게, 자유로운 흐름, 그리고 느려지는 시간으로, 여기에 해당되는 에포트 요소는 관대하고 너그러운Indulging 움직임의 특질로 분류된다. 반대로 사선의 오른편에 있는 에포트 요소는 직접적인 공간, 강한 무게, 통제되는 흐름, 빨라지는 시간으로, 이에 해당되는 에포트 요소는 압축하고 싸우는 듯한Fighting 움직임의 특질로 분류된다. 이상의 에포트 인자별로 각각 두 개의 요소를 분해해서 설명하면 〈그림 4-2〉와 같이 인자별 · 요소별로 기호를 그릴 수 있고, 각 에포트 요소의 특징을 파악할 수 있다. 이 그림에서 보여 주는 각각의 기호를 그리기 위해서는 에포트 그래프의 한가운데에 실선으로 그려져 있는 짧은 동작선[22]을 공통적으로 사용해야 한다. 에포트 기호에서 점선으로 표시한 이유는 에포트 그래프 전체를 표현하기 위한 것이며, 각각의 인자를 나타내는 기호는 실선으로 표시되어 있다.

이 에포트 요소의 무작위적 조합은 〈그림 4-3〉과 같이 두 가지 에포트 요소가 조합되어 불완전한 동작을 표현할 때에는 상태State가 되며, 세 가지 에포트가 조합되면 좀 더 완전한 형태의 충동Drive이 된다. 특히 인간은 의

22 동작선action stroke은 하나의 동작이 일어나는 것을 의미한다.

| 에포트 인자 | 에포트 기호 | 에포트 요소와 특징 |
|---|---|---|
| 흐름<br>Flow | 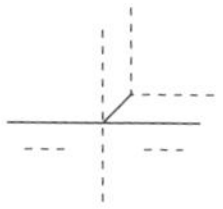 | 자유로운 흐름: 움직이는 과정에서 멈추기 힘든<br>통제되는 흐름: 움직이는 과정에서 쉽게 멈출 수 있는 |
| 공간<br>Space | 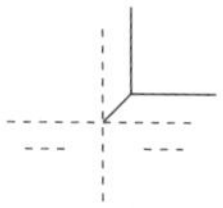 | 직접적인 공간: 한 개의 초점으로 집중하는<br>간접적인 공간: 다초점을 가져 흩어진 |
| 시간<br>Time | 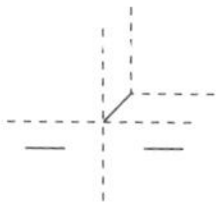 | 빨라지는 시간: 움직이는 과정에서 갑작스러워지는<br>느려지는 시간: 움직이는 과정에서 연장되는 |
| 무게<br>Weight | 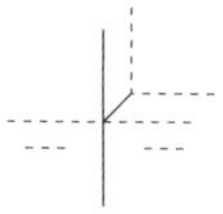 | 강한 무게: 움직이는 과정에서 강한 힘이 동반되는<br>가벼운 무게: 움직이는 과정에서 가벼운 힘이 동반되는 |

〈그림 4-2〉 에포트 인자와 그 요소

식적으로든 무의식적으로든 이러한 감각과 표현에 관계되어 있기 때문에 에포트의 공간 요소와 관계하면서 주의력Attention을, 무게 요소를 통해서는 의도Intention를, 시간에 순응하면서 결정Decision을, 그리고 흐름에 관계해서는 진행Progression을 할 수 있게 된다. 이러한 에포트 이론에 근거해서 우리는 움직임의 특질을 파악해 움직임의 구문을 이해하고 그것을 조합해 우리가 몸을 통해 마음속에서 나타내고자 하는 움직임의 의미를 이해할 수 있다.

따라서 인간은 움직임의 풍부한 표현을 위해 에포트를 사용할 뿐 아니라 의사소통의 목적을 달성하고자 에포트를 사용하기도 한다. 특히 움직임을 사용하는 예술가, 무용가, 연기자 등은 의미를 잘 전달할 수 있는 움직임을 자유롭게 할 수 있고 관객과의 자유로운 대화를 위해 새로운 움직임을 개발하고 창조할 수 있는 능력을 갖고자 한다. 따라서 몸의 움직임을 통해 관객에게 느낌과 경험 그리고 사상을 전달하는 배우, 무용수 등이 이해해야 할 중요한 움직임 이론으로서 에포트에 대한 심도 있는 관심과 연구가 필요하며, 또 이를 훈련함으로써 풍부한 상상력과 표현력을 향상시키는 것이 매우 중요하다.

〈그림 4-3〉 에포트 요소의 상태와 충동

또한 이를 통해 개인의 개성과 그 개성에 영향을 끼친 문화적 배경 그리고 시대별 특성과 조화를 분석 연구할 수 있는 사회학적 · 인류학적 연구를 가능하게 하며, 비교문화 연구, 인간의 심리 분석 및 성격 측정 그리고 무용 작품의 기록과 다양한 분야에의 움직임 개발 등 의사 소통을 위한 의미 있는 발전에도 크게 영향을 줄 것이다.

이상에서 제시한 에포트의 유형에 대해 자세히 설명하면 다음과 같다.

## 에포트 인자

움직임을 분석할 때에는 인간의 내적 충동에 의해 자연스럽게 몸에서 흘러나오는 움직임을 보는 것이 매우 중요하다. 관찰이나 분석 경험이 적은 사람은 에포트 인자들Effort Factors의 양 극단만을 관찰해 때로는 움직임의 특질에 대해 너무 극단적인 결론을 내리는 경향이 있다. 그러나 인간의 움직임은 에포트 인자의 양 극단을 오가며 움직임을 진행하기 때문에 세밀한 관찰을 통해 결과를 판단해야 한다. 물론 정도의 차이를 구분하기가 매우 어려운 경우를 경험할 수 있으나 우리의 몸으로 꾸준히 에포트 훈련을 하고 관찰하게 되면 자연스럽게 에포트 인자의 특질을 쉽게 파악할 수 있게 될 것이다.

에포트의 인자를 설명하면 다음과 같다.

### ● 흐름 에포트

흐름 에포트Flow Effort는 〈그림 4-4〉와 같이 자유로운 흐름과 통제되는 흐름 등 두 가지 요소를 포함하고 있다. 이 그림은 두 요소의 양 극단만을 표현한 그래프라기보다는 양 극단 사이가 서로 연결되어 우리가 움직임을 분석할 때 자유로운 흐름과 통제되는 흐름을 서로 오가면서 특질들을 파악할 수 있는 가능성을 보여 준다. 우리가 움직일 때, 몸을 쉽게 움직일 수 없도록 흐름을 구속하거나 제어하는 경우도 있고, 자유롭고 쉽게 흘러가는 흐름과 조화롭게 어울리면서 몸을 움직이는 경우도 있다. 이러한 경우, 흐름 에포트는 움직이는 과정에서 가장 기본이 되는 인자가 되며 움직이는 사람이 진행하는 기본적인 태도가 된다. 구체적으로 말하면, 흐름 에포트는 우리가 움직임을 어떻게 하고 있는지 그리고 표현하고자 하는 감정이 움직임을 진행하는 과정에서 어떤 방식으로 그 특징을 보이는지 혹은 어떻게 시작하고 지속하고 있는지에 대한 것과 연관되어 있다.

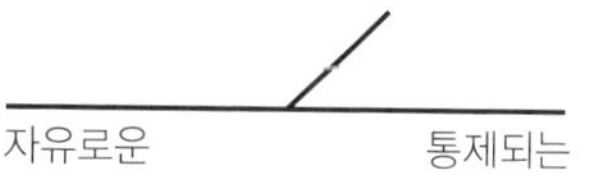

〈그림 4-4〉 흐름 에포트

이러한 흐름 에포트의 자유로운 흐름은 움직임을 갑자기 멈추기 어려울 정도로 자유롭고 끊임없이 흘러가는 움직임의 특징을 가지고 있어서 움직이는 사람은 어떤 것에도 제어받지 않는 상태에서 거침이 없고 자유분방한 움직임을 할 수 있다. 그래서 움직이는 동안 자유로운 흐름을 사용하면,[23] '쉽게 흘러가는', '계속되는', '통제되지 않는', '거친', '붙잡지 않은', '느슨한' 등과 같은 느낌이며, 제어나 통제가 없는 움직임을 행하게 되므로 움직임을 수정하거나 정지하기가 어렵다. 이와 반대로 통제되는 흐름은 언제든지 움직임을 멈출 수 있도록 억제되는 움직임의 특징을 가지고 있어서 우리가 통제되는 흐름을 사용하면, '조심스러운', '붙잡는', '제한된', '호기심이 있는', '꽉 조인', '가득한' 등과 같은 느낌이며, 움직이는 동안 멈추는 힘을 사용하는 상태에서 흐르게 되어 신중하게 억제하는 모습과 차분하고 조심하면서 긴장과 수축을 동반하는 모습을 보이게 된다. 그리고 이를 유지하기 위해 내부에서 억제하고 저항하면서 움직임의 흐름을 통제하게 된다. 이러한 흐름 에포트는 동작의 조절 가능성의 여부와 관련되어 자유로운 흐름의 움직임에서보다 통제되는 흐름의 움직임에서 근육의 긴장감을 느낄 수 있다.

특히 앞서 언급했듯이, 흐름 에포트인 자유로운 흐름과 통제되는 흐름은 인간의 모든 움직임에서 가장 기본이 되는 요소이기 때문에 무용 공연이나 일상 생활의 움직임에서 자주 발견할 수 있다. 예를 들면, 자유로운 흐름은 현대 무용가 이사도라 던컨Isadora Duncan이 산과 바다를 배경으로 자유롭게 춤을 추는 모습에서 볼 수 있고, 100미터 육상 경기에서 운동 선수가 결승선을 통과하고도 멈출 수 없어 계속 달려가는 모습에서도 쉽게 발견된다. 반대로 통제되는 흐름은 면접관 앞에서 긴장한 상태에 있는 사람에게서 볼 수 있고, 스케이트를 처음 타는 사람이 넘어지지 않으려고 몸에 가득 긴장하고 있는 모습에서 그리고 눈이 많이 내려 미끄러운 길을 조심스럽게 걷고 있는 사람에게서 볼 수 있다.

23 LMA의 용어 사용 법칙에 따르면 에포트의 각 요소는 움직이는 사람의 의도를 통해 '사용하는, 이용하는' 것이다. 예컨대, '나는 자유로운 흐름을 사용한다 I use Free Flow'라고 할 수 있는데, 에포트는 움직이는 사람의 내적인 태도에 의해 선택되는 것이기 때문이다.

우리가 어떤 움직임을 할 때 자유로운 흐름과 통제되는 흐름 중 한 가지만 사용하는 것이 아니라 두 흐름 사이를 오가면서 알게 모르게 흐름의 특질 변화를 사용할 때도 있다. 예를 들면, 머리에 얹은 무거운 물동이를 조심스레 들어 바닥에 내려놓고 몸 전체의 긴장을 풀면서 손과 팔을 털어낼 때를 생각해 볼 수 있다. 이는 통제되는 흐름의 움직임을 유지하다가 자유로운 흐름의 움직임으로 변화된 사례이다. 그래서 두 흐름 사이의 변화에 따라 다양하고 기본적인 움직임의 특질을 쉽게 파악할 수 있다.

이처럼 흐름 에포트는 움직임에 따라 그 정도가 달라질 수 있으며 움직임에 기본적으로 내재되어 있다. 그래서 우리가 행하는 움직임에서 흐름 인자가 뚜렷하게 보이지 않거나 이것을 특별하게 사용하지 않는 것처럼 보여도 무게나 공간 그리고 시간 에포트 인자의 저변에 깔려 항상 흐르고 있다는 것을 인식하는 것이 중요하다. 〈사진 12〉와 〈사진 13〉에서는 분수 안에서 정신없이 뛰어노는 어린아이와 부드러운 천의 스카프를 들고 들판 위에서 춤을 추는 여인 등 두 사람의 움직임이 매우 자유롭게 보인다. 이와는 반대의 분위기로 〈사진 14〉에서는 줄을 타는 재주꾼의 조심스럽고 절제된 움직임에서 통제되는 흐름을 볼 수 있다.

〈사진 12〉 아이가 뛰어노는 모습에서 우리는 어떠한 통제도 받지 않는 자유로운 흐름을 볼 수 있다.

〈사진 13〉 바람을 느끼며 춤추는 무용수와 바람에 자유롭게 날리는 스카프에서 자유로운 흐름을 볼 수 있다.

〈사진 14〉 줄을 타는 재주꾼의 조심스러운 발걸음에서 통제적인 흐름을 발견할 수 있다.

● 무게 에포트

라반은 몸이 중력과 관계를 이루며 보이게 되는 에포트를 자신의 의지와 의도를 나타내는 무게 에포트 인자로 설명했다. 이러한 무게 에포트Weight Effort는 움직이는 사람의 의지와 의도가 무엇인지 확신할 수 있는 특성을 갖고 있으며, 〈그림 4-5〉와 같이 강한 무게와 가벼운 무게의 에포트 등 두 가지 요소로 구성되어 있다. 이는 흐름 에포트와 마찬가지로 양 극단 사이를 서로 오갈 수 있는 특징을 지닌다. 무게 에포트는 앞서 설명한 것처럼 중력과 관계하는 특징 때문에 때로는 자연스럽게 우리의 몸무게나 어떤 물체의 질량을 생각할 수 있다. 그러나 무게 에포트는 우리의 몸이 주위 환경과 관계하면서 이루어 내는 '때리기'나 '힘차게 밀기', '무거

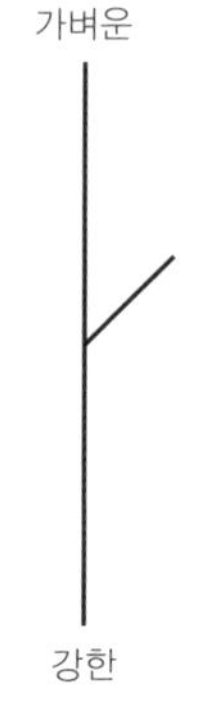


〈그림 4-5〉 무게 에포트

운' 등과 같이 충격적이고 맹렬하면서 힘이 있고 견고한 강한 느낌이나 반대로 '연약한', '작은', '날개와 같은', '부드러운', '한 사람의 자연적인 무게를 부정하는' 등과 같이 약한 느낌의 움직임을 말한다. 그래서 중력을 이용한 움직임이나 중력을 거부하는 움직임도 이 무게 에포트에 속한다고 할 수 있다.

예를 들면, 중력을 거부하는 가벼운 무게 에포트는 쫓겨 다니는 도망자가 낭떠러지에서 뛰어내린 상황에서 아래의 불구덩이를 늦게 발견해 내려가지 않으려고 위로 다시 떠올라 가려는 움직임에서 볼 수 있다. 이 때에는 무의식적으로 몸을 가볍게 만들려는 의지를 갖게 된다. 그래서 부력을 가지면서 떠 있으려는 움직임을 보이게 된다. 이렇게 의지를 가지고 능동적으로 가벼워지려고 하는 움직임이 가벼운 에포트의 예가 될 수 있다. 가벼운 무게 에포트의 느낌은 소금기가 많은 해수욕장에서 수영을 할 때 느껴지는 가벼움을 상상해도 좋을 것이다. 또한 오랜만에 만나 반가운 사람끼리 서로 감싸면서 포옹하고 손으로 상대의 등을 톡톡 치는 움직임이나 옷의 먼지를 살짝 털어내는 손끝에서 가벼운 무게 에포트를 볼 수

〈사진 15〉 발레리나의 점프에서는 호흡을 사용하여 위로 뛰어오르는 가벼운 무게 에포트를 볼 수 있다.

〈사진 16〉 역기를 들어 올리는 역도 선수에게서 몸의 근육의 힘이 느껴지는 강한 무게 에포트를 느낄 수 있다.

있다. 이와 반대로 강한 무게 에포트는 중력을 이용해서 주변 환경에 충격적이거나 강한 힘을 가하는 움직임으로 마당에 의자를 만들기 위해 땅을 파놓은 곳에 커다란 돌을 편편한 모양으로 자리잡게 하려고 힘차게 눌러 고정시키려는 움직임이 그 예가 될 수 있다. 또한 상당히 많은 밀가루를 반죽할 때 중력을 이용하면서 온 힘을 다해 힘차게 누르는 모습에서도 볼 수 있다. 또한 무거운 피아노를 옮기려고 온 힘을 다해 밀어내는 움직임에서 의도적으로 행하는 강한 무게 에포트를 볼 수 있다.

〈사진 15〉는 발레리나가 공중으로 도약하면서 가벼운 무게 에포트를 사용하는 것으로 보이고, 〈사진 16〉은 역도 선수가 역기를 들어올리기 위해 강한 에포트를 사용하는 것으로 보인다.

● 시간 에포트

시간 에포트Time Effort는 움직이는 사람의 결정decision과 관계가 있으며, 메트로놈에서 표시하는 움직임의 길이duration나 속도와는 그 개념이 다르다. 시간 에포트는 움직이는 과정에서 질적으로 어떻게 시간을 사용하는가에 대한 답을 찾을 수 있는 것으로 〈그림 4-6〉과 같이 빨라지는 시간과 느려지는 시간 요소로 구성되어 있다. 이 시간 에포트에서 빨라지는 시간은 '재빠른', '갑작스러운', '악센트가 있는', '가속이 붙는', '즉각적인', '서두르는', '급박한' 것과 같은 특징을 보이지만 움직이는 사람이 서둘러서 움직임을 완성하려 하거나 재촉하는 움직임의 진행 상황을 의미한다. 이와 반대로 느려지는 시간은 '점점 느려지는', '시간적으로 너그러운', '시간이 길어지는', '속도가 줄어드는', '한 상황에서 다른 상황으로 점차 변화하는' 것과 같은 특징을 보이면서 움직이는 사람이 시간을 차츰 늘려가는 상황을 의미한다. 그러나 빨라지는 시간은 발레나 스페인 무용에서와 같이 다리나 발의 움직임이 아무런

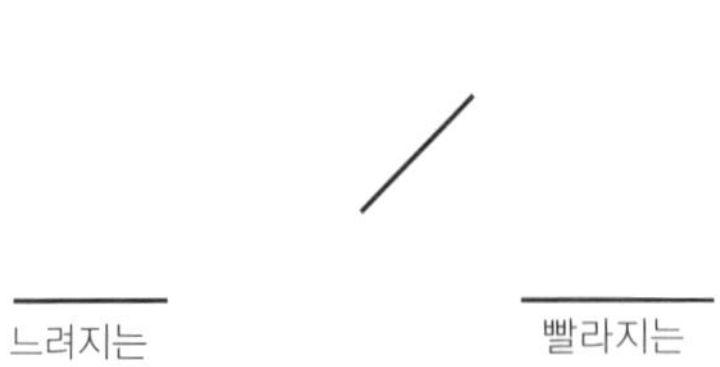


〈그림 4-6〉 시간 에포트

변화 없이 매우 빠른fast 시간을 사용하는 것과는 구별된다. 마찬가지로 느려지는 시간도 무용수나 움직임을 행하는 연기자가 느린slow 시간을 유지하면서 점점 느려지는 것과 같은 시간의 변화가 보이지 않을 때와 구별된다. 왜냐하면 일반적으로 빠른 시간과 느린 시간은 시간의 특질 변화가 없이 계속 똑같은 시간even time을 유지하면서 그 흐름을 지속적으로 움직이는 사람이 시간 감각을 전혀 느끼지 못하기 때문이다.

이러한 시간 에포트의 예를 들면, 빨라지는 시간은 점점 더 긴박한 시간 의식을 가지고 출발선상에서 육상 선수가 뛰려고 하는 그 순간부터 점점 빠르게 뛰어가게 되는 시간의 변화에서 볼 수 있으며, 버스가 떠나려고 할 때 그 차를 놓치지 않으려고 점점 빠르게 뛰기 시작하는 사람에게서 빨라지는 시간 에포트를 발견할 수 있다. 한편, 느려지는 시간은 차츰 느려지는 시간 의식을 가지고 스케이트 선수가 힘차게 날을 밀어 얼음판을 미끄러지다가 차츰 느려져 결국 멈추는 상태에까지 가는 움직임 과정을 생각해 볼 수 있다. 그리고 달리기의 결승점을 통과한 운동 선수가 차츰 속도를 줄여가는 움직임 과정에서 느려지는 시간 에포트를 발견할 수 있다. 이상의 예에서 볼 수 있듯이 시간 에포트는 속도에 관한 것이 아니라 차츰 느려지거나 빨라지는 시간의 변화를 다룬다.

우리는 점점 빨라지는 시간이나 차츰 느려지는 시간 등 시간의 변화가 존재하는 다양한 사건들을 최근 TV 드라마나 영화에서도 발견할 수 있다. 특히, 서스펜스를 강조하는 영화에서는 스토리로 관객의 눈을 사로잡는 경우가 아주 많다. 예를 들어, 헐리우드 영화 중 〈작전명 발키리*Valkyrie*〉에서 톰 크루즈는 전쟁에서 크게 부상당한 영웅이자 독일 장교로 출연한다. 그는 제2차 세계대전 중 히틀러를 암살하는 임무를 맡게 된다. 히틀러의 암살을 기도하는 장면에서 톰 크루즈는 빠른 속도로 폭탄 가방을 제작해 그것을 히틀러와 많은 장교들이 전쟁 논의를 하고 있는 회의장 책상 밑에 놓고 밖으로 나온다. 이후에 다른 장교가 가방이 넘어지는 것을 보고 히틀러가 있는 곳에서 약간 떨어진 곳에 가방을 옮겨 똑바로 정렬한다. 이로 인해 톰 크루즈는 폭탄이 터지는 것을 확인하지만 히틀러는 죽지 않고 비상령이 내려진다. 이 장면을 생각할 때 우리는 진행 과정이 매우 초조한 상태에서 톰 크루즈의 빠르고 순간적인 움직임을 요하는 장면을 떠올릴 것이다. 한편 다른 장교들의 눈을 피하기 위해 겉으로는 매우 침착하고 차분하면서 길고 느려지는 동작도 상상하게 될 것이다. 이처럼 대사보다는 배우의 움직임이 주가 되는 영화의 장면처럼 느려지거나 빨라지는 시간 에포트의 변화를 사용해서 영화의 숨 가쁜

〈사진 17〉 달리기의 출발선에서 신호를 듣고 막 뛰어나가는 학생들에게서는 빨라지는 시간을 볼 수 있다.

〈사진 18〉 결승선을 통과해 점점 속도를 줄이는 움직임에서 느려지는 시간이 관찰된다.

고 긴박한 장면을 연출할 수 있다.

〈사진 17〉은 달리기를 시작하는 학생들이 빨라지는 시간 에포트를 보여 주는 모습이며, 〈사진 18〉은 결승선 가까이에서 학생들이 느려지는 시간 에포트를 경험하는 모습이다.

● 공간 에포트

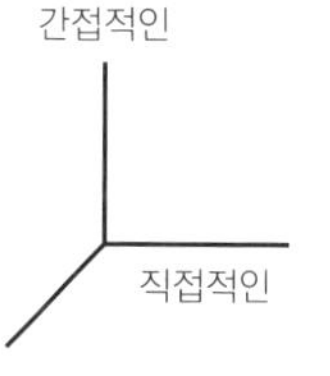


〈그림 4-7〉 공간 에포트

일반적으로 우리가 어떤 사물을 볼 때 그것을 뚫어지게 보기도 하고 어떤 경우에는 사물이나 사람을 똑바로 바라볼 수 없을 때도 있다. 또한 드라마 연기자의 눈을 보면서 그가 어떤 의도로 다른 배역을 바라보고 이야기하고 있는지를 짐작할 수 있다. 상대방의 눈을 직시한다거나 은근슬쩍 피하는 경우 모두 가능하다. 라반은 공간상에서 인간이나 물체를 인식하는 방법에서 직접적 혹은 간접적인 인식 방법을 활용할 수 있는 공간 개념을 제시하고, 이를 공간 에포트Space Effort라 명명했다. 따라서 그는 이 공간 에포트가 움직이는 사람의 관심attention에서 비롯된 움직임으로 보고 〈그림 4-7〉과 같이 직접적인 공간Direct Space과 간접적인 공간Indirect Space으로 그 개념을 나누어 설명하고 기호화했다. 공간 에포트의 개념은 방향을 가리키거나 높낮이를 측정하는 개념이 아니다. 그것은 움직이는 사람이 자신의 주위 환경을 바라보는 느낌이나 그 공간을 의식하는 방법을 말한다. 따라서 아무리 똑바로 걷는다 해도 그 사람의 생각이 다른 곳에 흩어져 있을 때에는 직접적인 공간을 사용한 움직임이라 하지 않는다. 또 아무리 이리저리 방황한다 할지라도 한 가지 생각에 깊숙이 빠져 있을 경우 간접적인 공간을 사용한 움직임이라고 하지 않는다. 즉 움직이는 사람이 어떠한 방법으로 공간에 접근하고 있는가에 따라 공간의 사용은 '초점을 두는', '정밀하게 조준한', '좁은 느낌', '바늘귀에 실을 끼우는' 직접적인 것이거나 '유연한', '우회하는', '방황하는', '파동 치는' 것과 같이 간접적으로 이루어질 수 있다. 예를 들면, 원시안을 가진 어떤 사람이 책을 보기 위해 돋보기 안경을 찾으려는 상황에 있을 때, 그가 안경이 있는 곳을 명확히 알 때에는 분명 하나의 초점을 맞추고 그곳으로 가게 될 것이다. 그러나 그 안경이 어디에 있는지 확실치 않을 때에는 다양한 초점으로 주위를 두리번거리면서 그 안경을 찾게 될 것이다. 또 다른 예로, 한 농구 선수가 골대에 성공적으로 볼을 넣기 위해서는 골대에 직접적으로 시선을 고정시키고 볼을 던져야 할 것이다. 우리는 이 선수에게서 직접적인 공간 에포트를 관찰할 수 있다. 반면, 농구 선수가 골대로 가서 슛을 하기 위해 선수들끼리 서로 공을 주고받으면서 드리블을 하고 여기저기에서 방해하는 상대편 선수를 교란시키기 위해 페인팅 모션을 한다. 이 때에는 상대편 선수를 속이고 감지하지 못하도록 간접적인 시선을 사용해야 할 것이다. 우리는 이런 선수에게서 간접적인 공간 에포트를 관찰할 수 있다.

이렇듯, 시선은 공간 에포트 사용에 중요한 요소가 될 수 있다. 하지만 직접적인 혹은 간접적인 공간 에포트의 특질이 항상 시각적으로만 이루어지는 것은 아니다. 즉 상상, 기억 또는 마음속에 무언가를 그리면서 움직임을 할 때에도 공간 에포트는 드러난다. 예를 들면, 어두운 밤에 잠에서 깨어난 사람이 불을 켜기 위해 조심스럽게 소켓이 있는 곳으로 갈 때를 상상할 수 있다. 이 때에는 공간상에서 아무것도 볼 수는 없지만 그 상황에서 주의력을 집중해서 직접적인 공간 요소를 사용하는 것을 알 수 있다. 이러한 실례는 인간의 내적인 상태가 에포트 표현에 가장 중요한 요소로 작용하기 때문이다. 따라서 직접적인 공간 에포트는 특정 환경에서 움직이는 사람의 정신을 집중시키거나 반대로 간접적인 공간 에포트는 산만한 상태에서 나타날 수 있을 것이다.

〈사진 19〉는 어린아이가 비눗방울을 직시하고 있는 직접적인 공간 특질을 보여주며, 〈사진 20〉은 유모차에 아기를 태우고 주위를 두리번거리며 걸어가는 부부가 간접적인 공간 특질을 보여 주는 모습이다.

라반이 제시한 흐름, 시간, 무게, 공간 에포트 등 위에서 설명한 네 가지 에포트 인자는 각기 하나만 따로 보이는 것이 아니다. 인간의 움직임은 복잡한 감정과 신체의 생리학적 현상 및 해부학적 구조로 인해 많은 움직임에서 에포트의 인자에

〈사진 19〉 비눗방울을 응시하고 있는 아이에게서 하나의 초점을 응시하는 직접적인 공간 에포트가 보인다.

〈사진 20〉 두리번거리는 사람들에게 다초점을 사용하는 간접적인 공간 에포트가 보인다.

속해 있는 각각의 요소가 단독으로 나타나기보다는 두 가지나 세 가지 에포트 요소를 동시에 보이는 경우가 대부분이다. 또한 네 가지 에포트full Effort 요소가 보이는 드문 경우도 있다. 이러한 경우의 움직임은 흔치 않지만 앞에서 강조한 것처럼 가장 기본이 되는 흐름 인자의 역할에서 비롯된 것으로 유추할 수 있다.

이처럼 라반은 두 가지 에포트 요소가 존재하는 움직임을 에포트 상태Effort State로, 세 가지 에포트 요소가 결합한 경우를 에포트 충동Effort Drive을 표현하는 움직임이라 했다. 또한 그는 움직임을 관찰하거나 분석할 때 이러한 에포트 인자가 그 특질을 볼 수 있는 가장 중요한 요소이기 때문에 에포트 인자를 구성하는 요소들이 포함된 움직임의 예를 묘사하기 위해 다양한 분야의 사람들이 움직이는 것을 유심히 관찰했으며 에포트 인자와 요소의 조합 가능성도 제시했다. 라반이 연구한 이러한 결과에서 우리는 에포트의 조합에 따라 그 움직임의 특질을 볼 수 있는 분위기나 느낌 등을 판단할 수 있으며, 이를 통해 그 움직임이 무엇을 의미하는지를 유추하게 된다. 또한 에포트 훈련을 통해 새로운 움직임의 창조 가능성도 크게 열어 놓았다.

라반이 제시한 에포트 상태와 충동을 설명하면 다음과 같다.

## 에포트 상태

에포트 상태Effort States는 세 가지 에포트 인자의 조합으로 이루어진 충동과 비교해 불완전해 보이는 움직임으로 두 가지 에포트 인자의 결합으로 이루어진다. 그리고 한 충동에서 다른 충동으로 변화하는 사이에 살짝 지나가는 전이fleeting transitions의 형태로 나타나기도 한다. 에포트 상태는 〈그림 4-8〉에서 설명한 것과 같은 움직임의 특징을 나타내고 그 정보를 파악할 수 있다. 각각 에포트 상태의 명칭은 다양한 에포트 조합에서 보이는 움직임의 특질과 분위기에 따라 명명되었다. 이 중 가까운 상태는 움직임이 리드미컬한 것이 특징이므로 리듬감 있는 상태Rhythm State라고도 한다.

〈그림 4-8〉에서 제시한 에포트 상태를 좀 더 구체적으로 설명하면 다음과 같은 그래프로 표기할 수 있으며, 여기에서 다양한 분위기의 움직임이 파생된다.

| 에포트 상태 | 에포트 인자 | 움직임의 특징 | 주어진 정보 |
|---|---|---|---|
| 깨어 있는 상태<br>Awake State | 공간<br>시간 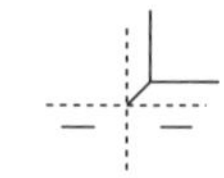 | 직시하거나 흩어진<br>갑작스러워지거나 점차 느려지는 | 어디와 언제<br>Where & When |
| 꿈 같은 상태<br>Dream State | 무게<br>흐름 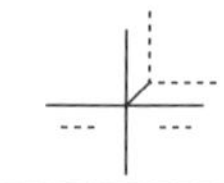 | 무겁고 강하거나 가볍고 약한<br>제한적이거나 자유로운 | 어떻게와 무엇<br>How & What |
| 먼, 희미한 상태<br>Remote State | 공간<br>흐름 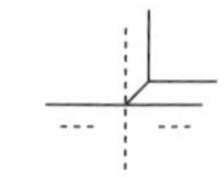 | 직시하거나 흩어진<br>제한적이거나 자유로운 | 어디와 어떻게<br>Where & How |
| 리듬감 있는 또는 가까운 상태<br>Rhythm or Near State | 무게<br>시간 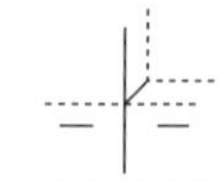 | 무겁고 강하거나 가볍고 약한<br>갑작스러워지거나 점차 느려지는 | 무엇과 언제<br>What & When |
| 안정된 상태<br>Stable State | 공간<br>무게 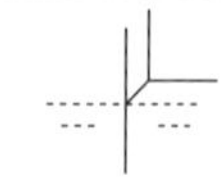 | 직시하거나 흩어진<br>무겁고 강하거나 가볍고 약한 | 어디와 무엇<br>Where & What |
| 유동적인 상태<br>Mobile State | 시간<br>흐름 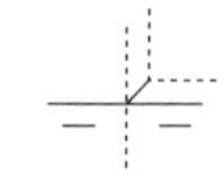 | 갑작스러워지거나 점차 느려지는<br>제한적이거나 자유로운 | 언제와 어떻게<br>When & How |

〈그림 4-8〉 에포트 상태

● 깨어 있는 상태

깨어 있는 상태Awake State는 직접적인 공간과 간접적인 공간 요소를 포함한 공간 인자와 빨라지는 시간과 느려지는 시간 요소를 포함한 시간 인자가 결합된 형태로 〈그림 4-9〉와 같이 표기할 수 있다. 여기서 파생되는 움직임의 에포트 상태는 〈그림 4-10〉과 같은 요소들의 조합으로 이루어질 수 있다.

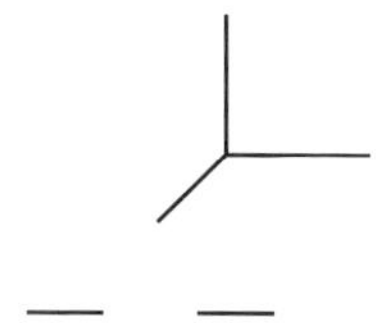

〈그림 4-9〉 깨어 있는 상태

이 상태의 예를 들어보면, 아침에 자명종 소리를 들으며 힘들게 깨어나면서 팔을 뻗어 시계의 버튼을 찾아 재빨리 끌 때 발견된다.

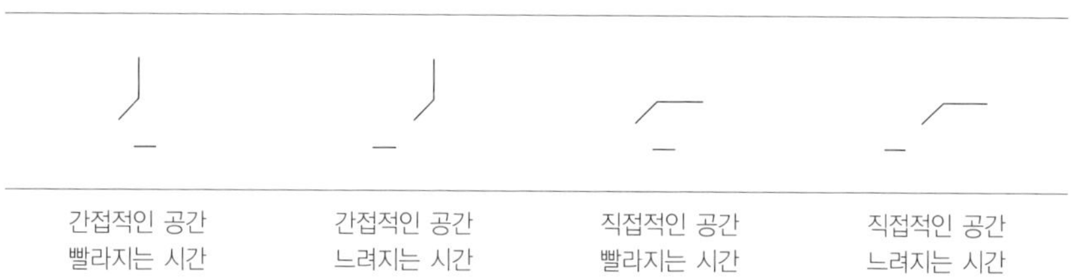


〈그림 4-10〉 깨어 있는 상태의 에포트 조합

● 꿈 같은 상태

꿈 같은 상태Dream State는 자유로운 흐름과 통제되는 흐름 요소를 포함한 흐름 인자와 강한 무게와 가벼운 무게 요소를 포함한 무게 인자가 결합된 형태로 〈그림 4-11〉과 같이 표기할 수 있다. 여기서 파생되는 움직임의 에포트 상태는 〈그림 4-12〉와 같은 조합으로 이루어질 수 있다.

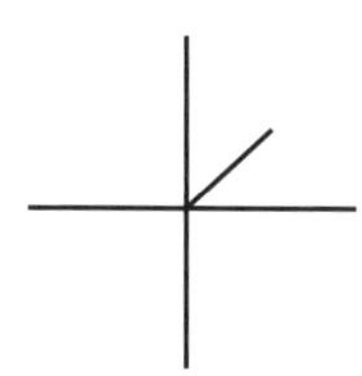

〈그림 4-11〉 꿈 같은 상태

이 상태의 예를 들어 보면 두 손을 가볍고 자유롭게 모으는 동작에서 확인할 수 있다.

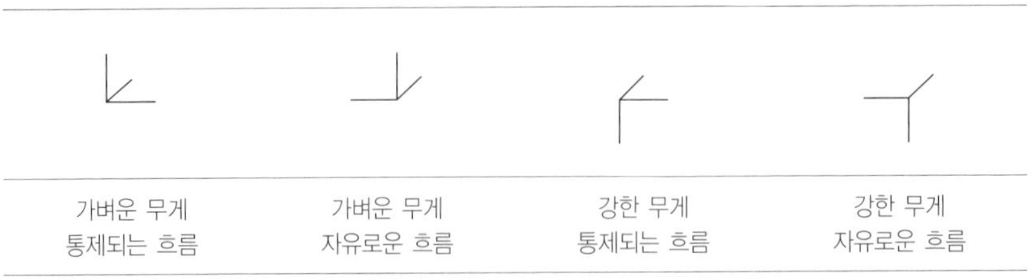


〈그림 4-12〉 꿈 같은 상태의 에포트 조합

● 먼, 희미한 상태

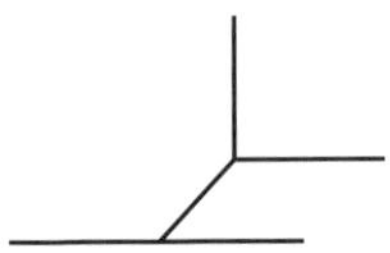

〈그림 4-13〉 먼, 희미한 상태

먼, 희미한 상태Remote State는 자유로운 흐름과 통제되는 흐름 요소를 포함한 흐름 인자와 직접적인 공간과 간접적인 공간 요소를 포함한 공간 인자가 결합된 형태로 〈그림 4-13〉과 같이 표기할 수 있다. 여기서 파생되는 움직임의 에포트 상태는 〈그림 4-14〉와 같은 조합으로 이루어질 수 있다. 이 상태의 예를 들어 보면, 시선을 특별하게 맞추지 않고 눈동자를 이리저리 굴리는 동작에서 보인다.

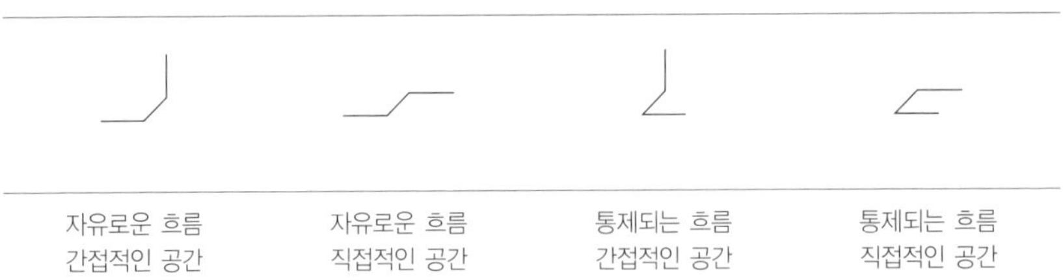


〈그림 4-14〉 희미한 상태의 에포트 조합

● 리듬감 있는, 가까운 상태

리듬감 있는, 가까운 상태Near State는 강한 무게와 가벼운 무게 요소를 포함한 무게 인자와 빨라지는 시간과 느려지는 시간 요소를 포함한 시간 인자가 결합된 형태로 〈그림 4-15〉와 같이 표기할 수 있다. 여기서 파생되는 움직임의 에포트 상태는 〈그림 4-16〉과 같은 조합으로 이루어질 수 있다.

이 상태의 예를 들어보면 음악을 듣는 동안에 손가락으로 딱 소리를 내는 핑거 스냅을 하면서 박자를 맞출 때, 또한 〈사진 21〉과 같이 점점 빠르고 점점 강하게 북을 치는 동작 사이에서 나타난다.

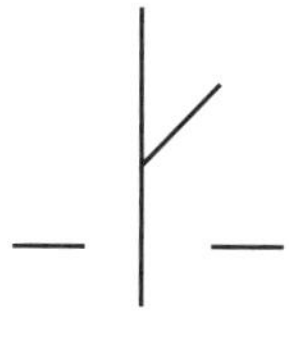

〈그림 4-15〉 리듬감 있는 혹은 가까운 상태

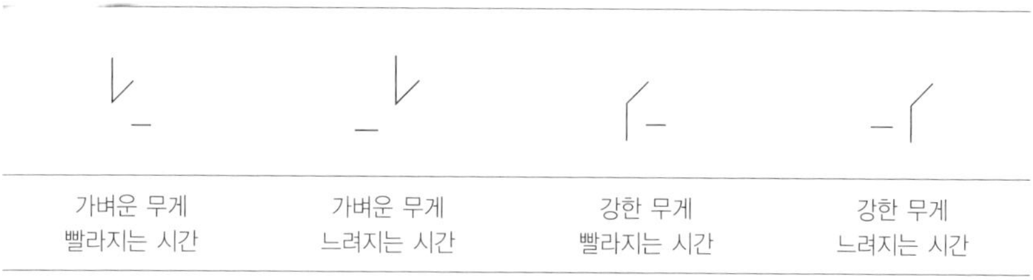


〈그림 4-16〉 리듬감 있는 혹은 가까운 상태의 에포트 조합

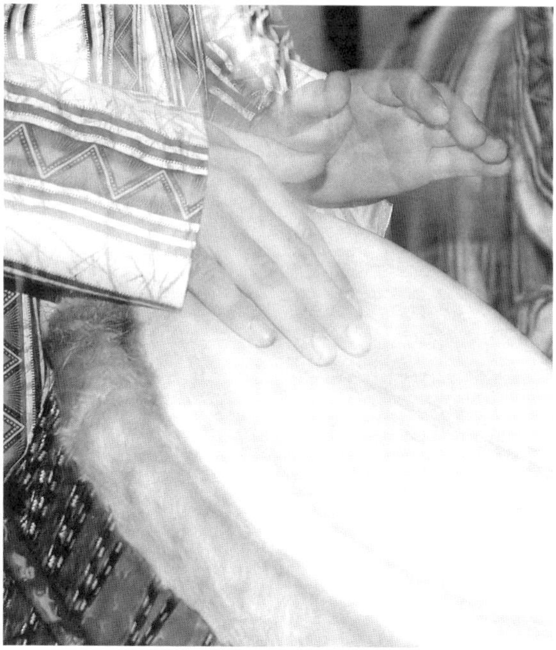

〈사진 21〉 북을 두드리는 손에서 리듬감 있는 상태가 발견된다.

● 안정된 상태

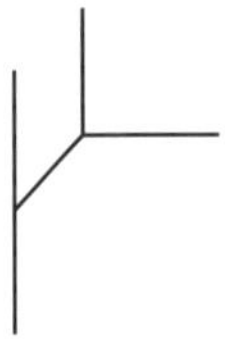

〈그림 4-17〉 안정된 상태

안정된 상태Stable State는 강한 무게와 가벼운 무게 요소를 포함한 무게 인자와 직접적인 공간과 간접적인 공간 요소를 포함한 공간 인자가 결합된 형태로 〈그림 4-17〉과 같이 표기할 수 있다. 여기서 파생되는 움직임의 에포트 상태는 〈그림 4-18〉과 같은 조합으로 이루어질 수 있다.

이 상태는 〈사진 22〉와 같이 가벼운 무게 에포트와 하나의 초점에 주의하며 직시하는 동작 안에서 확인할 수 있다.

| 가벼운 무게 간접적인 공간 | 가벼운 무게 직접적인 공간 | 강한 무게 간접적인 공간 | 강한 무게 직접적인 공간 |
|---|---|---|---|

〈그림 4-18〉 안정된 상태의 에포트 조합

〈사진 22〉 꽃잎을 어루만지는 아이의 손 끝에서 가벼운 무게 에포트와 꽃잎을 응시하는 시선에서는 하나의 초점에 주의 집중하는 직접적인 공간 에포트가 함께 보인다. 가벼운 무게와 직접적인 공간이 함께 나타나는 안정된 상태의 에포트 조합이다.

● 유동적 상태

유동적 상태Mobile State는 자유로운 흐름과 통제되는 흐름 요소를 포함한 흐름 인자와 빨라지는 시간과 느려지는 시간 요소를 포함한 시간 인자가 결합된 형태로 〈그림 4-19〉와 같이 표기할 수 있다. 여기서 파생되는 움직임의 에포트 상태는 〈그림 4-20〉과 같은 조합으로 이루어질 수 있다.

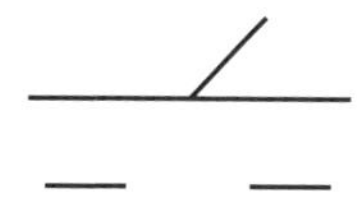

〈그림 4-19〉 유동적 상태

이 상태의 예로, 속눈썹의 갑작스럽고 가벼운 깜빡임을 생각할 수 있고, 골똘히 생각하며 눈을 이리저리 굴릴 때와 같은 자연스러운 움직임에서 확인할 수 있다.

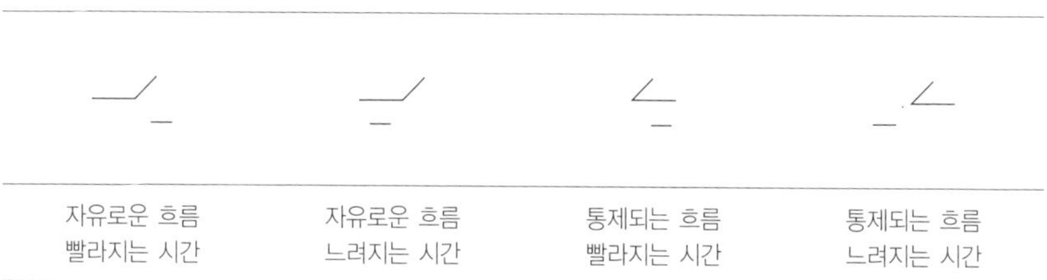


〈그림 4-20〉 유동적 상태의 에포트 조합

위에서 제시한 에포트의 다양한 조합 중에서 어떤 에포트 요소의 결합은 우리에게 편안하지도 자연스럽지도 못한 표현이 있다. 하지만 에포트 요소 중 두 가지 조합으로 이루어진 상태를 몸을 움직이면서 직접 움직임을 만들고 많은 훈련을 하게 되면 다양한 감정의 움직임을 표현하는 것이 쉬워질 것이다. 또한 다양한 조합으로 이루어진 움직임을 경험해 봄으로써 색다른 내적 충동을 효과적으로 표현할 수 있으며, 움직임 창작의 범위도 크게 넓힐 수 있을 것이다.

### 에포트 충동

라반은 세 가지 에포트 인자가 결합된 형태의 움직임을 에포트 충동Effort Drives이라고 했으며, 움직임의 분위기에 따라 네 가지 형태의 에포트 충동으로 구분했

| 에포트 충동<br>Effort Drives | 에포트 인자 | 에포트 요소 | 특징 |
|---|---|---|---|
| 열정 충동<br>Passion Drive<br>(Spaceless) | 흐름<br>무게<br>시간<br>(공간 제외) 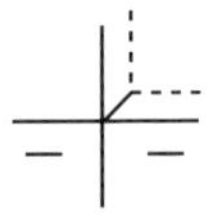 | 조심스럽거나 자유로운<br>무겁고 강하거나<br>가볍고 약한<br>갑작스럽거나 점차적인 | 직시하지도 흩어지지도 않은 상태에서 움직임이 주의력이나 생각 없이 감정 표현에 집중되는 느낌이다. |
| 마술 충동<br>Spell Drive<br>(Timeless) | 흐름<br>무게<br>공간<br>(시간 제외) 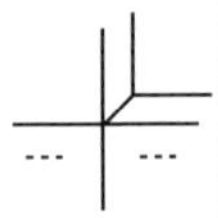 | 조심스럽거나 자유로운<br>무겁고 강하거나<br>가볍고 약한<br>확실하거나 불확실한 | 마술을 거는 사람이 시간과는 관계없이 조심스럽게 팔을 휘젓는 듯한 움직임을 상상할 수 있다. |
| 환상 충동<br>Vision Drive<br>(Weightless) | 흐름<br>공간<br>시간<br>(무게 제외) 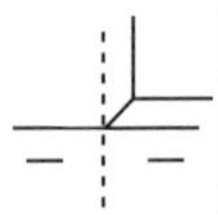 | 조심스럽거나 자유로운<br>갑작스럽거나 점차적인<br>확실하거나 불확실한 | 무게 인자의 활동이 제한되어 감각적이기보다는 몸 동작 위주로 움직이게 된다. |
| 동작 충동<br>Action Drive<br>(Flowless) | 무게<br>공간<br>시간<br>(흐름 제외) 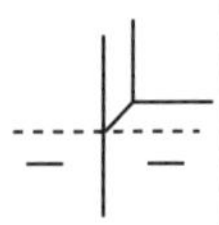 | 갑작스럽거나 점차적인<br>확실하거나 불확실한<br>무겁고 강한<br>가볍고 약한 | 일상 생활에서 자주 발견되는 동작으로 이루어진다. |

〈그림 4-21〉 에포트 충동

다. 에포트 충동은 공간 인자가 제외되고 흐름, 시간, 무게가 조합되어 이루어진 열정 충동Passion Drive, 시간 인자의 느낌이 없고 흐름, 공간, 무게가 조합되어 이루어진 움직임을 마술 충동Spell Drive, 각각 무게감이 없이 흐름, 공간, 시간 인자가 조합되어 이루어진 움직임을 환상 충동Vision Drive, 흐름 인자가 제외되고 무게, 시간, 공간 요소가 조합된 동작 충동Action Drive 등이다. 이러한 세 가지 에포트 인자의 조합으로 이루어진 에포트 충동은 거의 완전한 동작으로 보이기 때문에 이러한 충동 동작을 통해 우리가 보여 주고자 하는 내부의 감정과 의도를 좀 더 세밀하고 실제적으로 표현할 수 있다. 〈그림 4-21〉은 에포트 충동에 대해 각 충동에 포함되는 에포트 인자와 요소 및 그 특징을 설명한 것이다.

위에서 제시한 네 가지 에포트 충동 중 일상 생활에서 가장 많이 보이는 것이 동작 충동이다. 이는 라반이 산업 현장에서 일하는 노동자들의 움직임을 관찰하면서 발견한 것이다. 라반은 동작에 기본적으로 깔려 있는 흐름을 제외한 시간, 공간,

무게 에포트의 다양한 조합이 인간의 움직임에서 가장 자연스럽게 드러난다고 설명했다.[24]

● 열정 충동

열정 충동Passion Drive은 〈그림 4-22〉와 같이 에포트 인자 중 공간 인자가 제외된 무게, 흐름, 시간을 구성하는 각각의 요소가 결합해 만들어진 움직임이다. 여기에서 파생되는 움직임의 에포트 조합은 〈그림 4-23〉과 같다. 열정 충동에 관계된 특징은 움직임에서 공간 요소가 제외되며 표현적이고 역동적 변화에서의 기능적 특징이 더 중요하다. 그 느낌은 〈사진 23〉과 같이 '무한한', '관능적', '노여움', '휘두르는', '영적이기보다는 감정적이고 신체적인', '본능적이고 직감적인', '몸 감각과 열정으로 깊은' 것과 같다.

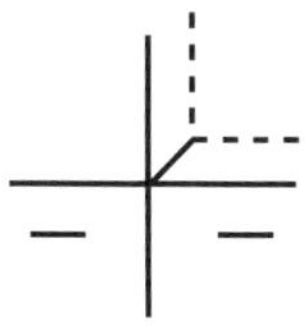

〈그림 4-22〉
열정 충동 그래프

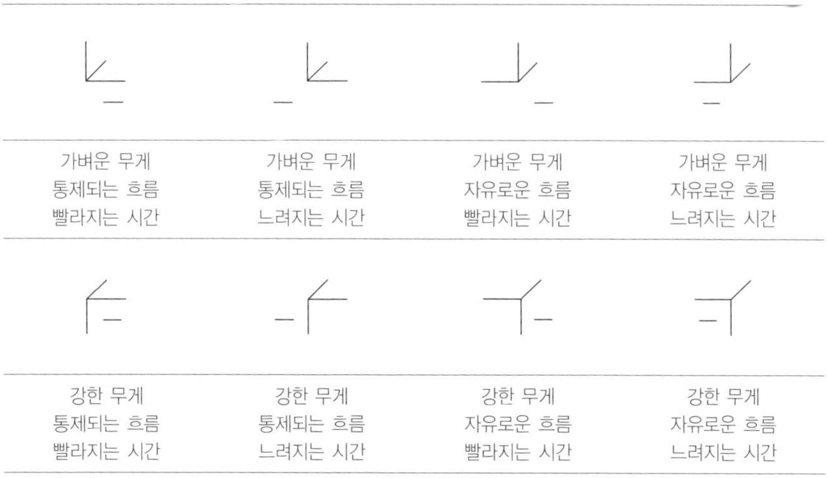


〈그림 4-23〉 열정 충동의 에포트 조합

24 동작 충동에 관해서는 108쪽에서 자세히 설명한다.

〈사진 23〉 플라멩코를 추는 무용수에게서 흐름 에포트와 무게 에포트 그리고 시간 에포트의 조합인 열정 충동의 움직임이 보인다. 외부 공간을 인식하기보다는 내면에 집중하는 분위기의 움직임으로 공간 에포트는 아주 드물게 보인다.

● 마술 충동

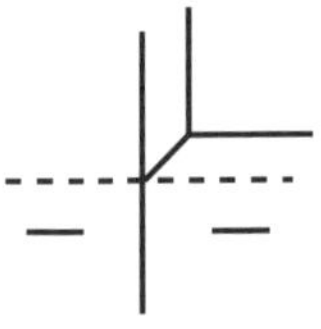

〈그림 4-24〉
마술 충동 그래프

마술 충동Spell Drive은 〈그림 4-24〉와 같이 에포트 인자 중 시간 인자가 제외된 흐름, 공간, 무게 인자를 구성하는 각각의 요소가 결합해 만들어진 움직임이다. 여기에서 파생되는 움직임의 에포트 조합은 〈그림 4-25〉와 같다. 마술 충동의 느낌은 '무정한', '강력한 의식', '최면을 거는', '검은 구름의 악', '예언적인', '매혹적인', '결과를 창조하는 확신', '저항할 수 없는 유혹의 힘' 등과 같다.

● 환상 충동

환상 충동Vision Drive은 〈그림 4-26〉과 같이 에포트 인자 중 무게 인자가 제외된 흐름, 공간, 시간 인자를 구성하는 각각의 요소가 결합해 만들어진 움직임 분위

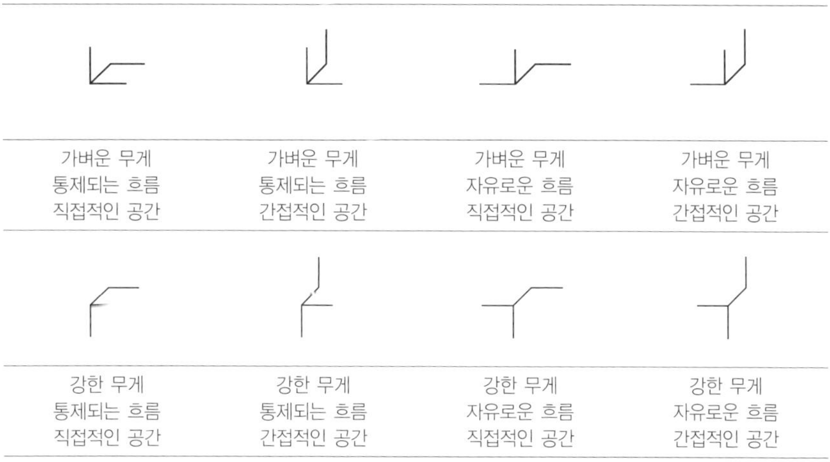


〈그림 4-25〉 마술 충동의 에포트 조합

기이다. 여기에서 파생되는 움직임은 〈그림 4-27〉과 같다. 환상 충동에 관계된 특징은 무게 요소가 제외되고 흐름과 시간, 공간을 강화시킨다. 그 느낌은 '꿈꾸는 것과 같은', '희상하는', '초자연적인', '달 표면을 걷는', '요정과 같은', '환상적인 발레리나와 같은' 제

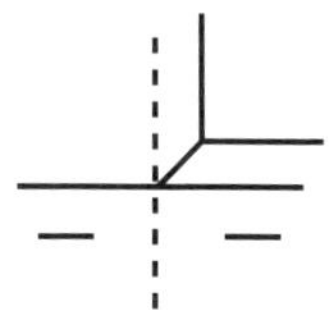

〈그림 4-26〉
환상 충동 그래프

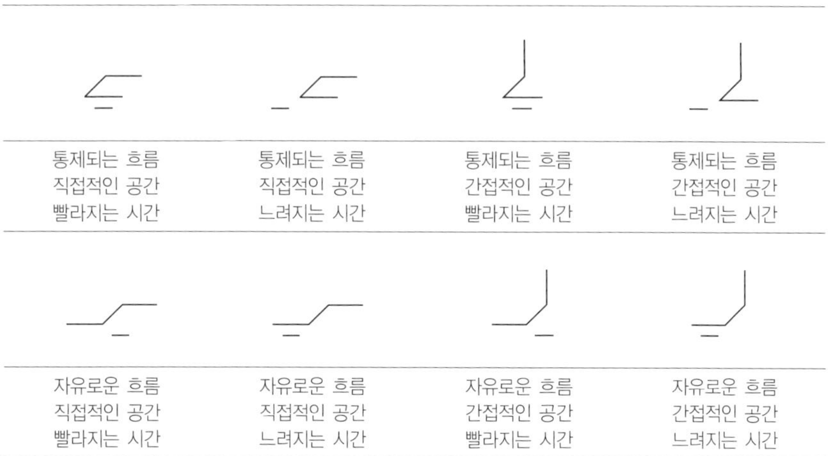


〈그림 4-27〉 환상 충동의 에포트 조합

스처의 유동성을 갖고 있는 것과 같다.

● 동작 충동

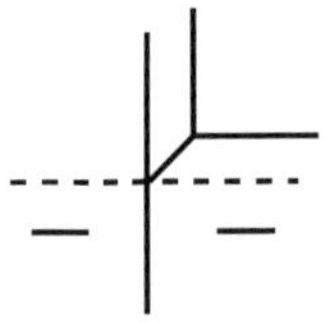

〈그림 4-28〉
동작 충동 그래프

동작 충동Action Drive은 〈그림 4-28〉과 같이 에포트 인자 중 흐름 인자가 제외된 무게, 공간, 시간 인자를 구성하는 각각의 요소가 결합해 만들어진 움직임이다. 동작 충동은 인간의 자연스러운 움직임에서 자주 관찰되는 특징이 있다. 그래서 라반은 마술 충동, 열정 충동, 환상 충동보다 동작 충동에 대해 더 깊이 있는 연구

| 기본 에포트 동작 | 에포트 그래프 | | 파생 가능한 동작 | 동작의 느낌 |
|---|---|---|---|---|
| 내리 베기<br>Slash | 강한 무게<br>간접적인 공간<br>빨라지는 시간 | 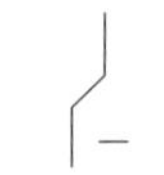 | 타작하기beat<br>던지기throw<br>채찍질하기whip | 무거운 채찍으로 쳐 내리거나 날카롭게 금이 가는 것과 같음. |
| 미끄러지기<br>Glide | 가벼운 무게<br>직접적인 공간<br>느려지는 시간 |  | 평탄하게 고르기smooth<br>문지르기smear<br>더럽히기smudge | 다리미로 옷을 부드럽게 다리는 것과 같음. |
| 누르기<br>Press | 강한 무게<br>직접적인 공간<br>느려지는 시간 | 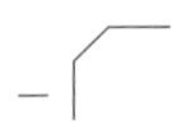 | 부딪히기punch<br>자르기cut<br>짜기squeeze | 무거운 가구를 나를 때나 주스를 짜내는 것과 같음. |
| 튕기기<br>Flick | 가벼운 무게<br>간접적인 공간<br>빨라지는 시간 |  | 튕겨 넘기기flip<br>퍼덕이기flap<br>떨기jerk | 옷에서 벌레를 떨어낼 때나 먼지를 떨어내는 것과 같음. |
| 비틀기<br>Wring | 강한 무게<br>간접적인 공간<br>느려지는 시간 | 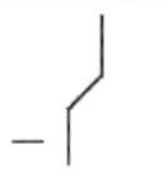 | 잡아당기기pull<br>잡아 뽑기pluck<br>잡아 뜯기jerk | 무거운 수건을 짜는 것과 같음. |
| 살짝 두드리기<br>Dab | 가벼운 무게<br>직접적인 공간<br>빨라지는 시간 |  | 톡톡 두드리기pat<br>발 구르기tap<br>흔들기shake | 캔버스에 붓으로 살짝 점을 찍는 듯한 것과 같음. |
| 때리기<br>Punch | 강한 무게<br>직접적인 공간<br>빨라지는 시간 |  | 거칠게 밀치기shove<br>차기kick<br>찌르기poke | 권투를 할 때 위에서 아래로 내리칠 때와 같음. |
| 뜨기<br>Float | 가벼운 무게<br>간접적인 공간<br>느려지는 시간 | 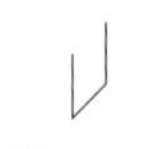 | 흩뿌리기strew<br>휘젓기stir<br>퍼지기spreading | 어린아이가 꽃잎을 하늘 위로 띄우는 것과 같음. |

〈그림 4-29〉 기본 에포트 동작

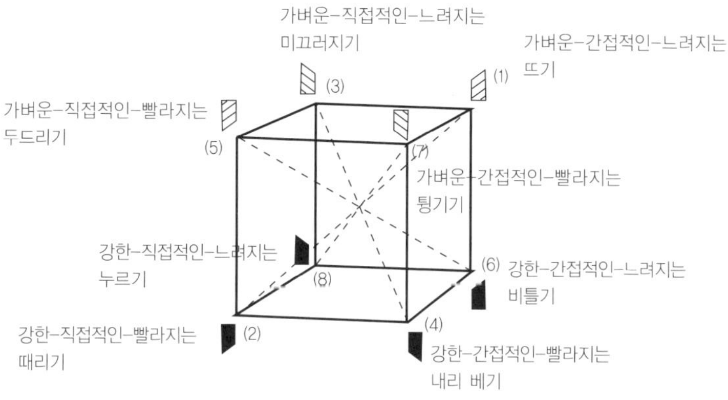


〈그림 4-30〉 정육면체상의 에포트 충동

를 했으며 동작 충동에서 파생되는 여덟 가지 에포트 조합으로 만들어지는 움직임을 기본 에포트 동작Basic Effort Actions: BEA이라고 명명했다.

라반이 제시한 여덟 가지 기본 에포트 동작은 〈그림 4-29〉와 같이 표기되며 〈그림 4-30〉과 같이 3차원의 공간을 가시화하는 정육면체 공간상에서 움직일 때, 그 특징이 두드러지게 나타난다. 이 정육면체의 꼭지점을 대각선으로 연결해서 상반된 동작들을 행하게 되면 그 안에 포함된 무게, 시간, 공간 인자의 각 요소가 한꺼번에 변화된다. 우리는 이 움직임을 수행하는 과정에서 각 동작이 요구하는 집중 정도를 경험하게 된다. 이러한 동작 충동을 만드는 여덟 가지 기본 에포트 동작은 〈그림 4-29〉와 같다.

〈그림 4-30〉에서 행할 수 있는 동작 충동의 움직임은 뜨기, 때리기, 미끄러지기, 내리 베기, 살짝 두드리기, 비틀기, 튕기기, 누르기 등이다. 이러한 동작 충동에 대해 구체적으로 설명하면 다음과 같다.

### 뜨기

뜨기Float는 에포트 요소 중 가벼운 무게와 간접적인 공간 그리고 느려지는 시간 요소가 결합한 형태의 움직임이다. 이 움직임의 특징은 몸이 위로 떠올라가며 부유하듯 가벼운 무게를 사용하며, 공간 전체의 곳곳으로 퍼지며 희미하게 사라져 가듯 점점 느려지는 시간을 사용한다. 뜨기는 자연 현상에서 쉽게 발견되는데, 새털구름이 하늘에서 가볍게 떠다니며 흩어지는 모습이나 하늘하늘한 새의 깃털이 살랑거리며 떠다니는 듯한 모습에서 느낄 수 있다. 또한 〈사진 24〉와 같이 연기가 공중으로 퍼져나갈 때나 작은 나뭇잎이 공기의 부력으로 천천히 날리며 떨어질 때 그리고 빛에 반사된 먼지가 떠다니는 모습에서 뜨기 에포트의 분위기를 느낄 수 있다.

〈사진 24〉 하늘로 올라가는 연기에서 가벼운 무게 에포트와 간접적인 공간 그리고 느려지는 시간의 조합인 동작 충동 중 뜨기의 에포트 분위기가 느껴진다.

### 때리기

때리기Punch는 에포트 요소 중 강한 무게와 직접적인 공간 그리고 빨라지는 시

〈사진 25〉 권투 선수의 주먹에서 강한 무게 에포트와 팔에서 상대편 선수에게 초점을 둔 직접적인 공간 에포트 그리고 빨라지는 시간 에포트의 조합인 동작 충동 중 때리기 에포트 조합이 나타난다.

간이 결합한 형태의 움직임이다. 이 동작은 뜨기와는 모든 에포트 요소가 상반되는 특징을 갖고 있다. 그래서 무게는 아래로 강한 힘을 사용하고, 시선이나 초점이 한 곳을 직시하는 직접적인 공간 요소를 사용한다. 이와 함께 점점 가속이 붙으며 빨라지는 시간 요소를 사용한다. 움직임에서는 이러한 세 가지 에포트가 동시에 나타날 때 때리기 동작이 된다. 때리기는 〈사진 25〉와 같이 권투 선수가 곧고 빠르게 내리치는 강한 펀치에서 볼 수 있다. 또는 두더지 게임을 할 때 두더지의 미리를 향해 힘차게 뿅망치를 내리치는 장면에서도 때리기의 움직임 분위기를 느낄 수 있다.

### 미끄러지기

미끄러지기Glide는 에포트 요소의 가벼운 무게와 직접적인 공간 그리고 느려지는 시간 요소가 결합한 형태의 움직임이다. 이 움직임은 중력에 대항해서 위로 향하는 가벼운 무게와 초점을 한 곳으로 직시하는 직접적인 공간 요소와 점점 느려지는 시간을 사용한다. 미끄러지기는 이러한 세 가지 요소를 동시에 사용할 때 나타난다. 미끄러지기는 미끄러지듯 스케이트를 타는 장면에서 동작감을 느낄 수 있으며, 난초 잎을 수건으로 부드럽게 닦아 주는 손짓에서 미끄러지기의 움직임 분위기를 느낄 수 있다.

### 내리 베기

내리 베기Slash는 에포트 요소 중 강한 무게와 간접적인 공간 그리고 빨라지는 시간 요소가 결합한 형태의 움직임이다. 이 움직임은 묵직한 무게감이 있고, 다초점을 사용해 순간적으로 가속되는 시간을 사용한다. 이러한 세 가지 에포트가 움직임에서 동시에 나타날 때 그 움직임을 내리 베기라고 한다. 내리 베기는 무거운 이불을 힘차게 떨어내거나 무거운 물건을 반동을 이용해서 어깨에 힘차게 들어올릴 때, 테니스 선수의 강한 스매싱이나 배구 선수의 스파이크에서 발견된다. 또는 말을 탄 기사가 채찍을 힘차게 휘두를 때나 조각가가 조각칼로 나무를 나선형을 그려가며 베어 낼 때 내리 베기의 움직임 분위기를 볼 수 있다.

### 살짝 두드리기

살짝 두드리기Dab는 에포트 요소의 가벼운 무게와 직접적인 공간, 그리고 빨라지는 시간이 결합한 형태의 움직임이다. 이 움직임은 위로 향하는 가벼운 무게를 사용하고 하나의 초점에 집중해 공간을 인식하며 순간적으로 가속되는 빠른 시간을 사용한다. 하나의 움직임에서 이러한 세 가지 요소의 에포트가 동시에 보일 때 그 움직임을 살짝 두드리기라고 한다. 이러한 두드리기는 어깨 위에 있는 보푸라기나 머리카락을 가볍게 털어 낼 때나 날아가는 비눗방울을 가볍게 터뜨리는 모습이나 컴퓨터 자판을 살짝 두드릴 때 그리고 화폭에 붓으로 살짝살짝 여러 개의 점을 찍을 때에 살짝 두드리기의 움직임 분위기를 볼 수 있다.

### 비틀기

비틀기Wring는 에포트 요소의 강한 무게와 간접적인 공간 그리고 느려지는 시간이 결합해 나타나는 움직임의 형태이다. 이러한 세 가지의 에포트 형태가 하나의 움직임에서 동시에 보일 때 우리는 그 움직임을 비틀기라고 한다. 비틀기는 물을 가득 먹은 무거운 담요를 짤 때 또는 잘 열리지 않는 보온병의 뚜껑을 힘주어 열 때의 움직임에서 볼 수 있다. 또한 단단한 나무에 나사못이 잘 들어가지 않아 힘주어 돌릴 때나 약탕관의 약을 헝겊에 싸서 꼭 짜려고 돌릴 때 비틀기의 움직임 분위기를 볼 수 있다.

### 튕기기

튕기기Flick는 에포트 요소 중 가벼운 무게, 간접적인 공간 그리고 빨라지는 시간이 결합한 형태의 움직임이다. 이 움직임은 위로 향하는 가벼운 무게를 사용하고 다초점을 사용해 공간을 인식하며, 순간적으로 가속되는 빠른 시간을 사용한다. 이러한 세 가지 에포트가 한 움직임에서 동시에 나타날 때 이것을 튕기기라고 한다. 튕기기는 손수건이나 부드러운 실크 목도리를 가볍게 빨아서 빨래걸이에 널기 위해 살짝 털어내는 움직임에서 그리고 손에 묻어 있는 물을 떨어낼 때 튕기기의 움직임 분위기를 볼 수 있다.

### 누르기

누르기Press는 에포트 요소의 강한 무게, 직접적인 공간 그리고 느려지는 시간이 결합한 형태의 움직임이다. 이 움직임은 아래로 향하는 무거운 무게를 사용하고 공간의 인식은 하나의 초점에 집중하며, 점점 느려지는 시간을 사용한다. 이러한 세 가지 움직임의 특질이 하나의 움직임에서 동시에 보일 때 그 움직임을 누르기라고 한다. 누르기는 무거운 물건을 다른 곳으로 옮기기 위해 그것을 온 힘으로 세게 밀 때 그리고 김장 김치를 담글 때 속을 넣은 배추를 항아리에 넣고 공기를 빼기 위해 꾹꾹 눌러 주는 움직임에서 볼 수 있다. 또한 장정들이 팔씨름을 할 때 집중해서 상대의 팔을 옆으로 누를 때나 줄다리기를 할 때, 줄을 힘껏 잡아당기는 모습에서도 누르기를 볼 수 있다.

## 3. 에포트 구문 표현법

라반은 움직임 창작의 과정을 언어에서 의미 생산의 과정과 비교했다. 의미를 갖지 못하는 음절의 조합으로 단어가 생성되고 단어들이 배열되어 하나의 문장을 만들어 내는 언어와 같이 움직임에서도 의미를 갖지 못하는 단일 동작single action들이 모여 하나의 의미 있는 움직임 구문을 만들고, 이러한 구문이 모여 이야기가 되는 움직임의 문장을 만들 수 있다. 여기서 설명하는 움직임 구문이란 언어에서의 생각이나 감정을 하나의 완결된 내용으로 표현할 수 있는 움직임 조합의 단위라고 할 수 있다.

인간은 움직이는 동안 자신의 의도를 효과적으로 표현하기 위해 한 움직임 구문 안에서 특정 에포트를 강조하거나 혹은 상대적으로 약하게 표현하기도 하는데, 에포트 구문 표현법Effort Phrasing이란 이렇듯 움직임 구문 안에 배열된 에포트의 표현 방식을 말한다. 만약 두 명의 무용수가 움직이는 동안 같은 에포트를 사용하더라도 에포트 구문 표현법을 어떻게 사용하는가에 따라 전혀 다른 표현을 할 수 있다. 즉, 에포트 구문 표현법이 달라짐에 따라 움직이는 몸의 부위, 시간적, 공간적 요소가 각각 다르게 나타난다. 따라서 에포트 구문의 분석을 통해 특정 움직임의 리듬이나 다이나믹의 유형을 파악할 수 있으며 무용에서 안무자가 의도하는 움직임의 분위기를 만들어 내는 역할을 하기도 한다. 에포트 구문 표현법은 다음과 같이 분류할 수 있다.

### 단조로운 구문 표현법

단조로운 구문 표현법Even Phrasing은 연속되는 에포트들이 같은 강도를 유지하는 것이다. 이 구문에서는 공간, 무게, 흐름 등 다양한 에포트의 요소들이 변화하는 동안 시간 에포트가 유지될 때 자주 발견된다.

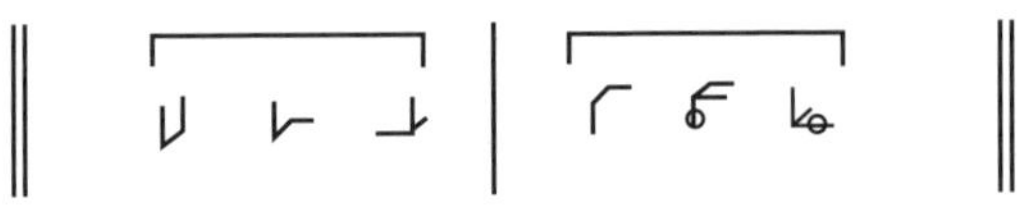

〈그림 4-31〉 단조로운 구문

### 악센트 구문 표현법

악센트 구문 표현법Accent Phrasing은 약한 악센트 와 강한 악센트 기호를 사용하여 움직임의 진행 중 특정 에포트를 간헐적으로 강조한다. 이 구문에서는 빠른 시간과 함께 리듬감 있는 동작을 만들 수 있다.

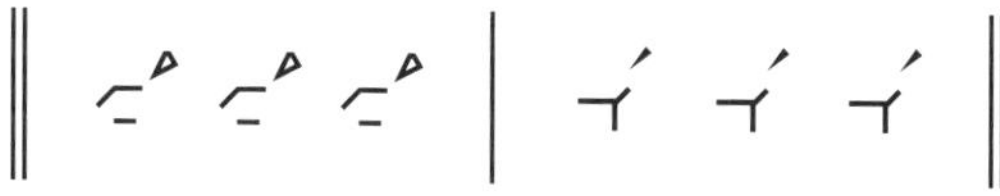

〈그림 4-32〉 악센트 구문

### 진동 구문 표현법

진동 구문 표현법Vibratory Phrasing은 각 에포트의 조합으로 이루어진 움직임이 빠르게 반복되는 것이다. 주로 경련이 일어나는 것과 같은 움직임에서 발견된다.

〈그림 4-33〉 진동 구문

### 증가되는 구문 표현법

증가되는 구문 표현법Increasing Phrasing은 단일 에포트나 조합된 에포트의 강도가 점차 증가되는 것이다.

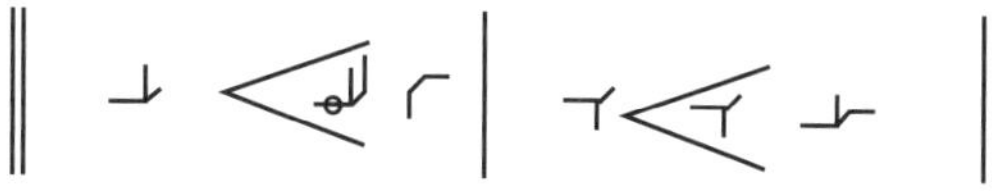

〈그림 4-34〉 증가되는 구문

### 충격 구문 표현법

충격 구문 표현법Impactive Phrasing은 증가되는 구문의 한 유형으로 증가되는 구문의 끝에 강세를 두는 것이다. 예를 들어 연설을 할 때, 마지막에 힘을 주어 강조할 때나 목표물에 다다랐을 때 마지막에 집중해서 에너지를 발산할 때 발견된다.

〈그림 4-35〉 충격 구문

### 감소되는 구문 표현법

감소되는 구문 표현법Decreasing Phrasing은 단일 에포트나 조합된 에포트의 강도가 점차 감소되는 것이다. 증가되는 구문과 대조되는 구문이다.

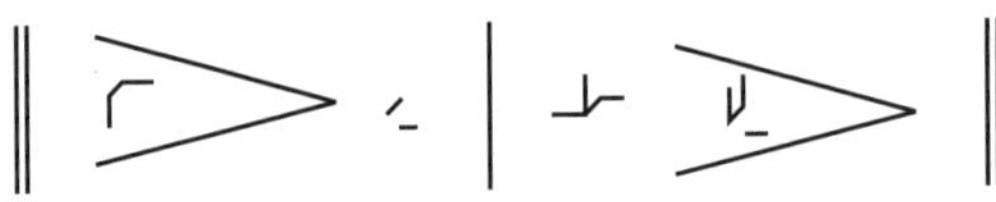

〈그림 4-36〉 감소되는 구문

### 추진 구문 표현법

추진 구문 표현법Impulsive Phrasing은 감소되는 구문의 한 유형으로 감소되는 구문의 시작에 강세를 두는 것이다. 예를 들어 물건을 힘주어 멀리 던질 때 팔의 움직임에서 발견되거나 단숨에 동작을 해치울 때 처음 동작을 강조할 때 발견된다.

〈그림 4-37〉 추진 구문

### 스윙 구문 표현법

스윙 구문 표현법Swing Phrasing은 한 호흡에서 증가되는 구문과 감소되는 구문이 모두 나타나는 것을 말한다. 이 때, 증가되는 구문이 먼저 발견될 수도 있으며 감소되는 구문이 먼저 나타날 수도 있다. 마치 높게 던져진 공의 속도가 증가되다가 점점 감소되거나 빠르게 올라가는 그네가 정점에 가까울수록 속도가 느려지는 것과 같은 리듬을 갖는다.

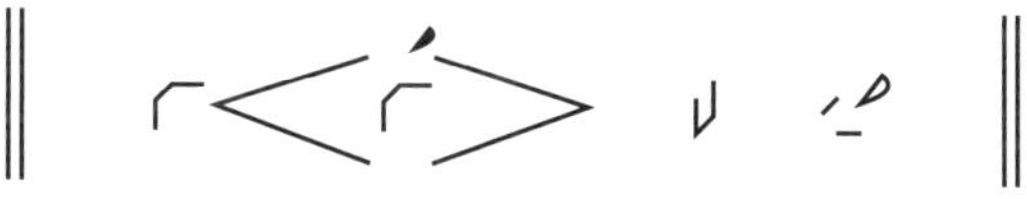

〈그림 4-38〉 스윙 구문

### 탄력 구문 표현법

탄력 구문 표현법Resilient Phrasing이란 한 에포트 인자의 두 요소가 번갈아 나타나는 것이다. 예를 들어 한 움직임 구문 안에서 강한 에포트와 가벼운 에포트가 한 번씩 차례로 사용될 때 탄력 구문이 발견된다.

〈그림 4-39〉 탄력 구문

※ 에포트 구문 표현법의 모티프 라이팅 예시는 CMA Yearlong Curriculum Book(2003~2004), Laban/Bartenieff Institute of Movement Studies에서 Richard Haisma의 'Effort Phrasing'을 토대로 작성되었다.

제5장

# 움직이는 구조물

"인간의 몸은 움직이는 건축물이다."
– *라반*

1. 셰이프의 개념
2. 셰이프의 유형
3. 셰이프 유형의 특징

## 1. 셰이프의 개념

셰이프Shape는 인간이 공간상에서 그리는 몸의 형태나 선적線的, 면적面的, 입체적立體的 움직임의 형태로 정의할 수 있다. 제4장에서 언급했듯이 인간의 움직임은 내적인 충동에서 비롯되지만 이는 공간을 통해 최종적으로 시각화된다. 라반은 공간을 배경으로 움직임이 의미 있는 형태를 갖게 되는 것을 강조했으며, 이러한 움직임과 공간과의 관계는 셰이프 이론의 기초를 이룬다. 라반의 움직임 연구에 참여한 워렌 램Warren Lamb[25]은 움직임과 공간 간의 관계 속에서 창조되는 움직임의 형태에서 특정한 규칙을 찾고자 했으며 이를 셰이프 이론으로 발전시켰다.

램은 영국의 맨체스터Manchester에 있는 '움직임 예술 스튜디오Movement Arts Studio'에서 라반이 창안한 움직임 기록법과 움직임의 원리 및 분석 체계에 대해 깊이 있게 연구하면서 움직임과 공간의 관계 속에서 셰이프의 존재를 발견하게 되었고, 그것을 실제에 적용할 수 있는 체계를 마련했다. 램은 에포트와 셰이프가 서로 유기적인 관계에 따라 변화하고 있다는 것도 발견했는데, 그는 "단지 에포트만으로 구성되는 움직임이란 없다. 이것은 셰이프도 마찬가지이다"라고 하면서 에포트와 셰이프의 상호 관계에 대한 중요성을 강조했다. 후에 이것은 에포트와 셰이프의 상

25 워렌 램은 1923년 영국의 왈라시Wallasey에서 태어났으며 움직임에 관한 그의 연구는 20세기 초반 영국의 현대 무용가들에게 많은 영향을 주었다. 1940년대 이후 라반과 함께 산업 현장에서 움직임과 일의 능률의 관계에 대해 연구했으며 그 이후에 자신만의 Action Profile이라는 행동분석 도구를 발전시켜 의사 결정decision making과 행동의 관계에 대한 틀을 제시했다. Action Profile은 후에 Movement Pattern Analysis로 명칭이 변경되었으며 이는 현재까지 움직임 교육, 심리학, 무용 치료, 경영 상담 등 많은 분야에서 적용되고 있다. 그의 이론은 엄가르트 바르테니에프와 주디스 케스텐버그에게 영향을 주었다.

호친화성에 대해 논리적으로 설명 가능한 에포트-셰이프 분석Effort-Shape Analysis 이론으로 발전했다. 에포트-셰이프 분석은 에포트와 셰이프의 관계 속에서 움직임이 만들어지는 원리나 개념에 관한 이론으로 여기서 셰이프는 인간의 내적 충동이나 동기를 의미하는 에포트가 외부의 움직임 형태로 나타나는 것을 말한다.

랩이 제안한 셰이프 이론에 따르면, 인간이 움직일 때 나타나는 셰이프는 우리의 몸이 환경에 즉각적으로 적응하면서 변화되는 움직임에서 관찰된다. 이 움지임은 일상 생활에서 무의식적으로 자연스럽게 나타날 수도 있고, 의식적으로 만들어낼 수도 있다. 랩은 이렇게 몸이 환경과 관계해 만드는 다양한 움직임의 셰이프, 즉 움직임의 형태는 에포트와 마찬가지로 인간의 움직임에서 관찰할 수 있는 또 다른 인자로서 중요성을 가지고 있다고 강조했다. 그는 또한 우리의 몸에서 다양하게 변화하는 움직임의 셰이프를 분석함으로써 그 움직임에 내포되어 있는 주제와 의미를 좀 더 쉽게 읽어 낼 수 있으며, 개인의 성격과 개성도 파악할 수 있다고 했다. 인간이 움직이는 동안 자신을 둘러싸고 있는 환경을 의식하거나 반대로 주위 공간이나 사물을 의식하지 않은 채 움직일 때 다양한 셰이프의 유형Modes of Shape Change이 나타난다고 보고, 이러한 셰이프의 유형을 분석하는 과정에서 각 개인이 뿜어내는 운동 에너지Kinetic Energy[26]를 발견할 수 있다고 했다.

이처럼 에포트-셰이프의 상호 관계와 관련된 랩의 셰이프 이론은 다양한 움직임을 해석하기 위한 기초적 분석 이론으로 다양한 분야에 중요하게 적용되고 있다. 대표적으로 정신분석학자인 주디스 케스텐버그Judith Kestenburg[27]는 랩의 셰이프 이론을 자신의 연구에 적용한 학자이다. 그녀는 셰이프 이론과 프로이트 심리학을 접목시켜 아동의 발달 단계에서 나타나는 움직임의 형태와 심리적 특성과의 관계에 대해 연구했다. 이를 통해 인간의 내적 상태에서 비롯된 움직임이 환경과 관계하는 과정에서 일정한 형태를 갖고, 특정 움직임의 형태가 움직이는 사람의 심리 상태를 반영한다

26 움직임에 의해 발생하는 에너지이다.

27 Judith Kestenberg(1911-1999): 미국의 정신분석학자로 LMA의 이론을 적용해 인간의 심리적 특성을 움직임과 연결하여 측정하는 케스텐버그 움직임 측정표Kestenberg Movement Profile: KMP를 만들었다. 이것은 오늘날 무용/움직임 치료Dance/Movement Therapy 분야에서 널리 사용된다.

는 근거를 제시했다.

램은 셰이프 이론을 주로 산업 현장에서 일의 능률과 셰이프 유형과의 상호 관계를 연구하는 데에 적용했으며, 인간의 기질이나 성격을 분석하는 움직임 유형 분석Movement Pattern Analysis: MPA 체계를 발전시켜 지난 50년간 경영자의 행동에 대한 많은 연구와 컨설팅에 응용하면서 경영 상담 전문가로서 활동을 전개하고 있다. 또한 램은 인간이 말이나 이미지를 통해 사고할 수 있는 것처럼 움직임을 통해서도 사고할 수 있다는 사실을 발견하고 경영자가 더 쉽게 '움직임 사고'[28]에 대해 이해하고 이를 이용해 균형 잡힌 경영을 할 수 있도록 도움을 주고 있다.

## 2. 셰이프의 유형

워렌 램이 제시한 셰이프의 유형Modes of Shape Change은 움직이는 사람이 환경을 의식하는 정도에 따라 세 가지로 구별된다. 즉, 환경을 전혀 의식하지 않을 때에 나타나는 움직임의 형태는 셰이프 흐름Shape Flow으로, 환경을 의식하기 시작하는 단계의 움직임 형태는 방향 지향적 셰이프Directional Shape, 그리고 환경을 완전히 의식하고 조화를 이루는 움직임의 형태는 셰이핑Shaping으로 명명하고 분류했다. 이 유형들은 때로는 독립적으로 나타나기도 하지만 때로는 한 유형에서 다른 유형으로 연속해서 변화하기도 하면서 서로 다른 조합과 방식으로 움직임을 만들고 있다.

〈그림 5-1〉의 셰이프 그래프는 셰이프가 에포트에서 비롯되어 나타나고 있음을 설명하는 의미로 에포트 그래프의 한가운데에 짧은 동작선 하나를 더 첨가해서 표기한다. 3차원 공간상에서 일어날 수 있는 세 가지 종류의 셰이프 유형을 나

28 '움직임 사고'란 움직임으로 사고하는 것을 말한다. 인간은 이성이나 정신을 통해서만 사유하거나 사고할 수 있는 것이 아니라 몸에서 비롯되는 움직임을 통해 사고할 수 있다. 이것은 램이 제시한 바와 같이 제스처나 포스처를 통해 발견된다. 인간은 자신이 자주 사용하는 움직임 유형을 통해 미처 의식하지 못했던 자신의 생각이나 성향 등을 파악할 수 있으며 이것은 램의 움직임 유형 이론 체계를 통해 분석될 수 있다.

타낸 기본 셰이프 그래프이다. 이 그래프에 〈그림 5-3〉, 〈그림 5-7〉 그리고 〈그림 5-10〉에 표기된 다양한 기호를 덧붙여 셰이프 흐름, 방향 지향적 셰이프, 셰이핑 등의 셰이프 유형을 기호화할 수 있다. 이상 세 가지 종류의 셰이프 유형을 설명하면 다음과 같다.

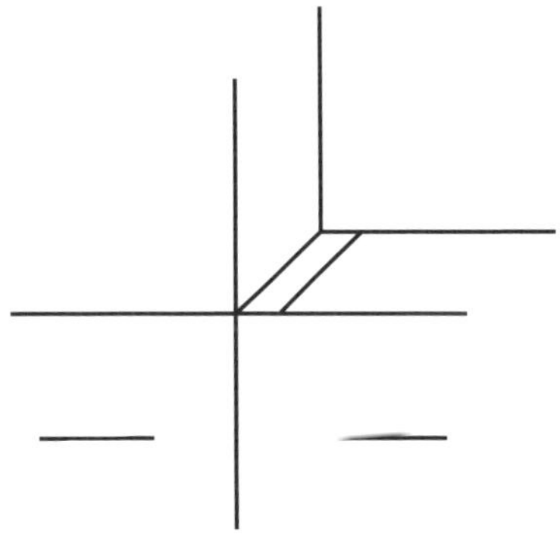

〈그림 5-1〉 기본 셰이프 그래프

## 셰이프 흐름

셰이프 흐름Shape Flow( ⩊ )은 움직이는 사람이 몸의 내부에 집중할 때 나타나는 움직임의 형태를 의미한다. 이 유형은 움직이는 사람이 환경을 무시한 채 자신에게만 집중해 만들어 내는 움직임으로 자아 지향적인Self-Oriented 움직임이다. 이 셰이프 유형은 몸 속에서 일어나는 움직임에 관한 감각을 생성시키고 내부의 세계와 접촉할 수 있는 특징이 있다. 따라서 셰이프 흐름은 우리 몸에 사연스럽게 존재하는 호흡과 관련해 나타나며, 움직이는 동안 자신이 호흡을 느끼고 그 호흡에 따라 몸이 변화하면서 나타나는 특정한 형태의 움직임으로 이루어진다. 이는 인위적인 움직임이라기보다는 자신의 호흡에 따라 자연스럽게 일어나는 움직임의 경우에서 자주 발견된다. 예를 들어, 한국 무용에서는 무용수가 주변 환경을 의식하지 않은 채 자신의 내부에 집중해서 호흡에 따라 춤을 추게 되는데, 이 때 나타나는 자연스러운 움직임에서 셰이프 흐름을 발견할 수 있다. 또한 무당이 제를 올릴 때 주변의 신도나 사물을 의식하지 않고 도취된 상태에서 뛰거나 돌면서 춤을 추는 움직임에서도 발견된다. 이처럼 셰이프 흐름은 일반적으로 내적인 호흡이 매우 중요한 특질이 되는 한국 무용이나 초탈한 경지에서 종교적 의식을 행하는 사람에게서 많이 볼 수 있고, 몸과 정신이 일체가 되어 내부에 집중해서 호흡이 주도하는 요가의 움직임에서도 자주 발견된다.

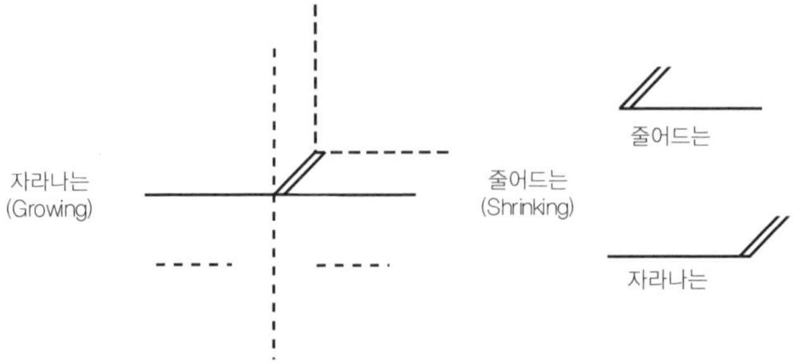


〈그림 5-2〉 셰이프 흐름 그래프

이러한 특징을 가지고 있는 셰이프 흐름은 크게 자라나는Growing 셰이프와 줄어드는Shrinking 셰이프 등 두 가지 종류로 분류할 수 있다. 자라나는 셰이프는 점점 늘어나는 움직임으로 펼치는unfolding, 여는opening, 밖으로 향하는outward, 멀리away 행하는 움직임의 특질을 가지고 있다. 반면에 줄어드는 셰이프는 점점 움츠러드는 움직임으로 접히는folding, 닫히는closing, 안으로 향하는inward 등의 특질을 가지고 있다.

〈그림 5-2〉는 기본 셰이프 그래프 중에서 수평선만을 사용한 셰이프 흐름 그래프로 동작선을 기준으로 왼쪽은 자라나는 셰이프를 나타내고 오른쪽은 줄어드는

| 공간 | 움직임 특징 | 움직임 진행 방향 | | | | | 움직임 특징 |
|---|---|---|---|---|---|---|---|
| | | 양쪽Bipolar | 한쪽Unipoloar | | 한쪽Unipoloar | 양쪽Bipolar | |
| 수직적 셰이프 흐름 | 늘어나는 | | | 머리쪽<br>꼬리쪽 | | | 짧아지는 |
| 수평적 셰이프 흐름 | 넓어지는 | | | 양쪽 | | | 좁아지는 |
| 시상적 셰이프 흐름 | 볼록해 지는 | | | 앞쪽<br>뒤쪽 | | | 우묵해 지는 |

〈그림 5-3〉 셰이프 흐름 기호[29]

셰이프를 나타낸다. 이 두 가지 형태의 셰이프 흐름은 각각 3차원의 특정 공간상에서 나타나는 여섯 가지의 셰이프 흐름으로 나뉘어 몸의 중심을 기준으로 위-아래, 앞-뒤 혹은 옆-옆으로 움직이게 된다. 우리는 호흡을 통해 다양한 유형의 셰이프 흐름을 경험할 수 있다.

〈그림 5-3〉은 수평선에 짧은 두 줄의 동작선을 그어 나타내는 셰이프 흐름 그래프에 기호를 첨가해서 여섯 가지 종류의 셰이프 흐름을 표기한 것이며, 위-아래의 수직선과 오른쪽-왼쪽의 수평선 그리고 앞-뒤의 시상선상에서 나타나는 셰이프 흐름을 나타낸 것이다. 즉, 움직이는 사람의 몸 전체 혹은 신체의 특정 부위가 수직선상에서는 위아래로 늘어나는Lengthening 셰이프 흐름과 위아래로 짧아지는Shortening 셰이프 흐름으로, 수평선상에서는 옆으로 넓어지는Widening 셰이프 흐름과 옆으로 좁아지는Narrowing 셰이프 흐름으로,[30] 시상선상에서는 앞으로 불룩해지는Bulging 셰이프 흐름과 뒤로 우묵해지는Hollowing 셰이프 흐름을 나타낸 것이다. 이렇게 셰이프 흐름은 몸의 3차원 축에서 이루어지기 때문에 한 가지 셰이프 흐름으로만 움직임이 이루어지기도 하고 혹은 두 가지나 세 가지 셰이프 흐름이 동시에 조합되어 형태가 서로 다른 다양한 모양의 움직임을 만들기도 한다.

〈그림 5-4〉에서는 수직, 수평, 시상의 3차원에서 기본적으로 행할 수 있는 셰이프 흐름을 그림으로 표현한 것이다. 이들 중에서 늘어나는 셰이프 흐름은 몸을 위나 아래로 늘리는 움직임을 의미하고, 반대로 짧아지는 셰이프 흐름은 몸을 위나 아래로 줄이는 움직임을 의미한다. 이 때 몸을 수직으로 늘리거나 줄일 때 한 방향Unipolar 혹은 양방향Bipolar으로 늘리거나 줄이면서 움직일 수 있다. 예컨대, 머리 쪽이나 꼬리뼈tail bone 중 한쪽으로 몸을 늘리거나 줄이는 셰이프 흐름과 머리와 꼬리뼈 양쪽으로 동시에 몸을 늘리거나 줄이는 셰이프 흐름으로 움직일 수 있다. 이러한 움직임은 일상 생활에서도 자주 발견하게 되는데, 우리가 기지개를 켤 때 다리 쪽으로는 펴지 않고 양팔만을 뻗을 때에는 몸

29 CMA Yearlong Curriculum Book (2002~2003). Laban/Bartenieff Institute of Movement Studies. New York.

30 오른쪽 팔을 기준으로 움직였을 때 이와 같은 셰이프 흐름이 되며 왼쪽 팔을 기준으로 움직일 때에는 이와는 반대의 셰이프 흐름이 된다.

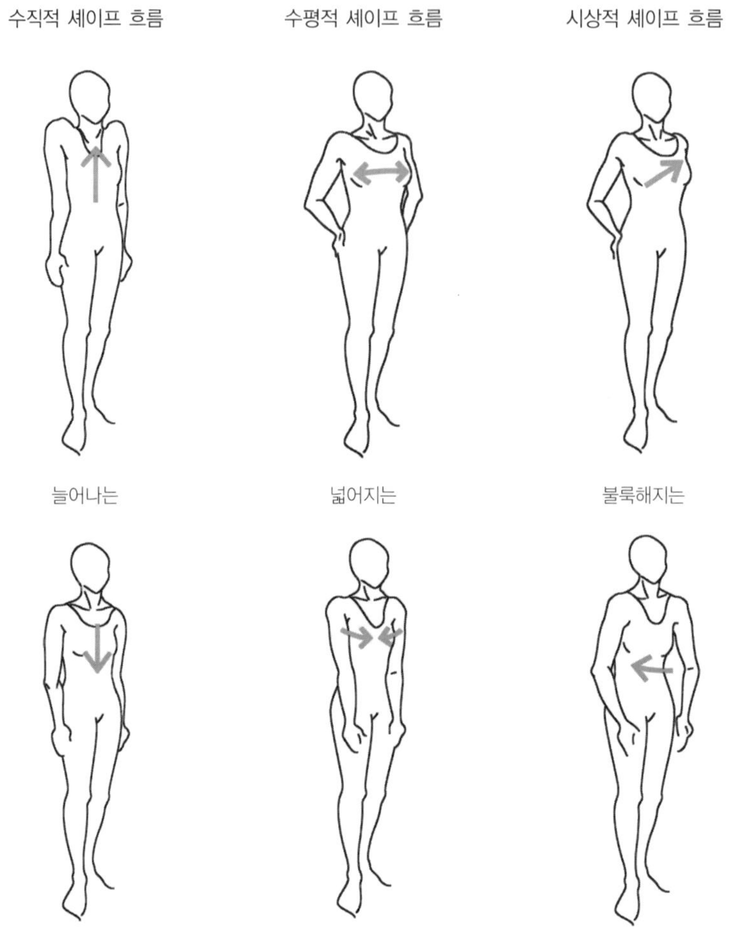


〈그림 5-4〉 셰이프 흐름의 움직임

의 흐름이 한 방향으로 늘어나는 셰이프 흐름이 되며, 양팔과 양다리를 한꺼번에 펼 때에는 몸의 흐름이 양 방향으로 늘어나는 셰이프 흐름이 된다. 반대로 뜨거운 것을 만지거나 바닥에 징그러운 벌레가 기어다닐 때, 이것을 피하기 위해 한쪽으로 다리를 수축할 때에는 몸의 흐름이 한 방향으로만 줄어드는 셰이프 흐름이 되며, 온 몸에 좋지 않은 자극이 느껴져서 양팔과 양다리를 수축시킬 때에는 양 방향으로 줄어드는 셰이프 흐름이 된다.

또한 넓어지는 셰이프 흐름은 신체가 수평으로 넓어지는 움직임을 의미하고, 좁아지는 셰이프 흐름은 신체가 수평으로 좁아지는 움직임을 의미한다. 이는 수직축에서 나타나는 늘어나고 줄어드는 셰이프 흐름과 마찬가지로 양 방향, 혹은 한 방향으로 움직임이 진행될 수 있다. 예컨대, 수평적으로 양팔을 양옆으로 벌려 넓어지는Bipolar 움직임과 한쪽 팔 쪽으로만 넓어지는Unipolar 움직임이 진행될 수 있다. 반대로 좁아지는 셰이프 흐름은 벌렸던 사지를 몸 중심 쪽으로 좁히는 움직임을 의미한다. 이 때에도, 사지가 양쪽에서 동시에 좁아지는 것과 한쪽만 좁아지는 셰이프 흐름으로 움직일 수 있다. 이러한 움직임은 운동을 한 후에 숨을 고를 때, 가슴 부위와 양팔이 오른쪽과 왼쪽으로 동시에 넓어지거나 줄어들 때 발견된다.

마지막으로 불룩해지는 셰이프 흐름은 시상적으로 몸의 앞이나 뒤가 불룩하게 팽창되는 움직임을 의미하고, 우묵해지는 셰이프 흐름은 그 반대로 몸의 앞이나 뒤가 우묵하게 들어가는 움직임을 의미한다. 이 셰이프 흐름도 한쪽 혹은 양쪽으로 불룩해지거나 우묵해지는 형태로 움직일 수 있다. 예를 들면, 등에 벌레가 떨어질 때 몸을 움츠리게 되는데, 이 때 등 쪽에서 우묵해지는 셰이프 흐름을 볼 수 있다. 또한 한국 무용에서 가슴을 다소곳이 움츠리는 것과 현대 무용가 마사 그레이엄의 테크닉 중 상체를 수축하는 움직임이 우묵해지는 셰이프 흐름의 대표적인 예이다. 이 두 움직임은 원리와 분위기 모두 다르지만 호흡과 함께 우묵해지는 몸통을 통해 셰이프의 관점에서 같은 특질을 갖는다고 할 수 있다.

이상 세 가지 양식의 셰이프 흐름은 숨쉴 때 몸통이 위로 올라가고 아래로 내려가는 숨쉬기 그리고 몸을 수평으로 펼쳐 열고 좁혀 닫는 숨쉬기 및 앞뒤로 숨을 쉬는 불룩하고 우묵해지는 숨쉬기 등에서 볼 수 있다. 여기서 이루어지는 숨쉬기는 멈추지 않고 계속되며, 몸의 형태가 변화하는 흐름을 촉진하게 된다. 이처럼 셰이프 흐름은 호흡과 밀접하게 관계하고 있고 모든 움직임에 기본적으로 깔려 있는 움직임의 형태이기 때문에 두드러지는 움직임이 아니므로 관찰하기는 그리쉽지 않다.

### 방향 지향적 셰이프

방향 지향적 셰이프Directional Shape(⇸)는 셰이프 흐름과는 달리 환경을 의식하면서 나타나는 움직임의 형태를 의미한다. 이것은 움직임이 주변 공간과 관련을 맺으면서 나타나는 가장 기본적인 형태로서 공간 속의 한 방향으로 움직이는 특징이 있다. 따라서 인간은 주위 환경을 둘러싼 공간을 차지하고 있는 사람이나 사물 등과 접촉함으로써 이 방향 지향적 셰이프를 경험하게 되고 이를 통해 자아 밖에 존재하는 세상과 만날 수 있다. 여기서 만들어지는 움직임의 형태는 각 몸의 부위 간의 관계뿐만 아니라 몸과 주변 공간과의 관계로도 만들어진다. 즉 방향 지향적 셰이프는 우리를 둘러싸고 있는 공간에 대해 의식하는 단계에서 이루어지는 움직임이며 나와 내가 아닌 나와 타자 그리고 나와 사물 간의 관계를 형성하는 목표 지향적인 움직임environment, goal-oriented이라 할 수 있다.

이러한 방향 지향적 셰이프는 자신의 내부에 집중하거나 호흡의 흐름에 따라 움직임을 만들어 내는 셰이프 흐름과는 달리 외부의 다양한 자극에 반응하는 움직임의 특질을 갖고 있다. 즉, 자신의 내부보다 외부로부터 발생하는 시각적, 청각적, 혹은 촉각적인 자극이 움직임의 동기가 된다. 따라서 방향 지향적 셰이프는 주로 자아를 중심으로 1차원적이고 내부적으로 움직임이 발생하는 셰이프 흐름보다는 〈그림 5-5〉와 같이 2차원의 면을 중심으로 좀 더 관찰 가능하고 폭이 넓은 복잡한 공간을 사용하면서 이루어지는 움직임으로 보이게 된다.[31]

또한 방향 지향적 셰이프는 〈그림 5-6〉과 같이 특정 공간에서 다양한 움직임의 형태로 창조될 수 있으며, 원호 같은Arc-like 모양을 그리면서 진행하는 움직임과 중심을 통과해서 직선 같은Spoke-like 모양으로 진행하는 움직임 등 두 가지 양식으로 나뉜다.

31 방향 지향적 셰이프는 일반적으로 2차원 공간 안에서 주로 만들어지지만 특징을 갖지만 움직이는 사람의 의도에 따라 1차원이나 3차원에서도 만들 수 있다.

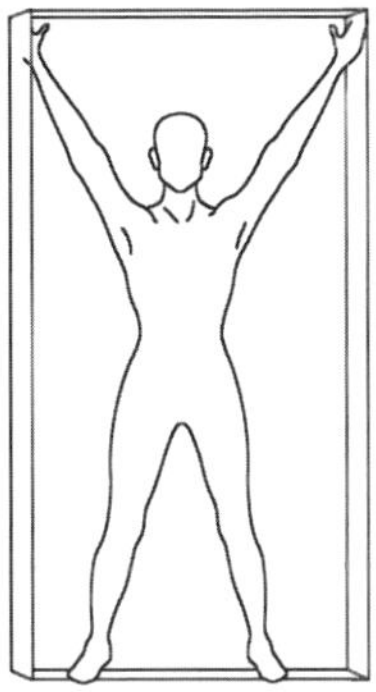

수직면

시상면

수평면

〈그림 5-5〉 몸을 나누는 면들

원호 같은 모양을 그리는 방향 지향적 셰이프는 공간상에서 평면plane적인 움직임을 만들어 내며, 직선 같은 모양을 그리는 방향 지향적 셰이프는 공간을 가르거나 특정 사물을 직접적으로 가리키는 선적인 움직임을 만들어 낸다. 이렇게 두 가지 경로로 진행되는 방향 지향적 셰이프는 신체의 움직임이 향하는 방향대로 수직적으로는 위로Upward, 아래로Downward, 수평적으로는 옆으로 교차하는Sideways Across, 옆으로 열리는Sideways Open, 시상적으로는 앞으로Forward, 뒤로Backward 움직이게 된다.

〈그림 5-6〉은 각 공간에서 나타나는 원호 모양의 방향 지향적 셰이프와 직선 같

원호 같은의 방향 지향적 셰이프　　　　직선 같은의 방향 지향적 셰이프

〈그림 5-6〉 방향 지향적 셰이프 그래프

| 공간 | 방향 | 움직임 특징 | | | | 방향 |
|---|---|---|---|---|---|---|
| | | 원호 같은 | 직선 같은 | 원호 같은 | 직선 같은 | |
| 수직선<br>수직면 | 위로 | | | | | 아래로 |
| 수평선<br>수평면 | 옆으로<br>열리는 | | | | | 옆으로<br>교차하여 |
| 시상선<br>시상면 | 앞으로 | | | | | 뒤로 |

〈그림 5-7〉 방향 지향적 셰이프 기호

은 모양 방향 지향적 셰이프를 한꺼번에 표기한 것이며, 〈그림 5-7〉은 이것의 개별 움직임 형태를 각각 표기한 것이다. 〈그림 5-8〉은 원호 같은 모양과 직선 같은 모양의 두 가지 형태의 방향 지향적 셰이프를 수직, 수평, 시상적으로 움직이는 모양을 그린 것이다.

〈그림 5-8〉의 움직임을 설명하면, 위로의 방향 지향적 셰이프는 공간의 한 점에서 다른 점으로 몸이 움직일 때 위로 향하는 경로로 진행되고, 아래로의 방향 지향

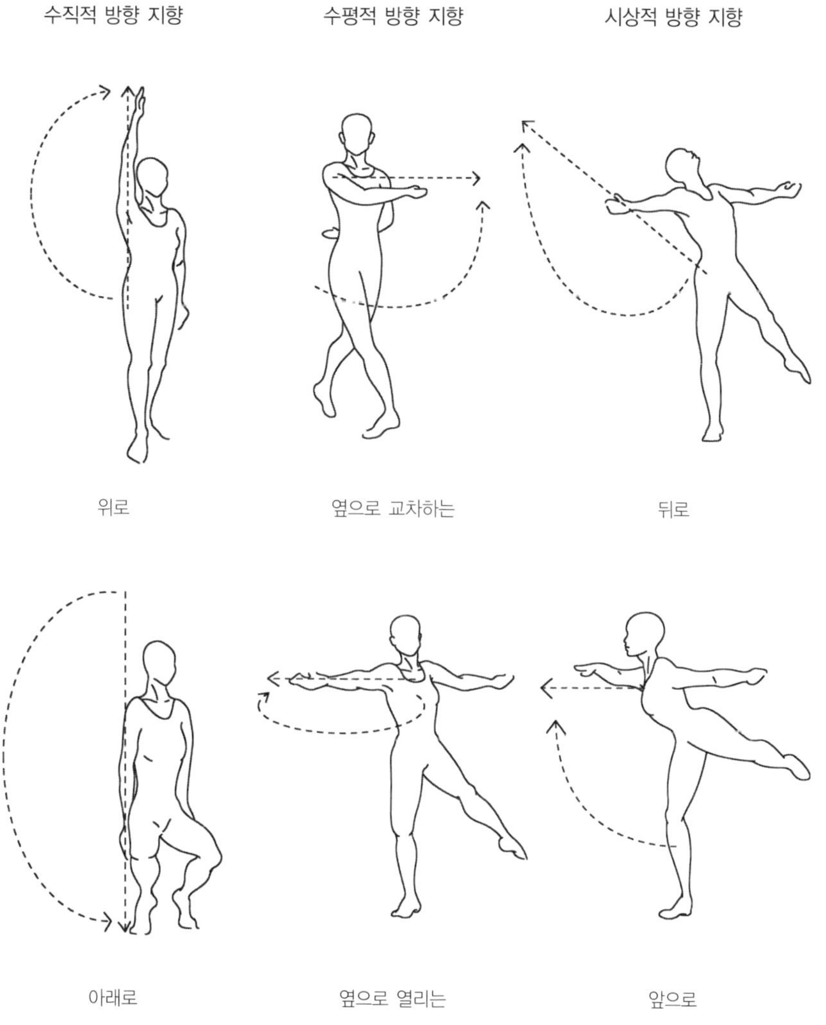


〈그림 5-8〉 원호와 직선을 그리는 방향 지향적 셰이프 움직임

적 셰이프는 이와 반대로 아래로 향하는 경로로 진행된다. 앞으로, 뒤로의 방향 지향적 셰이프도 마찬가지로 한 점에서 다른 점으로 몸이 움직일 때 각각 앞으로 또는 뒤로 향하는 경로로 진행된다. 옆으로 교차하는 그리고 옆으로 열리는 방향 지

향적 셰이프 역시 한 점에서 다른 점으로 몸이 움직일 때 옆으로 향하는 경로로 진행되는데, 옆으로 교차하는 방향 지향적 셰이프는 몸을 가로질러 교차되어 닫히는 셰이프로 움직이고, 옆으로 열리는 방향 지향적 셰이프는 몸을 가로지르지 않고 밖으로 펴서 벌리는 움직임이다.

이와같이 방향 지향적 셰이프는 〈그림 5-8〉에서 보이는 것과 같이 각각의 방향으로 직선적인 움직임이나 원호를 그리면서 만들어 내는 움직임으로 일상 생활에서 자주 발견할 수 있다. 예를 들어, 가슴에서부터 앞으로 바로 물건을 밀어내는 사람이나 차를 멈추기 위해 팔을 앞으로 뻗는 교통경찰, 그리고 머리 위로 날아오는 공을 잡는 선수의 움직임 등에서 직선으로 움직이는 방향 지향적 셰이프를 볼 수 있다. 반면에 원호를 그리는 방향 지향적 셰이프는 올림픽 입장식에서 깃발을 앞으로 들고 있던 선수가 깃발을 위로 들어올릴 때 그리는 움직임에서 볼 수 있다. 또 총채로 먼지를 떨어내거나, 바닥에 떨어진 물건을 집거나, 망치질할 때, 사람을 밀어내려고 툭 치거나 혹은 높이 있는 물건을 집으려고 팔을 쭉 뻗는 것과 같이 어떠한 목적을 수행하는 움직임에서도 볼 수 있다.

이렇게 다양한 직선 같은 움직임과 원호 같은 모양을 그리는 움직임은 같은 상황에서 개인의 개성에 따라 달리 사용되기도 한다. 예를 들면, 어떤 사람이 누군가와 악수를 할 때 손을 허리에서부터 다른 사람의 손까지 일직선으로 뻗는 사람이 있는가 하면 원호를 그리면서 둥글게 앞으로 손을 내미는 사람도 있다. 이렇게 개성에 따라 서로 다르게 행해지는 방향 지향적 셰이프의 두 가지 양식은 그 사용 여하에 따라 움직임의 특질을 결정하는 중요한 요소가 되며, 똑같은 행동이라 할지라도 그 움직임을 수행하는 사람의 목적과 의도에 따라 각각 색다른 분위기로 표현된다.

### 셰이핑

셰이핑Shaping(  )은 방향 지향적 셰이프와 마찬가지로 외부의 환경이나 자극에 집중하는 환경 지향적인 움직임의 형태를 의미한다. 하지만 방향 지향적 셰이

프가 특정한 방향에 대해 의식하거나 혹은 관계를 강조한다면, 셰이핑은 몸과 공간의 조화 속에서 움직임의 형태를 창조하는 과정을 강조한다. 예를 들면, 움직이는 사람이 공간 속에서 부피감을 가지고 움직임의 조형적인 측면을 강조하는 것이 셰이핑의 대표적인 특징이라고 할 수 있다. 이처럼 셰이핑은 공간 안에서 3차원적인 입체감을 가지고 움직이기 때문에 앞서 언급했던 셰이프 흐름이나 방향 지향적 셰이프보다 풍부한 표현적 움직임을 기대할 수 있다. 해부학적으로도 셰이핑은 여러 관절 부위에 있는 근육군muscle group을 기능적으로 사용하는 움직임이라고 할 수 있으며, 이를 통해 조화로운 상태를 유지하면서 입체감을 갖는 움직임을 창조한다.

제3장에 제시한 것처럼 우리가 일반적으로 움직이는 열두 가지 기본 동작 중에서 대표적인 형태의 셰이핑은 공간의 부피감을 느낄 수 있는 모으기Gather와 흩뿌리기Scatter가 있다. 대표적인 예를 들면, 커다란 나무를 기어오르는 사람이나 아기를 안고 있는 엄마의 모습에서 다양한 근육군의 기능을 이용해 완전한 조화를 이끌어 내는 셰이핑을 쉽게 볼 수 있다. 이와같이 입체감 있는 셰이핑의 특징적 형태는 〈그림 5-9〉와 같은 그래프로 표기할 수 있다.

〈그림 5-9〉에 제시된 그래프에 표기된 셰이핑의 종류는 수직선상에서 나타나는 올라가는Ascending 셰이핑과 내려가는Descending 셰이핑, 수평선상에서 나타나는 펼치는Spreading 셰이핑과 감싸는Enclosing 셰이핑, 시상선상에서 나타나는 나

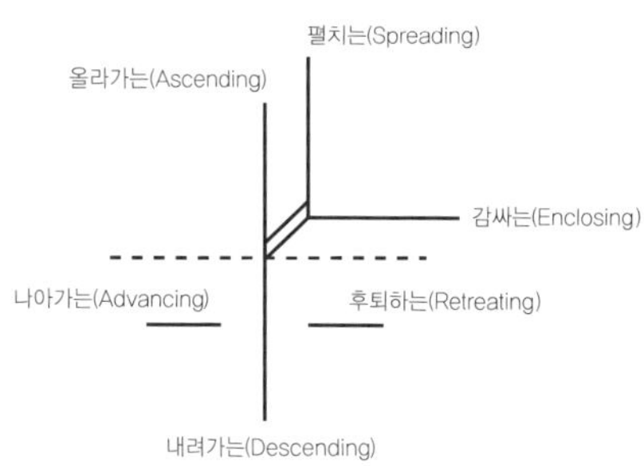


〈그림 5-9〉 셰이핑 그래프

| 공간 방향 | 움직임 특징 | 셰이핑 기호 | 움직임 특징 |
|---|---|---|---|
| 수직 | 올라가는 |  | 내려가는 |
| 수평 | 펼치는 |  | 감싸는 |
| 시상 | 나아가는 |  | 후퇴하는 |

〈그림 5-10〉 셰이핑 기호

아가는Advancing 셰이핑과 후퇴하는Retreating 셰이핑으로 나눌 수 있으며, 〈그림 5-10〉과 같이 그 종류에 따라 다양한 기호로 표기할 수 있다.

〈그림 5-11〉은 수직적, 수평적, 시상적 공간 안에서 3차원적으로 입체감을 갖는 셰이핑을 그림으로 나타낸 것이다. 이 그림에서 수직선상에서 입체적인 공간을 사용해서 이루어지는 올라가는 셰이핑은 위를 향하는 움직임이고, 내려가는 셰이핑은 아래로 내려가는 움직임이다. 수평선상에서 입체적인 공간을 사용하는 셰이핑은 감싸는 셰이핑과 펼치는 셰이핑으로, 이는 옆으로 교차하는 또는 옆으로 열리는, 즉 닫거나 펼치는 움직임이다. 시상선상에서 입체적인 공간을 사용하는 셰이핑은 앞-뒤의 나아가는 셰이핑과 후퇴하는 움직임이다.

이러한 셰이핑의 움직임은 몸과 공간 사용의 범위를 넓혀서 이루어지기 때문에 앞서 설명한 셰이프 흐름이나 방향 지향적 셰이프보다 좀 더 다양하고 입체감이 있는 움직임을 만들게 된다. 그래서 주로 표현을 강조하는 예술적 움직임에서 자주 발견된다. 예를 들면, 무용수가 회전을 하면서 몸통의 움직임을 다채롭게 변화시킬 때나 공중을 향해서 새처럼 비상할 때 또는 비극적인 장면에서 주인공이 몸통을 비틀며 쓰러지는 동작 등에서 표현이 풍부한 셰이핑을 발견할 수 있다.

이러한 셰이핑의 종류는 〈그림 5-11〉에서 보는 바와 같이 볼륨감을 갖고 큰 공간을 사용해서 움직이는 특징이 있으며, 이러한 움직임에서 부드럽고 조화로우면서 보다 완전한 정서를 느낄 수 있다.

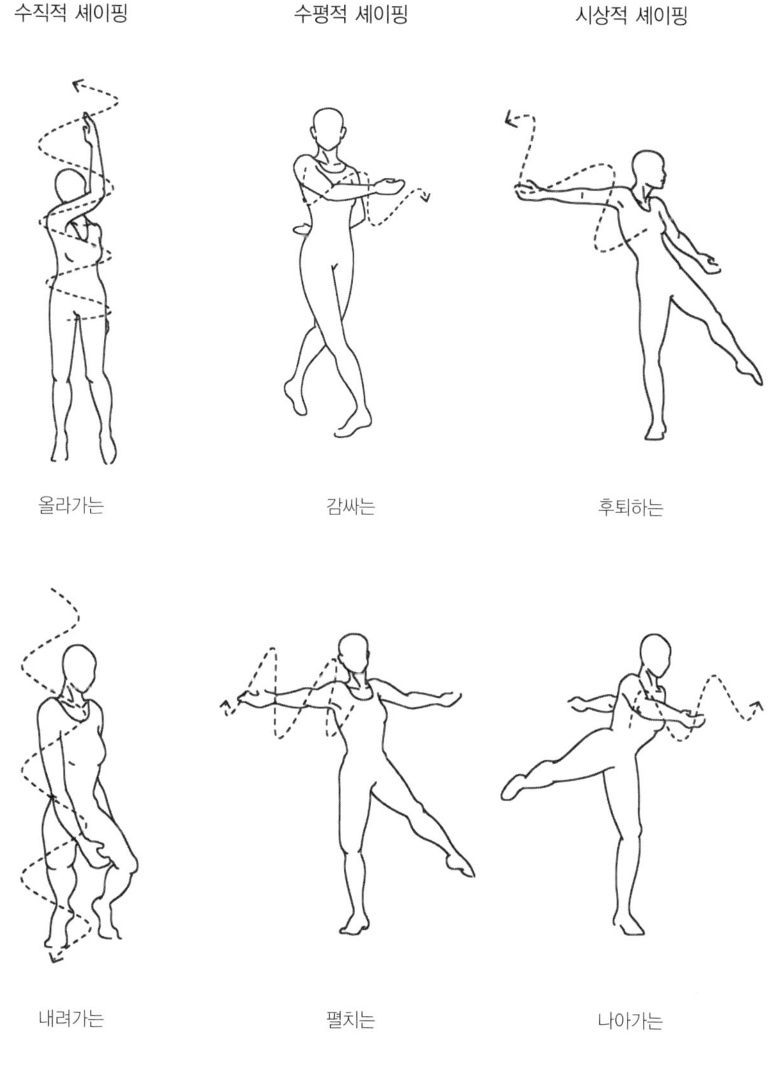


〈그림 5-11〉 셰이핑 움직임

## 3. 셰이프 유형의 특징

이상에서 설명한 셰이프 흐름과 방향 지향적 셰이프 그리고 셰이핑 등 셰이프의 세 가지 유형은 움직임이 구문을 이루는 경우 한 유형에서 다른 유형으로 순차적으로 발전할 수도 있고, 혹은 두 가지의 유형이 한꺼번에 나타나 흥미로운 구문을 만들기도 한다.

예를 들면, 목이 마른 사람이 자신의 주위에 물병이 있는 것을 발견하고 셰이프 흐름을 이용해서 몸통을 그쪽으로 불룩하게 내민 후에 팔을 방향 지향적 셰이프로 쭉 뻗게 된다. 그리고 기분 좋게 물병을 공간에서 입체적인 셰이핑을 사용해서 돌린 후 입으로 가져와 물을 마신다. 이 간단한 일상 동작에서 셰이프의 세 가지 유형이 순차적으로 행해지고 있음을 볼 수 있다. 또 다른 예로, 살풀이춤이나 승무僧舞의 경우, 무용수는 한삼이나 장삼을 이용해 공간에 아름다운 곡선을 그리기도 하고 직선으로 뿌리기도 한다. 그리고 몸을 비틀면서 몸통과 팔을 움직이기도 한다. 이 때의 움직임을 셰이프 유형에 대입해 보면, 신체의 하단전에서는 셰이프 흐름을 사용해 호흡을 안으로 모으는 흐름이 이루어지고, 몸 중심에서 행하는 셰이프 흐름의 지지를 통해 몸의 비틀기와 팔의 곡선을 입체감이 있는 셰이핑으로 그리게 된다. 그리고 수건이나 장삼을 공간에 뿌리면서 방향 지향적 셰이프를 만들어 낸다. 이와같이 이 세 가지 셰이프 유형을 한꺼번에 사용하면서 살풀이춤의 독특한 특질을 만들기도 한다.

이렇듯, 셰이프 유형은 특정 상황에서 똑같이 나타나는 것이 아니라 움직이는 사람의 목적이나 의도에 따라 혹은 그 사람만이 가지고 있는 기질이나 개성에 따라 다양하게 나타날 수 있다. 이와같이 셰이프는 인간의 내적 태도에서 비롯되는 움직임의 결과 공간상에 다양한 유형과 유형의 조합으로 만들어지는 몸의 모양을 통해서 나타난다. 이러한 움직임의 결과 분석을 통해 움직임이 어떤 의미를 가지고 있는지 유추할 수 있으며, 동시에 움직임의 셰이프가 공간적 환경과 서로 어떻게 관계하는지를 파악할 수 있다.

이상에서 설명한 셰이프 이론은 공간 인식을 통한 신체 표현 능력을 증진시킬 수 있는 방법으로도 매우 유용하게 활용할 수 있다.

세 가지 셰이프 유형의 특징을 요약하면 〈표 3〉과 같다.

〈표 3〉 셰이프 유형의 특징

| | 셰이프 특성 |
|---|---|
| 셰이프 흐름<br>( ) | • 자신으로부터 발생하는 움직임이다.<br>• 몸 안에서 시작한다.<br>• 모든 움직임의 기본이다.<br>• 몸의 중심으로 향하거나 멀어지는 몸 부위의 변화로부터 일어난다(C.D).<br>• 아메바와 같은 움직임이며 몸에 초점을 맞춘다(I.B).<br>• 편함/불편함, 호감/반감 등과 같은 자극들에 대한 자신의 감정의 표현이다(J.K).<br>• 환경을 배제하고 자신에게만 초점을 맞춘다(J.K).<br>• 내적 상태와 관련이 있다(E.G).<br>• 단지 나에 대한 것이다. |
| 방향 지향적<br>셰이프<br>( ) | • 환경과 나를 연결시키는 움직임이다.<br>• 환경 혹은 목표 지향적인 움직임이다.<br>• 공간 안에서 정확한 경로로 가는 방향에서부터 파생되는 움직임이다(C.D).<br>• 공간과의 관계에서 일어나는 움직임의 기본적인 셰이프들이다.<br>◦ 직선 같은Spoke-like: 직선을 그리는 경로로 움직인다. 많은 관절의 접힘Folding이 있다 .<br>◦ 원호 같은Arc-like: 평평한 호를 그리는 경로로 움직인다. 일반적으로 관절 한 부위의 움직임으로 일어난다.<br>• 선을 뚫는 듯한 움직임, 혹은 누군가에게 다가가려는 움직임이다.<br>• 우리가 환경과의 연결고리를 만들거나 끊는다.<br>• 우리는 환경 안에서 목표물에 가기 위해 나의 신체 셰이프를 바꾼다. |
| 셰이핑<br>( ) | • 공간과 신체와의 상호 작용이다.<br>• 환경 · 과정 지향적인 움직임이다.<br>• 몸 그 자체가 조형물이 되어 공간의 형태와의 관계를 갖는다(C.D).<br>• 많은 관절과 근육의 기능들이 조합되는 것이 요구된다(C.D).<br>• 요람처럼 둥근 공간의 셰이프이다(I.B).<br>• 사물과 다양한 관계를 하는 표현들이다. 이러한 구조들은 현실 속에서 어우러진다(J.K).<br>• 사물이나 사람과의 관계로 정의내린다(J.K).<br>• 우리가 환경을 변화시킨다(J.K).<br>• 공간에서 창조하거나 경험하는 부피이다. 움직이는 동안 몸 부위들은 환경과 상호 작용하는 것에 의지가 있다(P.H). |

* 표 안에 제시된 셰이프의 개념들은 각각 Cecily Dell, Irmgard Bartenieff, Judith Kestenberg, Ellen Goldman, Paggy Hakney의 정의를 바탕으로 작성했으며, 표에서 이들은 각각 C.D, I.B, J.K, E.G, P.H 로 표기했다.
CMA Yearlong Curriculum Book(2002~2003), Laban/Bartenieff Institute of Movement Studies, New York.

## 제6장

# 움직임의 흔적

"주하란 수많은 것들이 혼합된 것 속의 통일이며,
다양한 뜻을 지닌 것들 사이에서 일어나는 의미의 결합이다."[32]
*– 피타고라스*

1. 코레우틱스/공간 조화의 개념
2. 개인 공간의 개념
3. 개인 공간에서의 움직임
4. 스케일

## 1. 코레우틱스/공간 조화의 개념

### 코레우틱스의 어원

고대 그리스의 철학자들은 비례ratio 속에서 우주의 질서와 사물의 본질을 발견할 수 있으며, 이것은 조화롭고 아름다운 것이라고 했다. 그들은 기하학에서 발견되는 대칭이나 균형을 절대적인 미의 기준이라고 믿었으며, 그 안에는 인간이 생각하는 참다운 아름다움이나 안정감을 얻을 수 있는 보편적이고 자연적인 규칙이 존재한다고 했다. 그들은 이러한 비례의 규칙을 시각적이거나 청각적인 것을 통해 인식할 수 있다고 가정했는데, 이는 미술이나 건축에서 아름다운 균형을 만들어 내는 황금 비율[33]과 음악에서 두 개 이상의 음이 조화를 이루어 만들어 내는 화음이 그 예가 될 수 있다. 라반은 움직임을 연구하기 위해 고대 그리스 철학자들이 추구하는 조화와 비례의 미를 받아들였고, 이를 통해 움직임에서 볼 수 있는 조화로운 형식harmonic forms을 찾고자 했다. 그는 공간 안에서 이루어지는 조화로운 움직임이 다양한 기하학적 형태의 비례와 균형의 원리를 통해 연구될 수 있다고 가정하고 공간 안에서 수없이 창조되는 움직임이 남기는 흔적의 형태들trace forms을 연구했다. 라반은 이것을 코레우틱스Choreutics 또는 공간 조화Space Harmony로 명명하고, 공간 속에서

---

32 콘스탄틴 J. 밤바카스(2006). 『철학의 탄생』. 이재영(역), 서울: 알마.

33 황금 비율은 인간이 가장 아름다움을 느끼는 비율을 말한다. 피타고라스는 완벽한 인간의 몸이 이 황금 비율에 따라 이루어졌음을 입증했고, 유클리드 기하학에서 황금비의 정의가 내려진 이후 이는 미술이나 건축뿐 아니라 음악에서 조화로운 화음을 만들어 내는 데 적용되었다. 레오나르도 다빈치는 자신의 그림에 이 황금 비율을 적용했으며, 라반은 인간의 움직임에서 황금 비율의 조화로움을 발견할 수 있다고 역설했다.

만들어지는 움직임의 다양한 형태들에 대해 좀 더 실질적으로 분석하고 연구할 수 있는 기초 개념을 확립했다.

코레우틱스, 즉 공간 조화는 고대 그리스어인 코레오소피아Choreosophia로부터 그 어원이 유래되었다. 코레오소피아는 원circle을 의미하는 Choros와 지식 또는 지혜를 의미하는 Sophia가 결합되어 '원에 대한 지식'으로 풀이된다. 그리스 시대의 철학자들은 원이 조화와 삶의 모든 것에서 존재한다고 믿었으며 기원전 540년경 피타고라스의 기하학적 사고도 인간의 삶에 중요한 역할을 하는 원들Circles에 대한 믿음에 기초를 두고 있다.[34] 이 코레오소피아에서 파생된 단어로는 코레우틱스Choreutics(공간 조화) 이외에 코레오그래피Choreography(안무), 코레올로지Choreology(안무학) 등이 있다. 이 중에서 코레오그래피는 원을 기록한다는 원래의 뜻이 변화되어 지금은 일반적으로 추는 춤, 한국 무용, 발레 그리고 현대 무용 등 모든 종류의 춤을 안무한다는 뜻으로 쓰이며, 코레올로지는 원에 대한 논리나 과학으로 정의한다. 최근 안무학은 춤과 움직임에서 볼 수 있는 감정적인 부분, 몸과 정신의 상관 관계, 형식과 내용을 연구하는 등 그 범위가 확대되고 있는 추세이다. 춤이나 움직임에서 안무학적인 원리나 규칙에 따른 움직임의 구조를 파악하면 그 의미를 찾을 수 있고 이해 가능한 움직임을 발견할 수 있게 된다. 마지막으로 코레우틱스는 움직임을 둘러싸고 있는 공간에 관한 원칙이나 원리를 다루는 이론이다. 라반은 인간의 사고나 감정과 같은 보이지 않는 것들을 시각화하는 움직임 공간에 대해 연구했으며, 이를 통해 움직임 창조 및 안무에 대한 원리나 원칙을 제시했다. 실제로 안무의 요소들에 대한 지식이나 원리는 공간 조화 이론에 의해 증명되고 있다.

라반은 코레우틱스를 몸과 공간에서 그리는 조화로운 움직임 흔적의 형태들, 즉 조화로운 움직임의 다양한 형태들에 대한 실제적인 연구라고 정의하고, 1차원, 2차원 그리고 3차원적 움직임들의 다양한 조합에 의해 아름답고 효율적인 움직임의 연구 가능성을 제시했다.

34 R. Laban(1974). *The Language of Movement: The Guide to Choreutics*, Ullman, L (trans.) Boston: Plays, Inc.

## 코레우틱스의 기하학적 · 철학적 배경

라반이 공간에서 만들어 내는 조화의 법칙에 관심을 두게 된 배경에는 피타고라스와 플라톤과 같은 고대 그리스 철학자들이 있었다. 피타고라스는 기원전 6세기에 살았던 그리스의 철학자로서 수학자이기도 했지만 하프를 잘 켜는 음악가이기도 했다. 그는 하프 줄의 길이와 장력에 따라 그 소리가 달라진다는 것에 의문을 갖고 이것이 수학과 어떤 관계가 있을까 생각하게 되었다. 그는 하프 줄의 길이가 정수배인 줄들이 음악의 화음을 만들어 낸다는 것을 밝히고 조화로운 음악과 수학의 관계를 연구했다. 또한, 하프 줄의 길이 비율이 지구를 중심으로 일곱 개의 행성 거리의 비율과 같다는 것을 밝히고 이를 통해 음악에서 느껴지는 아름다운 소리는 우주의 질서를 유지시키는 이치를 통해 설명될 수 있다고 주장했다. 피타고라스는 이렇듯 수를 통해 음악이나 우주의 조화를 밝히고자 했으며 이를 수학의 가장 근본적이고 중요한 결과라고 할 수 있는 기하학의 도형을 통해 설명했다.

피타고라스 학파는 기하학에서 정다면체를 이룰 수 있는 도형이 정삼각형, 정사각형, 정오각형뿐이라는 것을 발견하고 정다면체의 도형을 〈그림 6-1〉과 같이 정사면체tetrahedron, 정육면체cube, 정팔면체octahedron, 정십이면체dodecahedron 그리고 정이십면체icosahedron 등 모두 다섯 가지로 분류했다. 이 중에서 정십이면체를 제외한 네 가지 도형을 물리적 세계의 4원소로서 불, 흙, 공기, 물로 보았고, 정십이면체는 우주와 결합시킨 제5원소로 보고 우주 안에 존재하며 움직이고 있는 이러한 도형들 하나하나에 그 의미가 존재한다고 주장했다. 이러한 피타고라스의 수의 원리와 우주 공간의 조화에 대한 설명은 현대의 조형 예술이나 건축 예술에서 보이는 형태를 파악하고 응용하는 데에도 많은 영향을 주었다.

또한 플라톤은 피타고라스가 제시한 이 다섯 가지 결정체가 가지고 있는 특질을 불, 흙, 공기, 우주, 물 등으로 의미화했다. 그에 따르면 정사면체는 다섯 개의 면체 중 제일 작은 결정체로서 네 개의 꼭지점과 네 개의 동일한 정삼각형의 면으로

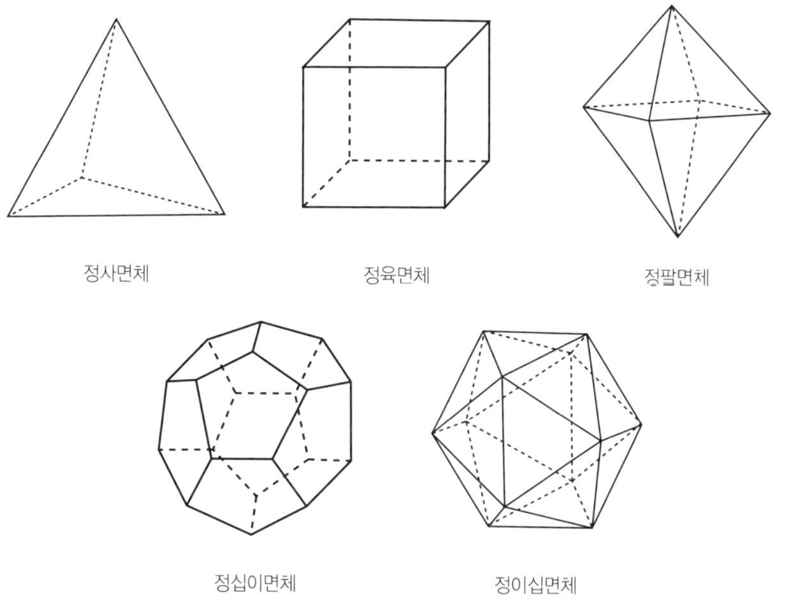


〈그림 6-1〉 플라톤의 정다면체

구성되어 있어서 가장 날카롭고 움직이기 쉬운 성질 때문에 불의 요소와 동일시할 수 있다고 가정했고, 정육면체는 여덟 개의 꼭지점과 여섯 개의 똑같은 정사각형의 면을 가지고 있는 매우 견고한 물체로서 단단하고 안정된 흙의 요소와 동일시할 수 있다고 했다. 이것은 매우 안정적이고 흔들림이 없는 피라미드의 바닥을 생각해 보면 쉽게 이해할 수 있다. 또한 두 개의 피라미드 밑면을 붙이면 정팔면체가 되는데, 이 도형은 여섯 개의 꼭지점과 여덟 개의 똑같은 정삼각형의 면으로 이루어져 있다. 플라톤은 이를 공기의 요소와 동일시할 수 있다고 가정했다. 그 이유는 이 도형의 모양이 마치 팽이가 균형 잡힌 모양으로 똑바로 서 있는 모습을 취하고 있어 매우 빠르게 돌아갈 것 같고, 회오리처럼 빠르고 유동적인 특질이 보이기 때문이라고 설명했다.

정십이면체는 축구공의 모양처럼 열두 개의 꼭지점과 그 꼭지점이 중앙에 위치하게 되는 열두 개의 똑같은 정오각형의 면들을 가지고 있는데, 플라톤은 이것을 전체로서 우주cosmos와 동일시했다. 또한 정이십면체는 열두 개의 꼭지점과 스무 개의 똑같은 정삼각형의 면을 가지고 있어서 잘 굴러갈 수 있는 모양 때문에 물의 요소와 동일시할 수 있다고 설명했다.[35]

라반은 결정체와 그 요소의 의미를 동일시한 피타고라스와 플라톤의 도형에 대한 논리를 조화롭고 자연스러운 것으로 생각해 그들의 생각을 자신의 공간 조화 이론에 적용했고, 그에 따라 움직임이 이루어지는 공간의 의미를 파악할 수 있는 이론적 기반을 마련했다. 이처럼 다섯 가지 결정체를 발견한 피타고라스와 플라톤의 기하학적 의미에 대한 가정은 코레우틱스의 기본 개념으로서 공간상에서 이루어지는 조화로운 움직임 즉 조화로운 안무를 위한 중요한 원리로 응용되고 있으며, 조화로운 안무를 통해 탄생되는 움직임의 공간적 형식과 구조는 마치 물질의 근본을 이루는 각각의 결정체Crystalline Forms가 공간 속에서 조화롭게 그 성질을 표현하는 것처럼 움직임의 특수한 특질을 만들고 그 의미를 전달하고 있다. 또한 우리의 눈을 통해 공간상에 몸으로 그려내는 선적, 면적, 입체적 형태 등 움직임의 흔적을 체계적으로 분석하고 그 의미를 유추할 수 있는 가능성도 제시하고 있다.

이상에서 설명한 라반의 코레우틱스/공간 조화의 개념과 그 분석 체계를 좀 더 깊이 있게 이해하려면, 우선 공간에 대한 구체적인 개념과 공간 분석 요소에 대한 이해가 우선되어야 한다.

### 라반의 공간 개념과 정의

라반의 공간은 무게 중심의 이동 없이 인간의 사지가 가장 가까이 혹은 가장 멀리 도달할 수 있는 공간인 개인 공간Personal Space 혹은 키네스피어Kinesphere(Ⓚ)와 무게 중심이 이동하면서 만들어지는 일반 공간General Space으로 나누었다. 개인 공간은 인간의 몸을 둘러싸고 있는 공간으로 일반 공간으로 이동

35 J. 뉴러브 & J. 달비(2006). 『움직임, 표현, 기하학』. 신상미(역). pp. 24-25.

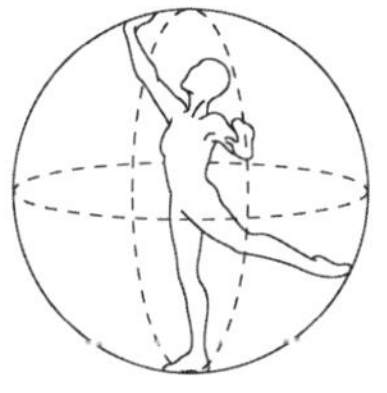

〈그림 6-2〉 개인 공간

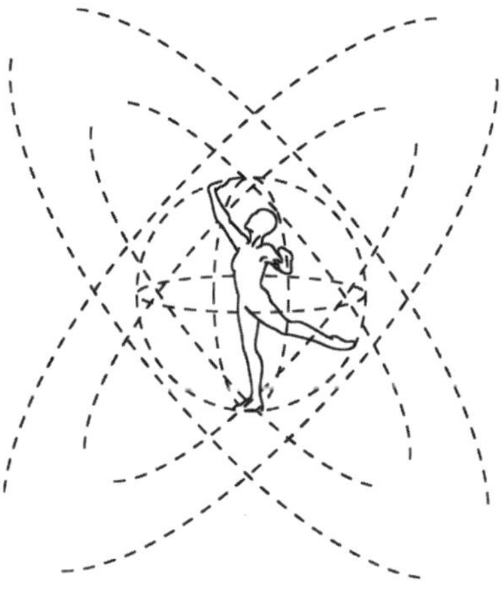

〈그림 6-3〉 역동 공간

하더라도 변함없이 존재한다. 즉, 〈그림 6-2〉와 같이 우리의 몸은 제자리에 머물러 있거나 움직일 때에도 항상 개인 공간이 둘러싸고 있다. 움직이는 사람의 에포트나 긴장 등이 개인 공간을 채울 때, 역동 공간Dynamosphere이 창조된다.

인간은 개인 공간 안에서 자신의 사지를 통해 움직임을 최내화하고, 그 과정에서 〈그림 6-3〉과 같이 역동성이나 에너지를 발산하게 된다. 그리고 이를 통해 개인 공간을 무한대로 넓히면서 또 다른 개성적 느낌을 창조하는 역동 공간을 만들어 낸다. 이는 움직임의 동적 요소나 에너지가 개인 공간의 경계선을 넘어 멀리 뻗어나가 실제로 몸이 차지하고 있는 공간 이상의 공간까지 도달해 눈으로는 볼 수 없지만 몸으로 느낄 수 있는 감각적인 이미지를 창조한다. 이것이 역동 공간이다. 예를 들어 무용수가 환상적인 눈빛의 시선으로 먼 곳을 바라보며 팔을 길게 늘이는 동작을 한다고 상상해 보자. 무용수는 개인 공간 이상의 역동 공간의 감각을 느낄 수 있는 동작을 하게 될 것이다. 또한 위의 경우와 같은 시선은 없지만 두 팔에 들린 부드러운 수건 자락을 하늘로 올려 뿌리는 장면에서도 수건 자락이 도달하는 지점 이상으로 멀리 퍼져 나가는 역동성을 느낄 수 있을 것이다.

한편, 일반 공간은 사람이 이동해 만들어 내는 공간, 즉 개인 공간이 이동하면서 창조되는 공간을 의미한다. 움직이는 사람은 일반 공간으로 무게 중심을 옮기면서 다른 사람의 개인 공간을 넘나들게 되고 자신의 일반 공간을 그리게 된다. 따라서 개인 공간과 일반 공간은 고정되어 있는 것이 아니라 연속적으로 변화한다. 예를 들어 거리에서 여러 사람이 움직이고 있는 것을 상상해 보자. 그 안에는 작거나 큰 개인 공간이 서로 겹치기도 하고 멀어지기도 하면서 일반 공간을 가로지르는 현상이 보이게 될 것이다.

간단히 정리하면 개인 공간은 무게 이동이 없이 가장 먼 거리까지 몸을 펼칠 수 있는 공간이라 하며, 일반 공간은 몸의 무게 이동과 함께 개인 공간이 움직일 수 있는 무한대의 공간이라고 설명할 수 있다.

## 2. 개인 공간의 개념

라반의 공간 조화는 인간의 몸 움직임이 일어날 수 있는 잠재적 공간인 개인 공간에서의 움직임에 대한 연구로 이루어진다. 라반이 설명한 개인 공간은 앞서 설명한 것처럼 제자리에 서서 사람이 움직일 수 있는 최대의 운동 공간으로 움직이는 사람의 주변으로 사지를 가장 멀리 늘려 도달한 곳까지를 둘러싸는 공간을 말한다. 이 절에서는 이러한 개인 공간을 이해할 때 알아야 할 개념으로 방향과 높낮이Direction and Level, 개인 공간의 범위Use of Kinesphere 등을 논의하고, 개인 공간에 접근하는 방법Approach to Kinesphere으로서 움직이는 경로와 움직임의 긴장에 대해 알아보고자 한다.

### 개인 공간 사용하기

● 방향과 높낮이

우리의 몸은 3차원의 구조를 가지고 있다. 중력에 의해 높낮이를 느낄 수 있고 양팔을 옆으로 뻗으면서 수평감을 감지할 수 있으며, 앞뒤로 걸으면서 수평을 나누는 시상선적 감각을 느낄 수 있다. 그리고 사지를 다양한 방향으로 뻗거나 움츠리는 동작을 통해 수직, 수평, 시상 등 3차원의 공간이 한꺼번에 창조되는 것을 느낄 수 있다. 즉, 개인 공간 안에서 움직이면서 몸의 중심에서 위-아래, 오른쪽-왼쪽, 앞-뒤를 인식하게 되고, 이러한 수직, 수평, 시상 간에 무한한 방향이 존재하는 것을 느낄 수 있게 된다. 이렇듯 움직임을 통해 몸이 점유할 수 있는 무한한 공간이 존재하지만 라반은 이러한 공간 연구를 위해 기록하거나 분석하기 쉽도록 공간을 27개의 방향과 세 가지 종류의 높낮이로 구분했다. 이는 공간 조화 이론을 이해하기 위한 가장 기본적인 틀이 된다.

라반이 정한 27개의 방향Names of the 27 Symbols은 제자리를 포함해서 앞으로-뒤로, 오른쪽으로-왼쪽으로, 오른쪽 앞 사선으로-뒤 사선으로, 왼쪽 앞 사선으로-뒤 사선으로 등 제자리와 8방향을 합친 9 방향 그리고 이들 방향 각각에 존재하는 세 가지의 높낮이, 즉 높은 높이high level, 중간 높이middle level, 낮은 높이low level 등을 가리키는 모든 방향을 합친 것이다. 〈그림 6-4〉는 9 방향과 세 가지 높낮이를 표현한 기호들로 구성되어 있다. 이 기호들은 일반적으로 알 수 있는 상징 기호로서 읽기에 쉬우며, 움직임의 진행 시간에 맞게 기호의 길이 또한 늘렸다 줄였다 할 수 있어서 움직임의 박자나 시간적 특질까지 기록하는 데에도 매우 유용하다.

〈그림 6-4〉에 표기된 높낮이 기호는 크게 두 가지 개념으로 활용된다. 하나는

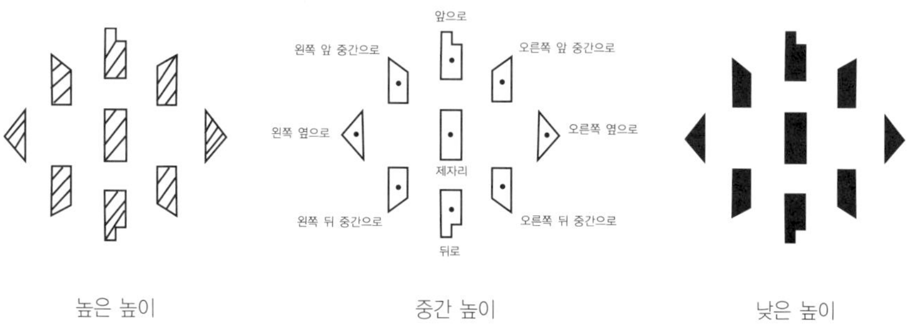


〈그림 6-4〉 방향과 높낮이 기호

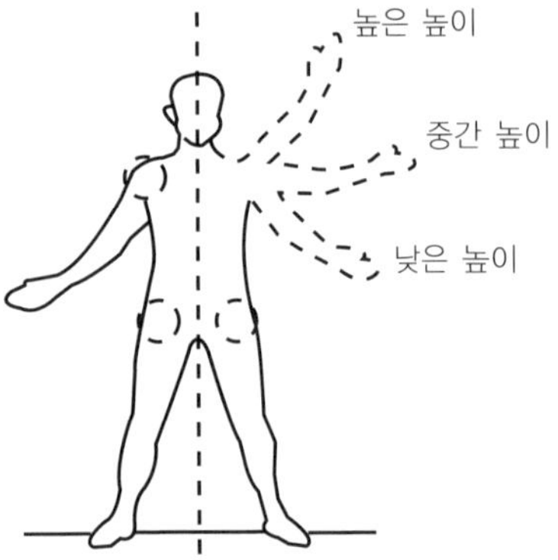

〈그림 6-5〉 몸의 구조 및 공간 방향 기준점들

무게를 이동할 때이고 다른 하나는 무게의 이동이 없는 제스처를 할 때이다. 예를 들면, 무거운 느낌을 주도록 검게 칠한 기호는 무릎을 낮게 구부리고 걷거나 사지의 제스처가 아래와 같이 낮은 방향을 가리킬 때 사용된다. 사람의 중심을 보여 주기 위해 가운데 점을 찍은 기호는 중간 높이로 걷거나 사지의 제스처가 중간 방향을 가리킬 때 사용된다. 오른쪽 위에서 왼쪽 아래로 경사지게 빗금을 친 기호는 발 뒤꿈치를 높이 들고 앞꿈치로 서서 높은 높이로 걷거나 사지의 제스처가 높은 방향을 가리킬 때 사용된다. 그래서 무게 중심을 옮길 때에는 기호의 색깔에 따라 높은 높이, 중간 높이, 낮은 높이로 걷게 되지만, 무게 이동과 무관한 사지의 제스처를 할 경우에는 〈그림 6-5〉와 같이 몸의 각 부위별로 정해진 기준점에서 위로 올리거나 중간 높이에 머물러 있거나 아래로 내리는 제스처의 높낮이에 따라 그 방향이 정해진다.

● 개인 공간의 범위

개인 공간은 움직이는 사람이 그려내는 움직임의 흔적에 따라 각각 다르게 창조된다. 따라서 우리가 움직일 때에는 개인 공간을 의식하면서 자신의 의도에 따라 좀 더 다양하고 개성적으로 공간을 활용할 수 있는 가능성을 확보할 수 있다. 이러한 개인 공간의 사용은 앞서 설명한 움직임의 높낮이와 방향에 대한 개념 이외에도 몸이 움직이는 범위에 따라 다양한 크기의 공간 형태가 될 수 있다. 예를 들면, 팔을 몸통 가까이로 움츠리면서 작은 공간을 사용하기도 하고, 팔을 굽히거나 확장하지 않은 상태로 편안한 중간 정도의 공간을 사용하기도 하며, 몸을 확장하고 벌리면서 아주 큰 공간을 사용하기도 한다. 페기 해크니Peggy Hackney는 움직이는 동안 몸의 각 부위가 사용하는 개인 공간의 크기 정도를 몸과 가까운Near-Reach(0~15cm 정도 (X/K)), 중간Mid-Reach(30cm 정도), 멀리Far-Reach(30cm 이상 (N/K)) 등으로 구분했다. 이렇게 구분된 개인 공간의 크기는 다양한 움직임을 경험하면서 그 차이를 이해할 수 있다.[36]

이에 따른 움직임의 예를 들어보면, 현대 무용의 비틀기twist나 수축contract 등은 아주 가까운 정도의 거리로 행하는 것이 일반적이다. 또한 한국 무용에서 공간 안에 부드럽게 곡선을 그리는 팔의 움직임은 대부분 중간 정도의 거리로 행하는 것이 보통이다. 그러나 발레에서는 대부분 개인 공간의 가장 먼 곳까지 도달하는 팔다리 동작을 하는 경우가 많다. 일상적인 움직임에서도 바느질이나 뜨개질을 할 경우에는 아주 가까운 정도의 거리에서 움직임을 행하게 되고 진공청소기를 밀 때에는 팔을 움직이기 가장 편안한 중간 정도의 움직임을 행할 수 있을 것이다. 그리고 높은 곳에 있는 물건을 잡을 때에는 먼 곳으로 도달하는 움직임을 행해야 할 것이다. 이렇게 서로 다른 크기의 개인 공간을 사용하면 다양한 종류의 개성적인 움직임을 창조할 수 있기 때문에 우리는 이를 관찰하면서 사람의 성격이나 지역별·민족별로 만들어 내는 춤의 특성과 차이를 발견할 수 있다.

### 개인 공간에 접근하기

위에서 설명한 것처럼 우리가 행하는 움직임은 그 움직임의 방향과 높낮이 그리고 움직임의 범위 등 환경과의 관계 속에서 개인 공간의 사용이 가능해진다. 그리고 개인 공간에 접근하는 방법, 즉 경로Pathway와 공간적 긴장Spatial Tension 등에 기초해서 표현하고자 하는 내용의 전달이 가능해진다. 따라서 개인 공간 안에서 펼쳐지는 움직임의 내용을 이해하기 위해서는 움직임의 경로와 공간적 긴장을 매우 중요한 개념으로 인식하는 것이 중요하다. 그리고 이에 따른 무한한 변화를 통해 다양한 성격의 움직임을 만들

36 Peggy Hackney(2000). *Making Connection, Total Body Integration Through Bartenieff Fundamentals*. NY: Routledge. p.223.

수 있고 자유로운 표현도 시도할 수 있다. 우리는 개인 공간에 어떻게 접근하느냐 Approach to Kinesphere에 따라서 움직임의 역동성 및 표현을 각각 다르게 창조할 수 있다.

이렇게 움직이는 동안 공간상에서 표현되는 움직임의 경로와 공간적 긴장은 서로 자연스럽고 유기적으로 결합해서 특징적인 움직임을 만들게 된다. 이 때 만들어지는 움직임은 단순히 시작 지점에서 도착 지점을 향한 정적인 선이나 서로 다른 디자인을 구성하는 선 자체를 말하는 것이 아니다. 이는 몸 전체 혹은 특정 부위가 어떤 방법으로 그 공간을 지나가고 어떤 공간적 긴장으로 도착 지점을 향해 가는지를 말하는 것이다. 따라서 이러한 움직임에서는 다양한 경로로 방사하거나 밖으로 혹은 안으로 끌어당기는 느낌의 감각을 가지면서 다양한 움직임의 특질을 보이게 된다. 개인 공간에 접근하는 방법으로 움직임의 경로와 움직임에서 보이는 공간적 긴장을 설명하면 다음과 같다.

● 경로

움직임의 경로는 〈그림 6-6〉과 같이 중심을 지나가는 중심적 경로Central Pathway와 원의 주위를 도는 것과 같이 주변을 지나가는 주변적 경로Peripheral Pathway 그리고 중심과 주변을 가로지르는 횡단적 경로Transversal Pathway 등 세 가지 방법으로 나눌 수 있다.

중심적 경로는 움직임의 경로가 몸의 중심을 통해 지나가며, 몸 주변에서 곡선을 그리는 형태와는 달리 직선으로 움직임 형태를 그리게 된다. 예를 들면, 양팔을 옆으로 든 상태에서 한 손으로부터 움직임을 시작해서 그 손이 어깨를 통과해 몸통을 지나 다른 쪽 손을 가리키면서 그려가는 선에서 나타난다. 또한 양궁 선수가 화살을 조준하고 활을 뒤로 잡아당기면서 몸의 중심 즉 어깨를 가로지를 때 볼 수 있다. 이것이 몸의 중심을 지나가는 경로이다.

주변적 경로는 운동 공간을 만드는 원주 주변의 한 점에서 원주의 다른 한 점으로 크게 움직이는 것을 말하며 절대 축을 가로지르지 않는다. 그래서 주변적 경로

〈그림 6-6〉 세 가지 움직임 경로

를 지나가는 동작들은 커다란 원형이 그려지는 것과 같이 보인다. 예를 들면, 팔을 옆으로 편 상태에서 몸의 중심에서 가장 멀리 그려가는 선이 주변적 경로가 된다. 또한 헤어지는 사람에게 손을 높이 들어 흔드는 동작에서 주변을 지나가는 경로를 볼 수 있다. 이렇게 지나가는 선이 주변적 경로이다.

횡단적 경로는 중심과 주변 사이의 공간을 가로지르거나 잘라 뻗어가는 경로이다. 움직임은 편안해 보이기도 한다. 예를 들면, 팔꿈치로 움직임을 시작할 때, 몸의 중심에서 개인 공간을 감싸는 원주의 한 부분으로 선을 가르며 그리는 움직임이 횡단적 경로를 지나는 것이다. 또한 어떤 사람이 자신의 주변을 맴도는 벌레를 손을 사용해서 이리저리 쫓을 때, 몸의 중심과 주변을 왔다 갔다 하며 흔드는 동작을 하게 된다. 이 때 만드는 선이 횡단적 경로이다.

우리는 이처럼 움직이는 동안 중심적, 주변적, 횡단적 경로를 개인 공간 안에서 자유롭게 사용하며 다양한 움직임의 형태를 만들고 있다.

● 공간적 긴장

우리가 움직이면서 개인 공간을 창조할 때에는 공간을 지나가는 움직임의 경로와 함께 그 움직임에서 일어나는 긴장, 즉 공간적 긴장Spatial Tension이 보이게 된다. 공간적 긴장은 움직이는 사람이 개인 공간을 사용할 때, 공간을 사용하려는 의지가 외부의 움직임으로 나타나는 것을 말한다. 이것은 움직이는 동안 우리의 몸이 공간에서 당기는 힘을 느끼는 것을 말하는데, 이는 공간과 몸의 상호 작용을 통해서만 가능하다. 이 공간적 긴장은 움직임이 도착 지점에 다다를 때까지 접근하는 방법approach to CTP에 따라 중심적 긴장Central Spatial Tension(♂), 주변적 긴장Peripheral Tension(⊙), 횡단적 긴장Transversal Spatial Tension(⊘) 등으로 나눌 수 있다.

중심적 긴장은 몸의 중심에서 비롯되는 것을 말한다. 이 때의 움직임은 중심으로부터 외부로 방사하는 동작Navel Radiation을 창조하거나 반대로 외부로부터 몸의 중심으로 에너지를 모으는 동작이 될 수 있다. 중심적 긴장으로 이루어지는 움직임은 바르테니에프 기본의 핵심 요소가 되는 중심 지지Core Support, 에포트 요소 중에서는 직접적인 공간Direct Space, 셰이프 요소 중에서는 방향 지향적 셰이프Directional Shape와 같은 특질과 관련되어 일어난다. 따라서 모든 움직임은 움직이는 사람의 중심에서 시작하고 외부의 공간보다는 내부의 중심에 초점이 맞춰져 있다.

주변적 긴장은 자신의 사지를 뻗어 가장 멀리 도달할 수 있는 공간에서 비롯되는 긴장을 말한다. 이 때의 움직임은 주변의 감각을 고수하면서 가능한 넓고 크게 몸에서 멀리 뻗어나가는 느낌의 동작이다. 주변적 긴장으로 이루어지는 움직임은 LMA의 다른 요소와의 관계를 통해 그 특질이 분명해지는데, 말단으로부터의 시작Distal-Initiation, 간접적인 공간Indirect Space 에포트의 특질과 관련되어 설명할 수 있다.

횡단적 긴장은 자신의 의지가 움직이는 영역 안에서 중심과 주변 사이의 긴장을 갖는 것을 말한다. 이 때의 움직임은 중심과 주변의 감각을 동시에 느끼면서 사지의 중간 관절에서 시작해 중심과 주변 사이의 운동 공간을 가로지르는 동작이 될 수 있다. 이 횡단적 긴장으로 이루어지는 움직임은 LMA의 다른 요소 중 회전 요소Rotary Factor, 몸의 중간 부위부터의 시작Mid-Limb Initiation, 셰이핑Shaping, 간접적인 공간 에포트, 움직임 공간의 중간에 도달하는Mid-Reach 움직임과 흐름 에포트Flow Effort 등과 같은 특질이 포함되어 일어난다. 이와같이 중심적, 주변적, 횡단적 긴장을 느낄 수 있는 움직임의 예를 들면 다음과 같다.

중심적 긴장은 한국 무용의 살풀이춤에서 몸의 하단전에 기를 모아 손에 들고 있는 수건을 어깨를 스쳐 위로 뿌리면서 몸의 중심으로 에너지를 끌어당기는 느낌의 동작에서 볼 수 있다. 주변적 긴장은 발레리나가 아라베스크를 할 때 오른팔을 앞 위로 들어 쭉 뻗으면서 시선이 몸의 주변으로 멀어지는 에너지를 느끼게 하는 동작에서 볼 수 있다. 횡단적 긴장은 팔을 접고 어깨와 엉덩이를 양옆으로 흔들면서 옆으로 이동하는 재즈 동작에서 볼 수 있다. 이 때에는 더 멋진 스텝과 탄력 있고 재미있는 동작을 표현하기 위해 구부린 양팔의 팔꿈치와 어깨로 중심과 주변 사이를 오가는 횡단적 긴장을 사용한다.

### ● 경로와 공간적 긴장의 조화

일반적으로 움직임의 경로와 공간적 긴장은 몸의 중심과 주변적, 그리고 횡단적 방법으로 나타나며, 이것은 각각 움직임의 다른 특질을 보인다. 경로와 공간적 긴장은 서로 다른 모양과 방향 그리고 느낌으로 이루어지지만 대부분의 움직임에서 같은 경로와 공간적 긴장이 함께 동반하는 경우가 많고, 무게 중심과의 관계, 직립된 몸의 중심축인 수직선과의 관계, 방향적 전개에 따라 영향을 받으면서 조화로운 움직임을 이끌어 낸다. 따라서 이러한 중심적, 횡단적, 주변적Central, Transversal, Peripheral: CTP인 경로와 긴장은 다양한 방법으로 조화를 이루게 된다.

이 경로와 공간적 긴장은 LMA의 네 가지 카테고리 중 공간에 속하지만 LMA의 모든 요소는 서로 관련되어 움직임을 만들어 내므로 LMA의 다른 관련 요소와의 관계 속에서 이를 더욱 잘 설명할 수 있다. 대표적으로 몸 카테고리의 요소 중 움직임의 시작점과 관련해 설명할 수 있으며, 〈표 4〉와 같이 나타낼 수 있다. 일반적으로 움직이는 사람은 같은 경로와 공간적 긴장을 사용할 때 편안함을 느끼지만 움직임에서 반드시 같은 경로와 공간적 긴장이 나타나는 것은 아니며, 움직이는 사람의 의도나 감정에 따라 각기 다른 경로와 긴장이 한 움직임에서 동시에 나타날 수 있다. 예컨대, 채소를 썰 때, 팔의 중간 부분을 구부려 횡단적 경로를 사용하면서 움직임의 긴장을 손끝에 두는 주변적 긴장을 동시에 사용할 수도 있다. 이 때에는 횡단적 경로와 주변적 긴장이 조화를 이루는 움직임을 볼 수 있다.

〈표 4〉 경로와 공간적 긴장의 조화

| | 중심적 C | 횡단적 T | 주변적 P |
|---|---|---|---|
| 시작 지점 | 중심 혹은 말초 | 사지의 중간 | 말단 |
| 경로 | 중심적 | 횡단적 | 주변적 |
| 공간적 긴장 | 중심적 | 횡단적 | 주변적 |

이상에서 설명한 공간상의 경로와 공간적 긴장의 형태는 우리가 말하고 표현하고자 하는 내용을 전달하는 데 매우 중요한 특질이 되기도 한다. 다시 말하면, 몸의 어떤 부위의 움직임이라도 공간상에 형태를 만들기 위해 특별하고 분명한 공간적 의도를 더하게 되고, 이를 통해 목적지에 다다를 때까지 새로운 경로와 긴장을 창조하게 된다. 이렇게 공간적 의도가 포함된 사지의 경로와 긴장에서 나타나는 표현적 내용 및 느낌에 대해서는 다음의 예를 적용할 수 있다.

중심적 경로와 중심적 긴장을 사용하는 움직임은 방어적인 느낌을 주는 반면 주변적 경로와 주변적 긴장을 사용하는 움직임은 환상적이고 긴장이 풀린 듯한 느낌을 준다. 예를 들면, 보통 한 사람이 다른 사람과 대립하거나 논쟁하는 상황에서는 서로 반대편에 서서 주로 중심적 경로와 중심적 긴장을 사용해서 움직인다. 이러한 특징을 갖는 움직임은 권투, 악수하기, 손으로 바닥에 있는 과일을 집어 드는 것 등이다. 반면, 부드럽고 환상에 젖어 있는 상황에 있는 사람은 자신의 공간을 확보하면서 주변적 경로와 주변적 긴장을 사용해서 움직인다. 이 때 움직이는 사람은 아주 커다란 공 안에 들어가서 공의 중심을 의식하지 않은 채 몸에서 가장 거리가 먼, 공의 가장자리에 도달하려는 느낌을 준다. 횡단적 경로와 횡단적 긴장을 사용하는 움직임은 좀 더 협상을 나타내는 의사 소통으로 표현된다. 예를 들면, 한 사람이 다른 한 사람에게 그들의 팔을 횡단적으로 사용할 때에는 서로 친근한 관계로 보이기도 하고 동의할 수 있는 가까운 관계나 조화로운 느낌을 표현하는 관계로 보인다. 이들의 제스처는 공격이나 방어보다는 편안한 의사 전달을 하고 있는 것으로 보인다. 횡단적 경로와 횡단적 긴장이 일어나는 움직임은 투수가 온 몸을 이용해서 공을 던질 때 보이게 되는데, 이 투수는 팔의 중간 부위에서 움직임을 시작해서 중간과 가장자리 사이의 공간을 자르고 쓸어내는 움직임의 형태를 취하게 된다.

결론적으로 각 경로와 공간적 긴장은 개별적인 느낌과 의미를 갖게 된다. 그래서 이에 대한 개념과 이론에 대해 충분히 이해하게 되면 의사 소통의 구조뿐만 아니라 우리가 살아가면서 대화할 때 그리고 상징적인 움직임을 행할 때 보이는 다양한 움직임의 의미를 좀 더 쉽게 파악할 수 있게 될 것이다. 또한 움직임의 목적과 주제에 맞게 다양한 내용과 방법으로 경로와 공간적 긴장 등을 결합하고 조직하면 개인적 성격, 예술적 특성 및 문화적 스타일 등을 나타내는 조화로운 움직임을 창조할 수 있을 것이다.

## 3. 개인 공간에서의 움직임

개인 공간에서 몸을 움직이는 방법은 무한적이다. 하지만 다른 움직임이라 할지라도 공간의 같은 차원에서 일어나면 비슷한 경향을 보이게 된다. 각 차원에서 나타나는 움직임이란 움직임의 흔적이 선의 형태를 보이는 1차원적인 움직임이 있고, 면적인 방법으로 행하는 2차원적인 움직임, 입체감을 보여 줄 수 있는 3차원적인 움직임이 포함된다.

### 1차원의 움직임

1차원의 움직임은 각각 수직축, 수평축, 시상축 상에서 일어나는 움직임을 말한다. 먼저 상-하의 수직축Vertical Dimension은 정확히 두 발 사이에서 머리 끝까지 척추선을 따라 몸의 중심을 통과하는 선으로 높이와 관련된다. 좌-우의 수평축Horizontal Dimension은 몸의 양쪽 허리를 통과하며 좌우의 공간으로 뻗어 나가므로 너비와 관련된다. 전-후의 시상축Sagittal Dimension은 앞과 뒤에서 몸의 중심을 통과하며 공간의 앞과 뒤쪽으로 확장되어 깊이와 관련된다. 이 수직축, 수평축, 시상축은 〈그림 6-7〉과 같이 각각 한 개의 공간적 당김Spatial Pull을 가지고 있다. 수직적 차원에서는 위와 아래에서 잡아당기는 하나의 당김, 수평적 차원에서는 오른쪽과 왼쪽에서 잡아당기는 하나의 당김, 시상적 차원에서는 앞과 뒤에서 잡아당기는 하나의 당김이 그것이다.

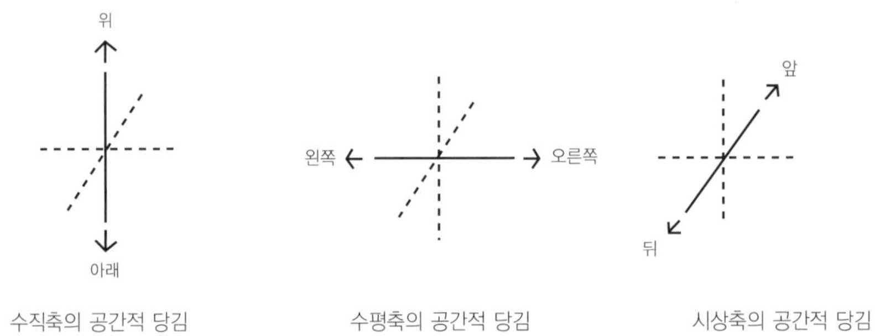


〈그림 6-7〉 1차원의 공간적 당김

이렇게 하나의 당김이 있는 수직, 수평, 시상 등 상-하, 좌-우, 전-후의 1차원적 선들은 〈그림 6-8〉과 같이 세 개의 축이 서로 교차하면서 디멘셔널 교차축Dimensional Cross of Axis을 만든다. 우리는 수직, 수평, 시상의 각 공간을 순서대로 위에서 아래로 움직이고, 옆에서 옆으로 움직인 다음 뒤에서 앞으로 양 끝을 이어가며 차례로 연결해서 움직여 보면 1차원의 모든 공간을 지나며 자연스러운 흐름을 느낄 수가 있는데, 이를 디멘셔널 스케일Dimensional Scale 혹은 디펜스 스케일Defence Scale이라고 한다.[37] 이처럼 세 축의 양쪽을 오가며 여섯 개의 방향을 이어가는 공간적 움직임[38]을 실행하기 위해서는 〈그림 6-9〉와 같은 모티프로 움직일 수 있다. 이와 같은 1차원적 움직임은 단

37 스케일이란 공간의 각 지점을 조화롭게 연결해 움직임을 창조하는 것을 말한다. 1차원을 구성하는 수직, 수평, 시상의 모든 꼭지점을 조화롭게 연결해 움직이면 1차원 공간의 디멘셔널 스케일이 창조되는데 이 흐름이 마치 펜싱 경기에서 방어하는 듯한 분위기를 만들어 이를 디펜스 스케일이라고도 한다.

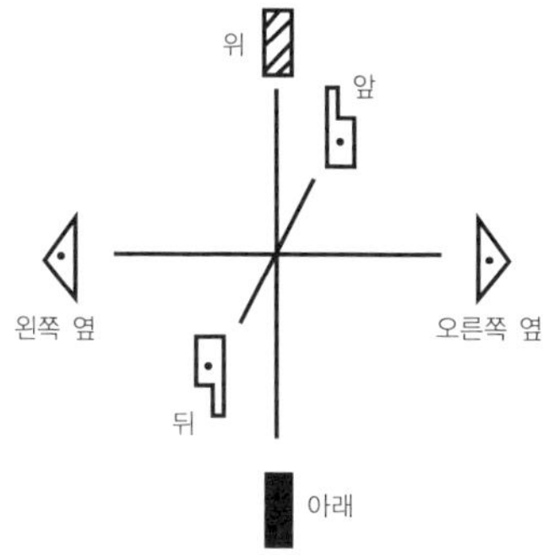


〈그림 6-8〉 세 개의 축

〈그림 6-9〉 디멘셔널 교차축의 움직임 모티프

순하지만 공간의 한 방향으로만 움직여 집중적이고 매우 강렬한 느낌을 보인다.

1차원의 특질을 보이는 움직임의 예를 들어보면, 수직적인 움직임은 하늘을 향해 힘껏 도약하고 또한 땅으로 착지할 때 나타나며, 수평적인 움직임은 팔을 옆으로 뻗어 상대방의 손을 잡을 때 나타난다. 또한 시상적인 움직임은 펜싱 경기에서 상대방을 공격할 때 칼을 앞으로 뻗고 앞뒤로 몸을 움직이다가 상대의 몸을 향해 직진하는 동작에서 발견된다.

### 2차원의 움직임

2차원의 움직임은 수직면Vertical Plane, 수평면Horizontal Plane, 시상면Sagittal Plane과 같은 세 개의 평면에서 이루어진다. 수직면은 두 개의 수직선과 두 개의 수평선이 만나 이루어지고, 수평면은 두 개의 수평선과 두 개의 시상선이 만나 이루어지며, 시상면은 두 개의 시상선과 두 개의 수직선이 만나 만들어진다. 그래서 각 평면은 1개의

38 라반은 이 스케일이 8면체의 결정체 안에서 위/아래/왼쪽/오른쪽/뒤/앞 등 6개 방향으로의 움직임이 이루어질 수 있다고 보았다. 라반은 이 움직임이 수직을 강조하는 발레의 원형적 움직임에 기반을 두고 있다고 전제하고 좀 더 조화로운 움직임을 위해서는 열두 방향으로 확장된 정이십면체 상에서의 움직임이 매우 안정적이고 이상적일 수 있다는 것을 발견했다(Paul Virilio, 1994. *Traces of Dance: Choreographers' Drawings And Notations*, Laurence Louppe(ed). p. 118).

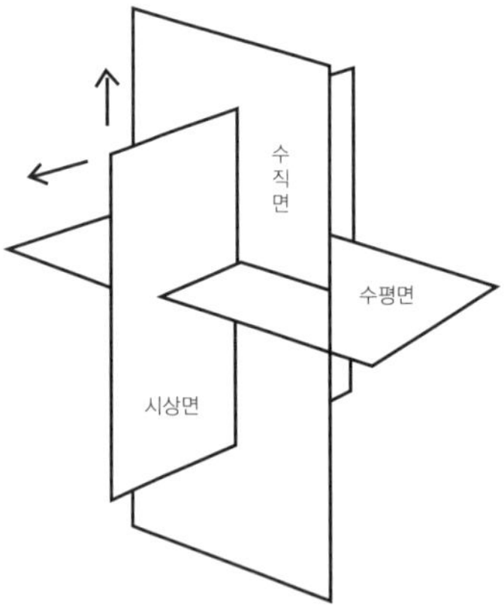


〈그림 6-10〉 2차원 평면의 교차

당김을 갖는 2개의 선이 만나 꼭지점을 이루며 2개의 공간적 당김을 갖게 되어 움직임도 2차원의 특질을 갖게 된다. 즉 수직선의 위와 아래, 수평선의 오른쪽 옆과 왼쪽 옆에서 만들어질 수 있는 2차원의 동작은 위/오른쪽 옆, 아래/오른쪽 옆, 위/왼쪽 옆, 아래/왼쪽 옆을 가리킨다. 또한 수평선의 오른쪽 옆과 왼쪽 옆, 시상선의 앞과 뒤에서 만들어질 수 있는 동작은 오른쪽 옆/앞, 오른쪽 옆/뒤, 왼쪽 옆/앞, 왼쪽 옆/뒤를 가리킨다. 시상선과 수직선에서 만들어질 수 있는 동작은 앞/위. 앞/아래, 뒤/위, 뒤/아래를 가리킨다. 그래서 2개의 선이 만나 가리키고 있는 네 개의 지점을 연결한 선이 2차원의 수직면, 수평면, 시상면 등 두 개의 당김을 갖는 평면이 된다. 이 평면들이 서로 교차하게 되면 〈그림 6-10〉에서와 같이 디멘셔널 교차축보다 좀 더 복잡한 공간상의 특질을 보이게 된다.

이 교차면 중에서 수직면의 특징은 긴 수직선과 짧은 수평선의 조합으로 구성되며, 문과 같은 직사각형의 도어면door plane처럼 수직상의 평면적 움직임을 만든다. 이 수직면은 수직선에서 파생되었기 때문에 수직선의 공간적 당김이 더 강하다. 그래서 수직선이 더 긴 직사각형 모양이 된다. 이러한 원칙은 수평면과 시상면에서도 똑같이 적용된다. 수평면의 특징은 긴 수평선과 짧은 시상선의 조합으로 구성되며, 직사각형의 테이블면table plane과 같은 평면적 움직임을 만든다. 시상면의 특징은 긴 시상선과 짧은 수직선의 조합으로 구성되며, 직사각형의 바퀴면wheel plane과 같은 평면적 움직임을 만든다.[39] 이 직사각형의 면들 안에서 〈그림 6-11〉과 같이 대각선으로 가로지르며 움직이면

39 이 직사각형, 즉 수직면, 수평면, 시상면에서 두 개의 긴 선과 두 개의 짧은 선의 길이는 황금 비율의 조화로 이루어져 있다. 그래서 수직면, 수평면, 시상면의 각 꼭지점으로 이루어진 정이십면체상에서 조화롭고 안정적인 움직임을 만들 수 있다.

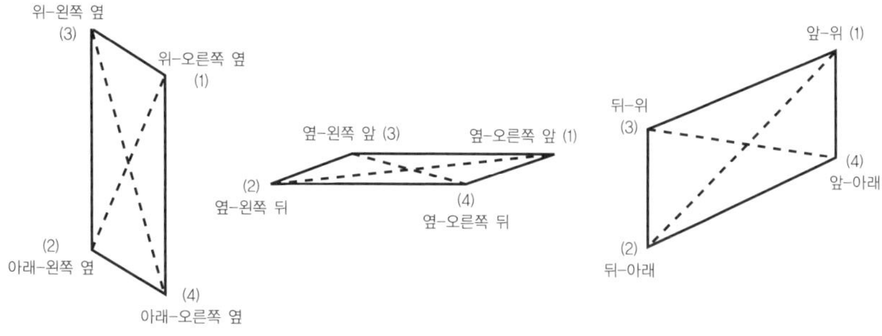


〈그림 6-11〉 수직, 수평, 시상면의 움직임 순서

〈그림 6-12〉 2차원 평면적 움직임의 모티프

각각의 꼭지점에 다다를 때 두 개의 공간적 당김을 쉽게 느낄 수 있으며 이를 통해 2차원 공간의 특질을 움직임을 통해 느낄 수 있다. 이것은 수직면에서는 대각선의 꼭지점을 가로질러 위-오른쪽 옆, 아래-왼쪽 옆, 위-왼쪽 옆, 아래-오른쪽 옆 등 네 방향으로 움직이게 되며, 수평면에서는 오른쪽-앞 중간, 왼쪽-뒤 중간, 왼쪽-앞 중간, 오른쪽-뒤 중간 등 네 방향으로 움직이게 된다. 시상면에서는 앞-위, 뒤-아래, 뒤-위, 앞-아래 등 네 방향으로 움직이게 된다. 이처럼 2차원 평면에서 만들어지는 각각의 대각선을 디아미트럴Diameteral이라 하며, 이것을 모티프 기호로 그리면 〈그림 6-12〉와 같다.

따라서 수직, 수평, 시상 순의 연속으로 이 세 개 평면의 각 꼭지점을 연결해 움직이게 되면 열두 개의 꼭지점 방향을 가리키는 스케일의 움직임이 이루어진다.[40]

## 3차원의 움직임

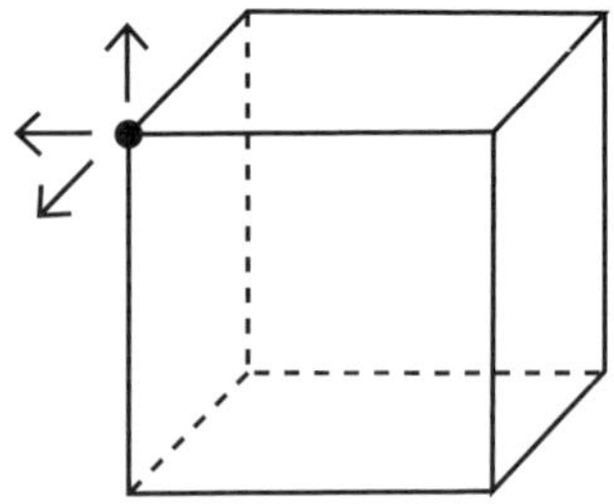

〈그림 6-13〉 정육면체 꼭지점의 공간적 당김

정육면체의 3차원적 공간 안에서는 수직선 Vertical Line, 수평선Horizontal Line 그리고 시상선Sagittal Line이 동시에 만나는 꼭지점 여덟 개를 향해 가는 움직임을 만들 수 있다. 이 정육면체를 구성하는 하나의 꼭지점은 수직, 수평, 시상선의 당김이 모여서 이루어지므로 〈그림 6-13〉과 같이 세 개의 공간적 당김을 갖게 된다. 정육면체를 이루는 각각의 정사각형은 2차원의 직사각형과는 달리 네 개의 선이 모두 같은 길이로 구성된다. 따라서 여기서 발생되는 공간적 당김은 2차원의 평면에서 두 선이 서로 다른 당김 비율을 갖는 것과는 달리 수직선, 수평선, 시상선의 당기는 힘이 같다.

〈그림 6-14〉에서 보는 바와 같이 정육면체의 각 꼭지점을 대각선으로 연결한 네 개의 교차축을 지나가는 움직임은 서로 반대쪽에 있는 꼭지점으로 진행하기 위해 가로지르기를 하게 된다. 이는 앞-위-오른쪽 옆에서 시작해서 뒤-아래-왼쪽 옆으로 다음엔 앞-위-왼쪽 옆으로 그리고는 뒤-아래-오른쪽 옆으로 그 다음에는 뒤-위-왼쪽 옆에 이어 앞-아래-오른쪽 옆, 그리고 뒤-위-오른쪽 옆에 이어 앞-아래-왼쪽 옆의 순서로 이루어진다. 이 정육면체의 한 꼭지점들은 이처럼 세 개의 당김을 갖는 세 개의 차원이 한꺼번에 존재하므로 그 움직임은 1차원이나 2차원보다 좀 더 복잡하다. 그래서 몸을 꼬고 펴는 동작을 반복하면서 직선적이거나 평면적인 동작이 아니라 3차원의 입체감이 있는 동작을 만들어 낸다. 정육면체 도형에서 대각선의 상반된 꼭지점

40 스케일을 다루는 161쪽을 보시오.

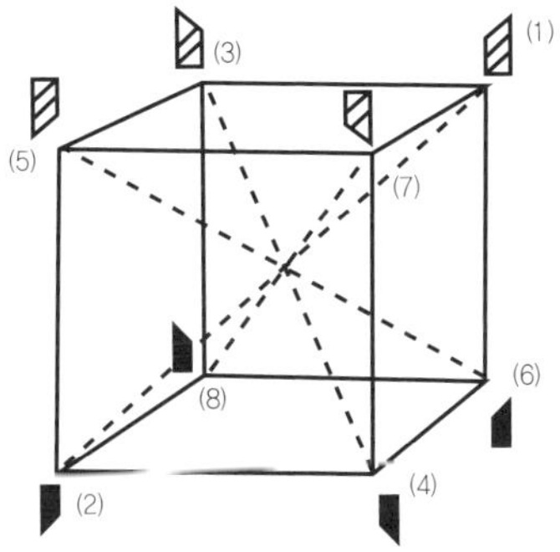


〈그림 6-14〉 정육면체의 8개 꼭지점과 대각선

〈그림 6-15〉 정육면체의 움직임 모티프

들을 이어가며 만드는 움직임은 〈그림 6-15〉와 같이 연속적 모티프로 표기할 수 있다. 이와 같은 동작은 우리의 몸을 비트는 동작으로 구성되어 있기 때문에 아주 표현적인 동작을 만들기도 한다.

## 4. 스케일

라반은 기하학에 근거해 공간상에서 나타나는 조화로운 움직임의 구조와 특질을 설명했다. 그는 공간에 그려지는 조화로운 움직임의 흔적을 기하학적인 형태들, 즉 정다면체polyhedron를 통해 설명했으며 이것을 움직임의 결정체Crystalline Forms라고 명명했다. 인간이 움직임에서 사용하는 공간들을 연결하면 일정한 형상이 만들어지는데 이를 움직임의 결정체라 하며, 정사면체, 정육면체, 정팔면체, 정십이면체, 정이십면체로 분류된다. 인간은 이러한 결정체 안에서 움직임의 요소를 결합하고 조직화하는 과정에서 다양한 특성을 가진 공간상의 스케일Scale을 만들 수 있다.

스케일이란 다양한 결정체 안에서 각 꼭지점의 연결이 조화롭게 이루어지는 동작을 의미한다. 이는 음악에서의 스케일과 같은 개념으로 이해될 수 있다. 음악에서 스케일이란 각 음계의 조화로운 흐름에 따라 음악이 만들어지며 이것의 원칙은 마지막 음계가 처음 시작했던 음계로 돌아와 안정적인 음을 만들어 내는 것을 말한다. 라반의 스케일도 움직이는 사람이 조화로운 흐름에 따라 결정체의 각 꼭지점을 지나가며 움직임을 만들고 마지막에 처음 시작했던 꼭지점으로 돌아온다. 라반은 자연의 법칙과 움직임 창조의 원리를 고려해 다양한 스케일을 만들었으며, 이를 통해 자신의 무용수들을 훈련시켰다. 이들은 실제 각 결정체의 꼭지점을 지나는 스케일을 훈련함으로써 자신들이 미처 생각하지 못했던 공간을 인식하고 움직이는 동안 공간 안에서 이루어지는 조화로운 선의 향연을 직접 경험할 수 있었다.

이러한 스케일을 통해 창조된 움직임은 각각의 특성에 따라 어떤 의미를 내보이기도 한다. 따라서 한 사람이 자신의 움직임 범위를 정교하고 폭넓게 하기 위해서 그리고 기능적 · 표현적으로 자신이 선호하는 움직임을 자유롭고 효과적으로 하기 위해서는 각 스케일에서 이루어지는 다양한 움직임을 꾸준히 훈련하는 것이 바람직하다(Laban, 1976). 라반의 스케일은 정팔면체 상에서 이루어지는 디멘셔널 스케일, 정육면체 상에서 이루어지는 디아고널 스케일, 정이십면체 상에서 이루어지는 액시스 스케일, 거들 스케일, 프라이머리 스케일, A 스케일, B 스케일, C 스케일, D 스케일 등이 있으며, 이를 통해 조화로운 움직임의 원리와 법칙을 찾을 수 있다.

다음에서 제시되는 각 스케일의 방향과 움직임의 진행 과정은 모두 오른쪽을 기준으로 설명했다.

### 디멘셔널 스케일

디멘셔널 교차축에서 1차원적 선의 움직임은 〈그림 6-16〉과 같이 디멘셔널 스케일Dimensional Scale, 즉 디펜스 스케일Defense Scale을 만든다. 이 스케일은 결정체 중 정팔면체Octahedron 상에

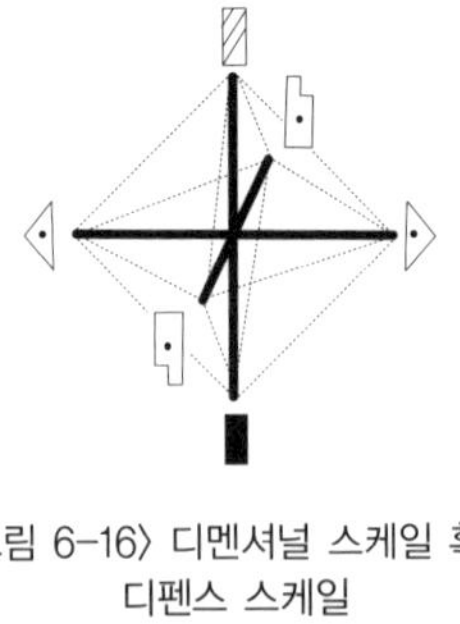

〈그림 6-16〉 디멘셔널 스케일 혹은 디펜스 스케일

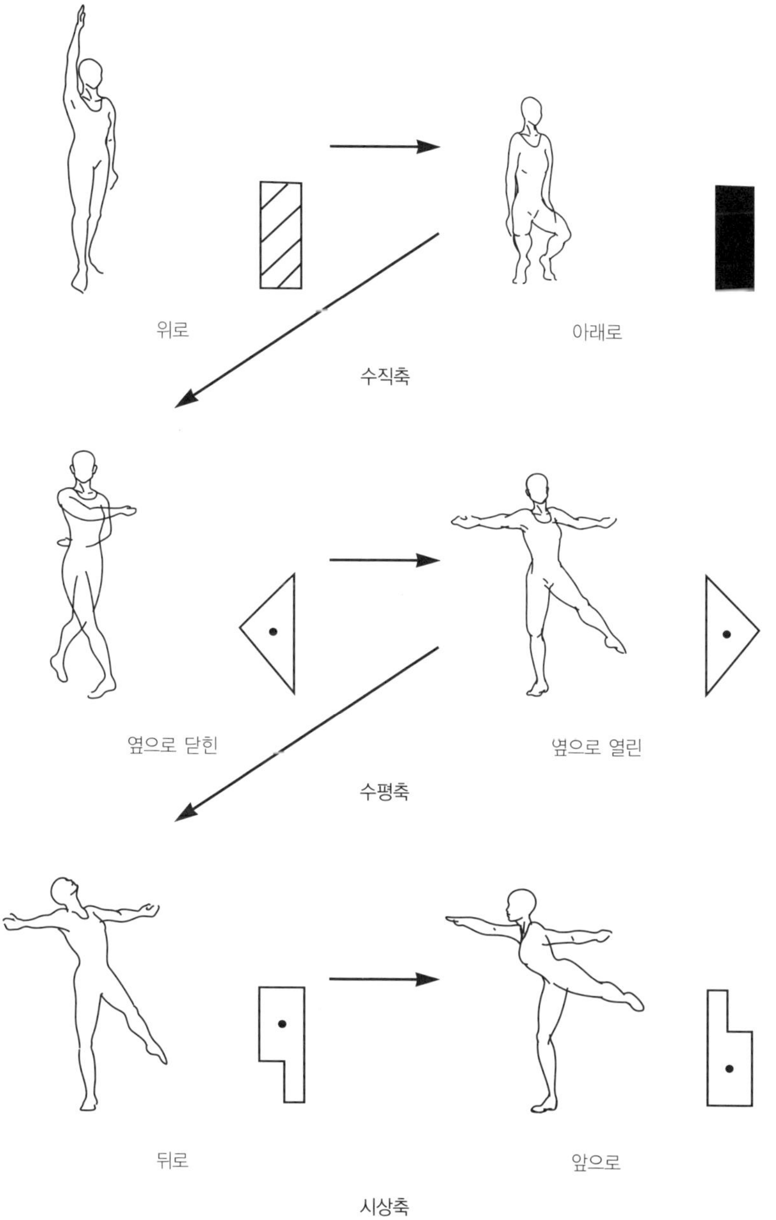


〈그림 6-17〉 디멘셔널 스케일의 움직임 순서

서 나타나는 움직임이다. 디멘셔널 스케일은 하나의 끌어당김이 있는 1차원의 교차축 상에서 움직이는 것으로 먼저 수직적으로는 위-아래로 움직이고, 이후에 수평적으로는 양옆으로 교차해 닫히고 옆으로 열리는 움직임을 한다. 시상적으로는 뒤로-앞으로 움직이고 마지막에 중심으로 되돌아옴으로써 이루어진다. 이 스케일은 〈그림 6-17〉과 같이 화살표 방향의 움직임 순서로 진행된다.

이 스케일은 LMA의 다른 요소와 관련시키면 더욱 효과적으로 움직일 수 있다. 먼저 에포트의 특질을 그대로 표현하면서 수직축, 수평축, 시상축을 사용하는 디멘셔널 교차축을 가로지르며 위-아래-왼쪽 옆-오른쪽 옆-뒤-앞으로 움직이는 디펜스 스케일을 하게 되면 가볍고-강하게-직접적이고-간접적이면서-빨라지고-느려지는 움직임을 하게 된다. 이러한 움직임의 특질과 방향의 특성을 고려해 움직이게 되면, 외부로부터의 공격과 위험으로부터 몸을 방어하는 움직임으로 사용될 수 있다. 그 이유는 이 스케일에서 움직이는 여섯 가지 자세가 머리와 몸에서 가장 상처받기 쉬운 여섯 개 영역을 방어하기 때문이다. 예를 들면, 오른쪽을 기준으로 얼굴을 보호하기 위해 오른팔을 위로 올린다든지, 오른쪽 측면을 보호하기 위해 팔을 아래로 내리는 동작을 하고, 왼쪽 측면의 몸을 보호하기 위해 오른팔을 가로질러 왼쪽으로 움직이는 동작을 하는 것에서 알 수 있다(뉴 러브 & 달비, 2006).

### 디아고널 스케일

디아고널 스케일Diagonal Scale은 〈그림 6-18〉과 같이 3차원으로 이루어진 정육면체 내에서 그려내는 움직임이다. 이 스케일에서의 움직임은 세 개의 공간적 당김이 있는 한 꼭지점에서 대각선을 가로질러 만나는 반대쪽 꼭지점까지를 하나의 축으로 하여 정육면체에 존재하는 네 개의 대각선 축을 지나며 만들어진다. 이 디아고널 스케일 상에서의 움직임은 〈그림 6-19〉와 같이 각 꼭지점을 지나며 움직임이 연결 조합되어 나타나는 공간 형태이다. 디아고널 스케일은 앞/오른쪽/위①에서 시작해 이와 반대 방향인 뒤/왼쪽/아래②로 진행하고 앞/왼쪽/위③를 거쳐

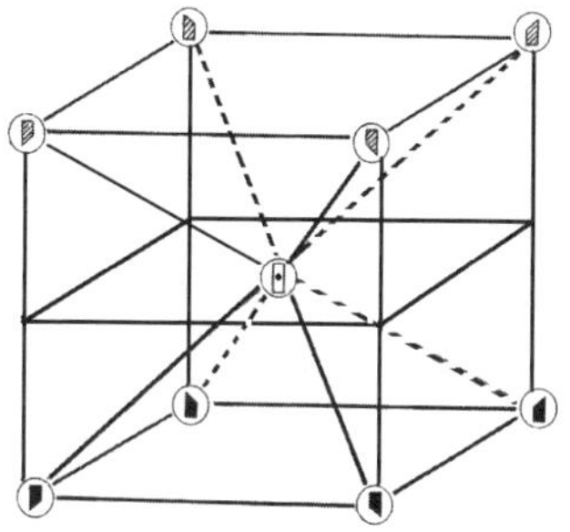

〈그림 6-18〉 정육면체의 꼭지점과 대각선

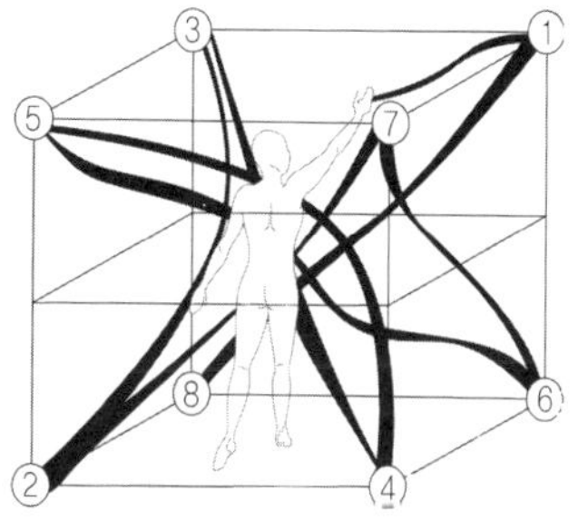


〈그림 6-19〉 디아고널 스케일의 흘러가는 표현

뒤/오른쪽/아래④로 움직인다. 이후에 뒤/왼쪽/위⑤에서 앞/오른쪽/아래⑥로 움직이고 뒤/오른쪽/위⑦에서 앞/왼쪽/아래를 거쳐서 처음 시작 지점인 앞/오른쪽/위①로 돌아온다.

이렇게 여덟 개의 꼭지점을 향해 움직이면서 네 개의 대각선을 가로지르며 그어내는 선을 연결하는 움직임이 디아고널 스케일이다. 여기서 일어나는 움직임은 3차원적인 움직임으로서 몸의 회전이 일어나면서 1차원과 2차원적인 움직임보다 좀 더 복잡하고 표현적인 동작을 만들게 된다.

라반은 정육면체의 각 꼭지점이 갖는 공간적 특성과 그 지점에서 보여 주는 느낌, 즉 에포트 요소와의 친화성을 바탕으로 그 안에서 만들어 내는 3차원적 동작을 훈련하면서 무용수나 연기자들의 표현력 향상을 유도하기도 했다. 그의 이론에 따르면, 정육면체의 각 꼭지점은 수직선, 수평선, 시상선 등 세 개의 선이 만나 세 개의 공간적 당김을 갖기 때문에 세 가지의 에포트 요소를 포함하게 된다고 설명했다. 따라서 에포트와 관련해 최상의 표현력을 구사할 수 있는 풍부한 움직임으로 정육면체 상에서 이루어질 수 있다. 이는 정육면체의 각 꼭지점에서 공간, 무게, 시간 등 에포트 요소의 결합을 통해 만들어 내는 특질로 움직이는 것을 말한다.[41]

예컨대, 〈그림 6-20〉의 꼭지점에 제시된 동작 충동처럼 우리가 앞/오른쪽/위로 움직일 때에는 느려지고 간접적이면서 가벼운 뜨기Float 동작을

41 에포트와 공간의 친화성 원칙은 제7장 BESS의 상호친화성을 참고하면 더욱 쉽게 이해할 수 있다.

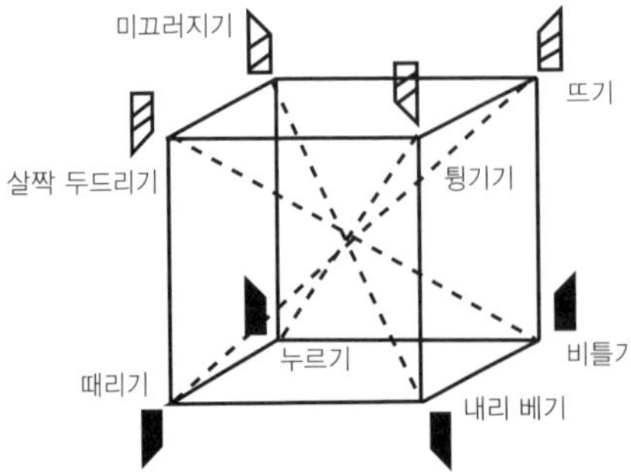

〈그림 6-20〉 정육면체 꼭지점과 동작 충동

하게 된다. 이어서 뒤/왼쪽/아래를 향해 움직일 때에는 빨라지고 직접적이면서 강하게 표현하는 때리기Punch 동작을 하게 되고, 앞/왼쪽/위로 연결된 움직임을 할 때에는 느려지고 직접적이면서 가벼운 미끄러지기Glide 동작을 행하게 된다. 또한 뒤/오른쪽/아래로 움직일 때에는 빨라지고 간접적이면서 강한 내리 베기Slash 동작을 하게 되고, 뒤/왼쪽/위를 향해 움직일 때에는 빨라지고 직접적이면서 가벼운 살짝 두드리기Dab 동작을 하게 된다. 여기에 연결된 앞/오른쪽/아래로 움직일 때에는 느려지고 간접적이면서 강한 비틀기Wring 동작을 하게 되며, 뒤/오른쪽/위를 향해 움직일 때에는 빨라지고 간접적이면서 가벼운 튕기기Flick 동작을 하게 된다. 그리고 마지막으로 앞/왼쪽/아래를 향해 움직일 때에는 느려지고 직접적이면서 강한 누르기Press 동작을 하게 된다.

### 정이십면체의 스케일

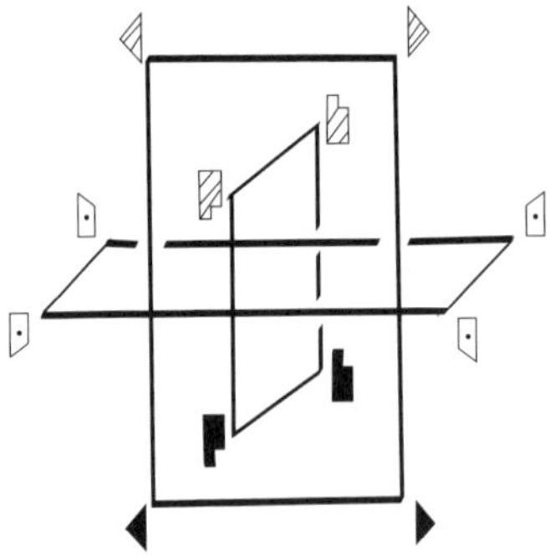
〈그림 6-21〉 정이십면체 내의 수직면, 수평면, 시상면의 꼭지점들

정이십면체는 〈그림 6-21〉과 같이 수직면, 수평면, 시상면 등 2차원 평면의 교차에 존재하는 열두 개의 꼭지점들을 연결해 구성된 입체 도형이다. 라반은 수직, 수평, 시상의 세 가지 공간이 완벽하게 조화를 이룬 정이십면체에서 다양한 움직임의 스케일을 창조했다. 정이십면체의 스케일은 액시스 스케일, 거들 스케일, 프라이머리 스케일, A

스케일, B 스케일, C 스케일, D 스케일 등이 있다. 이들 스케일은 정육면체의 여덟 개 꼭지점을 가로지르는 네 개의 대각선 중 하나 혹은 두 개 이상을 중심으로 그 대각선을 지그재그로 교차하거나 대각선 주위를 둥글게 둘러싸면서 만들어진다. 이 스케일들을 자세히 설명하면 다음과 같다.

● 액시스 스케일

정육면체의 네 개 대각선을 중심으로 각각의 액시스 스케일Axis Scale을 만들 수 있다. 액시스 스케일은 〈그림 6-21〉과 같이 정이십면체를 구성하는 세 개의 면, 즉 수직면, 수평면, 시상면에 있는 꼭지점을 차례로 지나면서 움직인다.

예를 들면, 정육면체의 대각선 중 하나인 튕기기/누르기 디아고널인 오른쪽/뒤/위에서 왼쪽/앞/아래를 중심으로 액시스 스케일을 그리면, 〈그림 6-22〉와 같이 정이십면체를 구성하는 수직면의 위/오른쪽(1)-시상면의 앞/아래(2)-수평면의 오른쪽/뒤/중간(3)-수직면의 아래/왼쪽(4)-시상면의 뒤/위(5)-수평면의 왼쪽/앞/중간(6)-다시 수직면의 위/오른쪽(1)으로 흔적을 남기게 된다. 정육면체의 나머지 세 개의 대각선에서도 이와 같은 방법으로 액시스 스케일이 만들어진다.

움직임의 선으로 그려지는 이 액시스 스케일은 모두 중심적 경로Central Pathway와 주변적 경로Peripheral Pathway 사이를 통과하는 여섯 개의 횡단적 경로

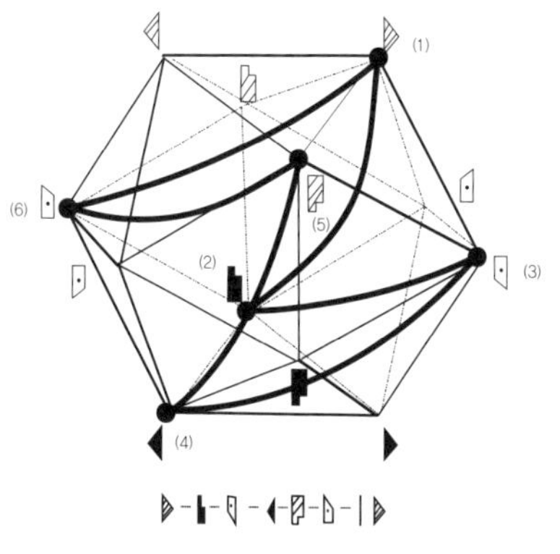


〈그림 6-22〉 정이십면체의 액시스 스케일

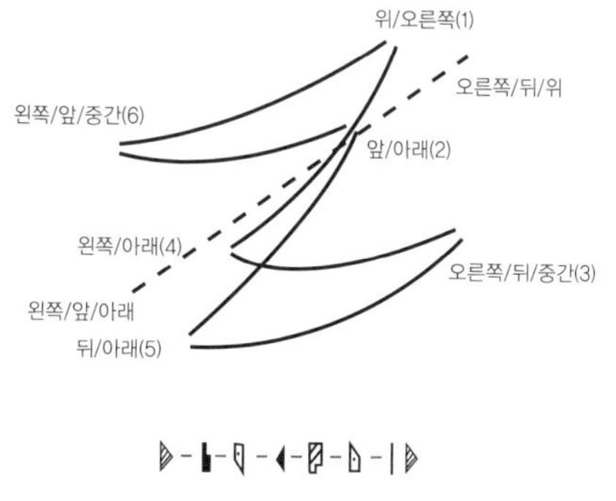


〈그림 6-23〉 액시스 스케일 라인

Transverse Pathway로 이루어지며, 〈그림 6-23〉과 같이 단조롭게 지그재그로 반복하는 느낌을 준다. 이렇게 수직면의 한 꼭지점에서 시상면의 한 꼭지점으로 그리고 이어서 수평면의 한 꼭지점으로 액시스 스케일을 행하는 이유는 이 세 가지 차원의 공간이 함께 사용될 때 움직임에서 가장 완벽한 조화가 이루어지기 때문이다. 인간은 수직, 수평, 시상이 조화된 3차원의 공간 안에서 가장 안정감을 느낄 수 있다. 즉 정육면체의 대각선 중 튕기기에서 시작해서 누르기까지의 대각선을 기준으로 우리가 액시스 스케일을 그리며 지그재그로 횡단할 때, 처음에 위/오른쪽을 가리키고 있다면 여기서 사용되는 차원은 수직 공간 그리고 수평 공간만으로 구성된다. 따라서 시상적 공간이 빠져 있는 것을 알 수 있다. 그래서 두 차원의 공간만으로 구성된 움직임에서는 좀 더 안정감과 조화로움을 찾기 위해 빠져 있는 차원으로 움직이게 된다. 이처럼 액시스 스케일은 수직, 시상, 수평 등 세 가지 차원이 순차적으로 연결되는 공간 조화의 원리로 특정한 스케일을 구성하게 되며, 정육면체에 존재하는 네 개의 대각선에서 기울어진 면의 꼭지점들을 수직, 시상, 수평 순으로 횡단하면서 경로를 그리는 스케일이다.

이 스케일은 무의식적이고 본능적으로 움직이는 것과 같은 분위기를 만든다. 그래서 술취한 사람이 비틀거리며 걷는 것에서 그리고 놀이터에 있는 시소가 내려갔다 올라오는 것과 같은 움직임에서 발견할 수 있다. 또한 의자에 앉아 졸고 있는 사람이나 모를 심는 농부의 반복적인 움직임에서도 발견할 수 있다.

● 거들 스케일

거들 스케일Girdle Scale은 액시스 스케일과 마찬가지로 정육면체의 대각선 중 하나를 중심으로 이를 둘러싸고 있는 정이십면체의 여섯 개 꼭지점을 지나는 스케일을 말한다. 〈그림 6-24〉는 정육면체의 대각선 중 튕기기/누르기 디아고널인 오른쪽/위/뒤와 왼쪽/아래/앞을 중심으로 이를 둘러싼 꼭지점으로 구성되며, 이 꼭지점들을 지날 때 몸 주위에 원을 그리는 듯한 움직임의 형태를 보인다. 이것은 액시스 스케일처럼 내부를 지나면서 움직임의 흔적이 횡단적 경로를 그리는 것과는 다

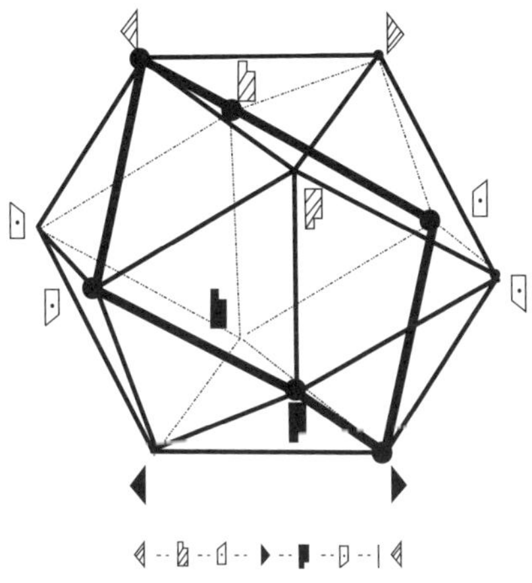

〈그림 6-24〉 거들 스케일

르게 정이십면체의 외부에서 주변적 경로를 그리며 일어나는 움직임이다. 이러한 점에서 액시스 스케일보다는 움직임이 완만하고 부드러우며 흐름이 강조되는 분위기를 만든다. 이 스케일에서는 사지가 자신의 몸 주위를 감싸는 듯한 움직임에서 몽상적인 분위기를 만들어 낸다. 그리고 통제적이고 무게가 있는 탄력적인 몸으로 〈그림 6-25〉와 같이 지구의 적도를 그리는 것과 같은 이미지를 가지고 있다. 그래서 거들 스케일의 모습은 부채나 리본과 같은 소품을 사용해 원을 그리는 춤에서 발견할 수 있고, 특히 한국 무용에서는 승무나 살풀이춤 등에서 많이 볼 수 있다.

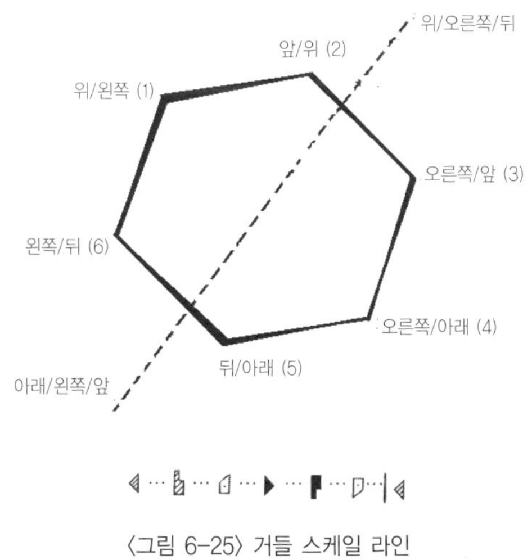


〈그림 6-25〉 거들 스케일 라인

## ● 프라이머리 스케일

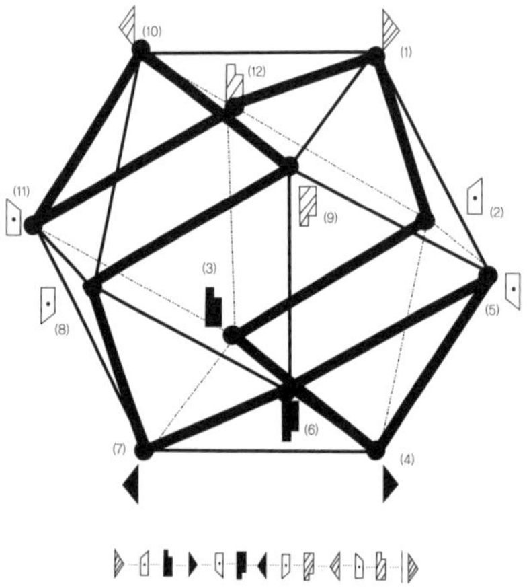

〈그림 6-26〉 프라이머리 스케일

프라이머리 스케일Primary Scale은 액시스 스케일 그리고 거들 스케일과 마찬가지로 정육면체의 대각선 네 개 중 한 축을 기준으로 이를 둘러싸고 있는 꼭지점들을 연결한 조합으로 이루어지는 스케일이다. 앞서 언급했듯이 정육면체의 대각선 축은 모두 네 개이며, 각 축은 하나의 독립된 스케일을 가지므로 모두 네 개의 스케일을 만들어 낸다. 프라이머리 스케일은 액시스 스케일과 거들 스케일을 이루는 꼭지점들을 모두 지나는 스케일이다. 즉, 횡단적 경로로 이루어진 액시스 스케일과 주변적 경로로 이루어진 거들 스케일의 각 꼭지점들을 번갈아가며 지나는 움직임의 조합을 만든다. 이 때 정이십면체의 모든 꼭지점을 지나게 되므로 프라이머리라는 용어가 의미하듯 기본적인 스케일 혹은 기준이 되는 스케일이라고 할 수 있다.

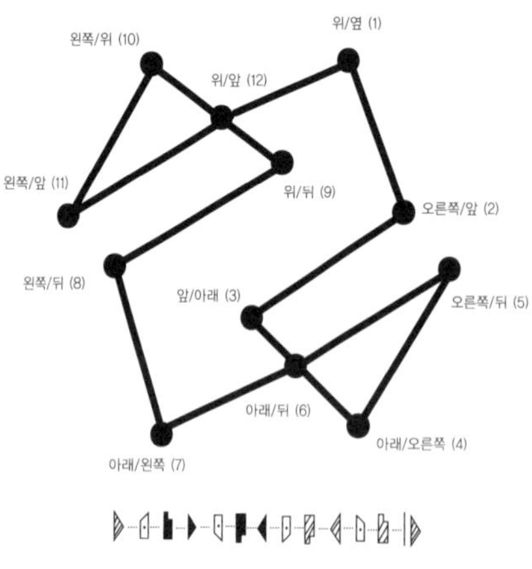


〈그림 6-27〉 프라이머리 스케일 라인

〈그림 6-26〉은 정육면체의 대각선 중 하나인 튕기기/누르기 디아고널인 오른쪽/위/뒤와 왼쪽/아래/앞을 중심으로 만들어진 스케일이다. 이 움직임은 수직면의 오른쪽/위(1)-수평면의 오른쪽/앞(2)-시상면의 앞/아래(3)-수직면의 오른쪽/아래(4)-수평면의 오른쪽/뒤(5)-시상면의 뒤/아래(6)-수직면의 왼쪽/아래(7)-수평면의 왼쪽/뒤(8)-시상면의 뒤/위(9)-수직면

의 왼쪽 위(10)-수평면의 왼쪽/앞(11)-시상면의 앞/위(12)의 꼭지점을 차례로 지나가며 마지막에 오른쪽/위(1)로 되돌아오는 선을 그린다. 이 스케일의 느낌은 액시스 스케일과 거들 스케일의 조합으로 이루어져 〈그림 6-27〉과 같이 정이십면체의 모서리를 모두 돌면서 지그재그의 느낌으로 이루어진다. 프라이머리 스케일은 일상 생활에서도 자주 발견되는 일반적이고 자연스러운 움직임인데 양팔과 양다리가 교차되어 걷기와 같이 상반된 움직임의 특질이 조화를 이루는 움직임에서 발견된다.

### ● A 스케일과 B 스케일

#### A 스케일

A 스케일A scale은 〈그림 6-28〉과 같이 정이십면체 상에서 이루어지는 움직임으로 〈그림 6-29〉과 같이 수직면, 시상면, 수평면을 차례로 하여 〈그림 6-30〉에 제시된 번호 순으로 열두 개의 꼭지점 모두를 거쳐 가는 움직임이다. 이 스케일은 정육면체의 대각선 중 세 가지 대각선을 중심으로 여기에서 파생되는 움직임이다. 즉 정육면체의 대각선 네 개 중 한 가지 대각선을 피하면서 나머지 세 개의 대각선 주위를 돌면서 스케일이 만들어진다. A 스케일에서 빠진 한 개는 튕기기/누르기 디

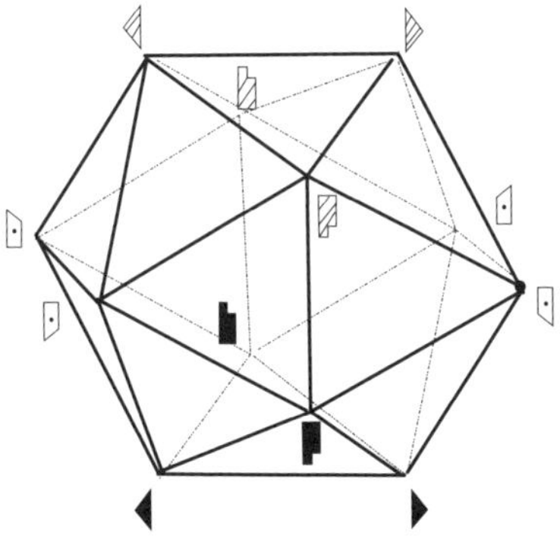

〈그림 6-28〉 정이십면체와 12개의 꼭지점

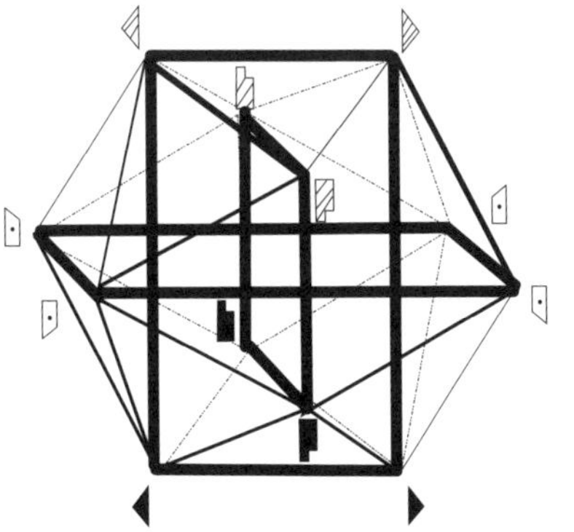

〈그림 6-29〉 정이십면체의 수직면, 수평면, 시상면

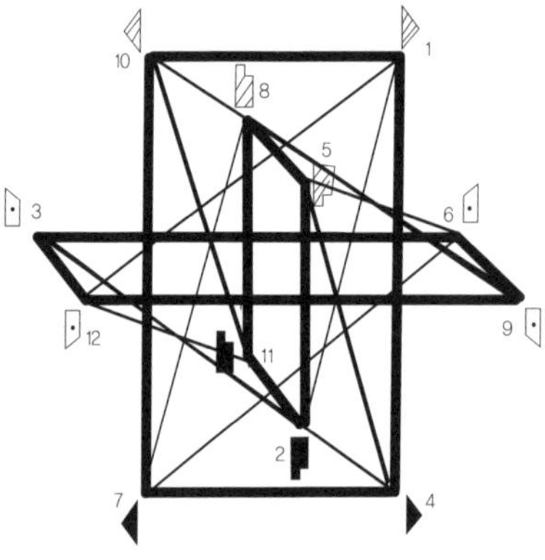


〈그림 6-30〉 A 스케일 움직임 순서

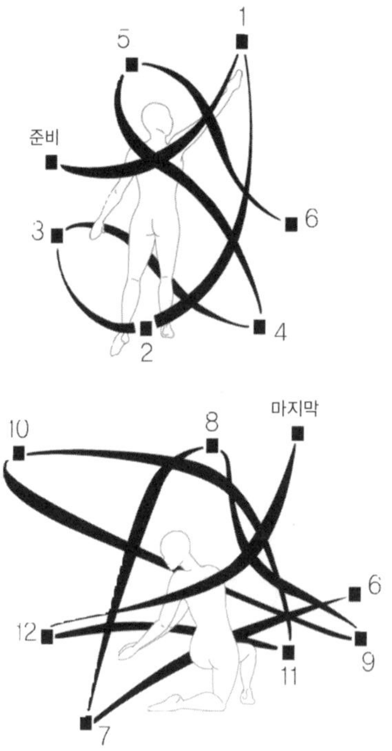


〈그림 6-31〉 A 스케일

아고널이다.

A 스케일은 프라이머리 스케일과 마찬가지로 열두 개의 꼭지점을 지나는데, 프라이머리 스케일이 정이십면체상의 주변적 경로를 지나는 반면 A 스케일은 횡단적인 경로를 지나게 된다. 그러므로 프라이머리 스케일과 A 스케일은 상반된 긴장감을 갖게 된다. 한 꼭지점에서 다른 꼭지점으로 움직이며 이동할 때에는 각 꼭지점을 지날 때 경사가 급한 방법Steepled으로 실행하거나 연결되는 방법Suspended, 그리고 평평한 방법Flat 등으로 행하게 된다. 이를 설명해 보면, 수직면에서 시상면의 꼭지점으로 움직일 때에는 높낮이의 변화가 크므로 경사가 급한 방법, 시상면에서 수평면으로 갈 때에는 높낮이의 변화가 중간 정도로 연결되는 방법, 그리고 수평면에서 다시 수직면으로 갈 때에는 높낮이 변화가 거의 없는 평평한 방법으로 움직이는 것을 말한다. 이와 같은 순서는 A 스케일을 모두 수행할 때까지 반복적으로 나타난다. 즉 〈그림 6-31〉과 같이 흘러가는 움직임으로 행하게

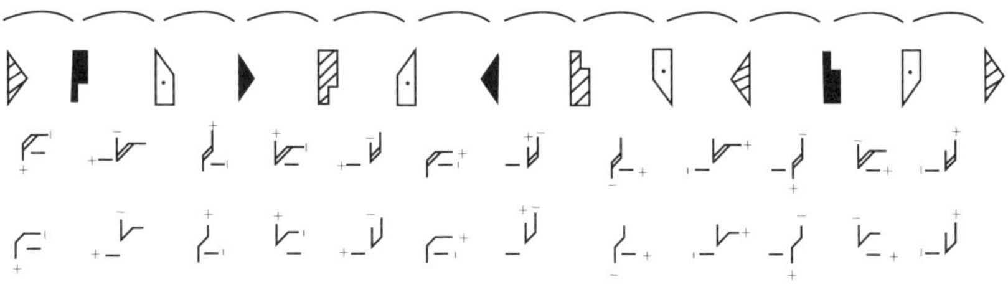


〈그림 6-32〉 A 스케일 경로 기호 및 셰이프-에포트 기호

되는데 우선 수직면, 위/오른쪽에서 움직임이 시작해 시상면 뒤/아래로 가고, 수평면 왼쪽/앞으로 가는 동작으로 연결된다. 이어서 다시 수직면의 아래/오른쪽으로 간 다음 시상면 뒤/위로 진행하고 다음에는 수평면 오른쪽/앞으로 연결된다. 그 다음에는 다시 수직면 아래/왼쪽으로 이동하고 시상면 앞/위로 움직인 다음 수평면 오른쪽/뒤로 진행한다. 마지막으로 다시 수직면 위/왼쪽으로 그리고 시상면 앞/아래로 간 다음 수평면의 왼쪽/뒤로 움직인다. 그리고 마지막에 처음 시작했던 수직면의 위/오른쪽으로 돌아온다.

이러한 A 스케일의 움직임은 〈그림 6-32〉와 같이 각각의 면에서 시작하는 꼭지점을 중심으로 오른쪽으로 돌면서 수직면-시상면-수평면을 연속적으로 반복하면서 진행되며, 2차원적인 평면의 꼭지점들을 지나가는 평면적 움직임으로 연결되어 매우 서정적인 느낌을 주는 움직임이 된다. 이러한 경로의 움직임을 방향 기호 및 셰이프 기호와 함께 에포트 기호로 표기하면 〈그림 6-32〉와 같다. 이와같이 셰이프와 에포트의 움직임 특질을 살려 A 스케일 각각의 꼭지점들을 지나는 움직임 구문을 만들면 좀 더 리듬감 있고 표현적인 움직임이 된다. 이러한 움직임 구문은 각 면의 꼭지점이 어떤 지점에서 다른 지점으로 어떻게 연결되는가에 따라 그 진행 형태가 달라진다. 즉 움직임 구문이 어떻게 구성되었는가에 따라 그 진행 형태가 달라진다.

A 스케일 상에서 진행되는 움직임 구문Movement Phrase의 형태는 크게 소용돌이 치는 듯한 분위기를 보여 주는 볼루트Volute 형태와 급한 경사를 이루는 듯한 분위

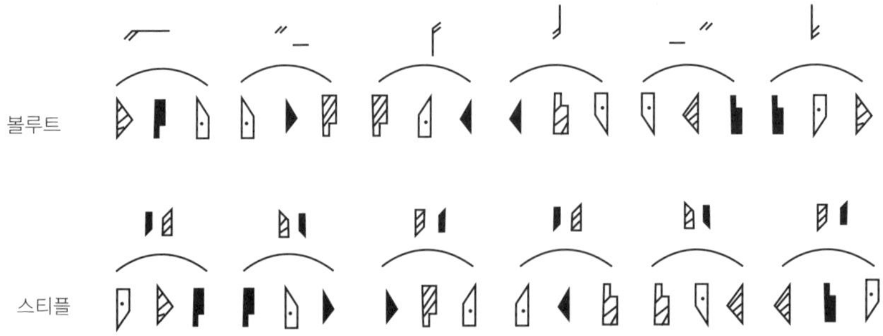


〈그림 6-33〉 A 스케일의 볼루트와 스티플

기를 보여 주는 스티플Steeple 형태 등 두 가지로 행할 수 있다. 이 볼루트와 스티플은 한 스케일에서 만들어지는 움직임이지만 그 특질은 매우 다르다. 볼루트의 움직임 구문을 행할 때에는 셰이핑의 특질을 계속 유지하지만 정육면체의 대각선 중 움직임의 기준이 되는 대각선이 변화된다.

반면, 스티플의 움직임 구문을 행할 때에는 셰이핑의 특질은 변화되지만 정육면체의 대각선은 그대로 유지된다. A 스케일에서 만들어 내는 볼루트와 스티플 움직임 구문의 구성은 〈그림 6-33〉과 같다.

### B 스케일

정이십면체의 결정체 안에서는 A 스케일 이외에 B 스케일로도 움직일 수 있다. B 스케일은 A 스케일에서 제외된 튕기기/누르기 디아고널과 대칭을 이루는 반대쪽 축인 미끄러지기/내리 베기 디아고널을 뺀 나머지 세 개의 대각선에서 파생되는 움직임으로 구성된다. 그러므로 A 스케일과 완벽한 대칭을 이루는 꼭지

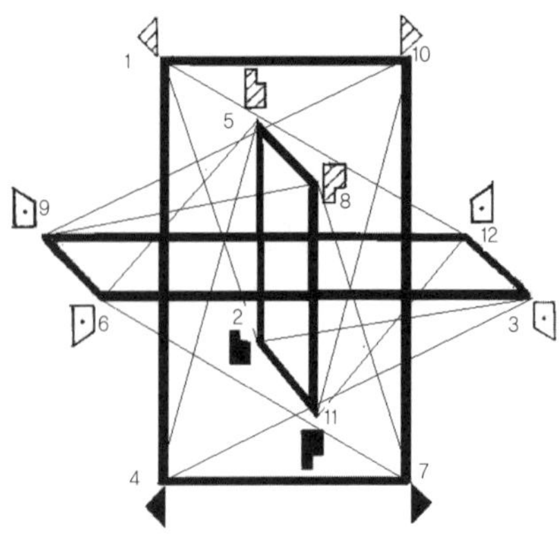

〈그림 6-34〉 B 스케일 움직임 순서

점들을 지나며 진행된다. B 스케일은 〈그림 6-34〉와 같은 순서로 진행되는데, 처음 시작은 수직면, 위/왼쪽에서 움직이기 시작해 시상면 앞/아래로 가고, 수평면 오른쪽/뒤로 가는 동작이다. 이어서 다시 수직면의 아래/왼쪽으로 간 다음 시상면 앞/위로 진행하고 다음에는 수평면 왼쪽/뒤로 움직인다. 그 다음에는 다시 수직면 아래/오른쪽으로 이동하고 시상면 뒤/위로 움직인 다음 수평면 왼쪽/앞으로 진행한다. 마지막으로 다시 수직면 위/오른쪽으로 그리고 시상면 뒤/아래로 간 다음 수평면의 오른쪽/앞으로 움직인다. 그리고 처음 시작했던 꼭지점인 수직면의 위/왼쪽으로 돌아오게 된다. 이러한 B 스케일의 움직임은 각각의 면에서 왼쪽으로 돌면서 수직면-시상면-수평면의 꼭지점을 지나는 순서로 진행된다.

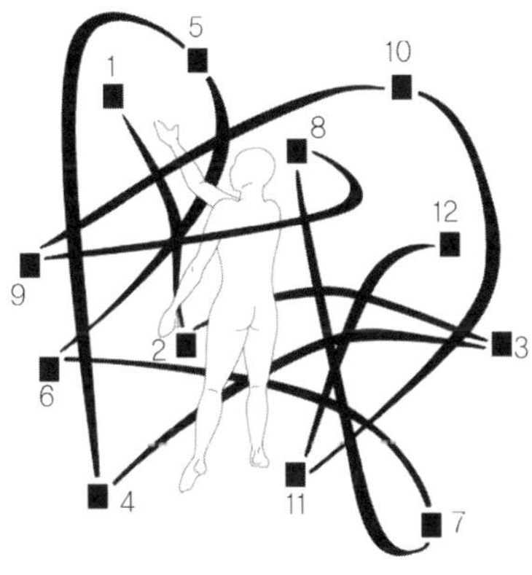


〈그림 6-35〉 B 스케일

이와 같은 B 스케일 경로의 움직임 순서를 그리면 〈그림 6-35〉와 같다. 그리고 이 움직임 순서를 방향 기호 및 셰이프 기호와 함께 에포트 기호로 표기하면 〈그림 6-36〉과 같다.

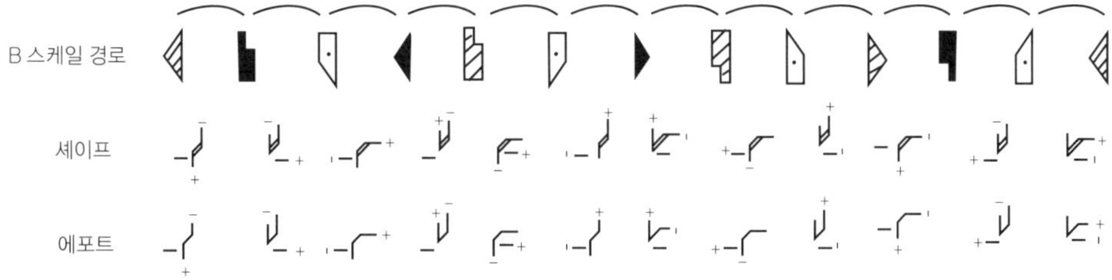


〈그림 6-36〉 B 스케일 경로 기호 및 셰이프-에포트 기호

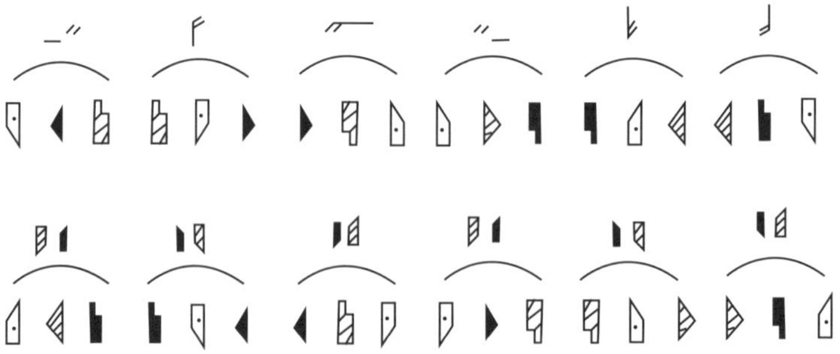


〈그림 6-37〉 B 스케일의 볼루트와 스티플

B 스케일도 A 스케일과 마찬가지로 볼루트와 스티플의 움직임 구문으로 움직일 수 있으며 이것은 A 스케일의 경우와 대칭을 이룬다. 이는 〈그림 6-37〉과 같이 나타낼 수 있으며, B 스케일도 볼루트와 스티플 모두 A 스케일과 같은 특질로 표현된다.

A 스케일과 B 스케일은 각각 한 개의 정육면체 대각선을 제외하고 만들어지며 빠진 대각선은 각 스케일의 움직임 특성을 결정한다. A 스케일에서 빠진 튕기기/누르기 디아고널은 강한 에포트가 오랫동안 유지되는 아주 강한 대각선이다. 이러한 A 스케일은 좀 더 부드러운 분위기를 유지하며 움직이므로 여성적인 스케일 female scale이라고 한다. 반대로 강한 에포트가 짧게 유지되는 미끄러지기/내리 베기 디아고널이 제외된 B 스케일은 거칠고 활동적인 분위기를 만들어 내서 이를 남

〈그림 6-38〉 A와 B 스케일

성적인 스케일male scale이라고 한다.

라반은 대칭을 이루는 A, B 스케일을 이용해 무용수들을 짝을 이루어 동시에 행하는 훈련을 했는데, 두 명의 무용수가 서로 마주보고 각각 A, B 스케일을 동시에 수행하면 〈그림 6-38〉과 같은 느낌이 보인다. 그리고 정육면체의 대각선 중 왼쪽/위/뒤와 오른쪽/아래/앞의 살짝 두드리기/비틀기 디아고널이 제외된 C 스케일C scale, 그리고 오른쪽/위/앞과 왼쪽/아래/뒤의 뜨기/때리기 디아고널이 제외된 D 스케일D scale의 움직임 구문을 만들 수 있다.

이상에서 설명한 바와 같이 라반의 공간 이론은 움직이는 사람이 사용하는 방향, 개인 공간의 범위, 그리고 움직임이 일어나는 결정체의 형태와 같은 움직임 공간의 구조적 측면과 움직임의 긴장, 역동 공간 등 움직임의 질적인 측면을 다루면서 공간에서 나타나는 조화로운 움직임을 분석한다. 따라서 우리는 공간에 대한 심도 깊은 이해와 분석을 통해 움직임을 효과적으로 표현할 수 있는 능력을 키울 수 있을 것이다.

제7장

# BESS의 상호친화성

1. BESS의 상호친화성이란?

2. 1차원 공간과 에포트-셰이프의 상호친화성

3. 2차원 공간과 에포트-셰이프의 상호친화성

4. 3차원 공간과 에포트-셰이프의 상호친화성

5. BESS의 반친화성

## 1. BESS의 상호친화성이란?

앞 장들에서 살펴본 라반 움직임 분석LMA의 네 가지 카테고리는 몸, 에포트, 셰이프, 공간Body, Effort, Shape, Space: BESS이다. 이것은 다양한 부위로 움직임을 실행할 수 있는 몸과 움직임의 동기나 마음가짐을 표현하는 에포트, 움직임의 형태를 그리는 셰이프, 움직임이 이루어지는 공간으로 요약된다. 인간의 움직임은 이 네 가지 카테고리 요소가 상호 연결되어 발생하는데, 상황에 따라 몸, 에포트, 셰이프, 공간 중 어느 하나가 다른 것에 비해 좀 더 강조되어 보이기도 하고 어떤 경우에는 이 네 가지가 한꺼번에 보이기도 한다. 예를 들어, 몸을 강조하는 경우에는 움직임의 시작점Initiation이나 주요 동작을 하는 몸 부위에 좀 더 주의를 기울이고, 팔을 위로 향해 뻗는 것과 같이 몸과 공간을 동시에 강조할 때에는 수직 공간Vertical Dimension을 강조하거나 몸이 이동하는 방향에 집중하기도 한다. 혹은 위로 올라가는 팔의 느낌이나 형태를 강조하는 움직임에서는 셰이프 흐름Shape Flow과 흐름 에포트Flow Effort가 동시에 나타나며, 이 움직임의 기저에 흐르고 있는 호흡 지지Breath Support가 발견될 때에는 네 가지 카테고리의 요소가 서로 연결되는 움직임이 나타나기도 한다.

이렇듯, 움직임은 인간이 의도하건 그렇지 않건 간에 다양한 요소가 서로 복잡하게 얽히면서 발생된다. 우리가 몸만 움직이려고 하거나 공간을 사용하지 않고 감정만 표현하려고 해도, 혹은 움직임의 형태만을 만들려고 해도 다른 카테고리의 요소가 알게 모르게 서로 자연스럽게 융화되는 경우가 많다. 즉, 한 가지 요소만 순수하게 사용해 움직임을 지속하기는 어려우며, 미세하고 단순한 움직임일지라도 그것을 분석해 보면 다양한 움직임의 요소가 서로 연결되어 관계를 맺고 있음을 알 수 있다. 이것은 움직이는 몸과 움직이고자 하는 마음이 공간 안에서 순리적으로 자연 법칙에 순응하며 움직임을 만들기 때문이다. 라반은 다양한 상황 속에서 나타나는 움직임을 관찰해 자연의 법칙에 순응하는 안정적이고 조화로운 움직임의 발생 원리를 발견했으며, 이를 몸, 에포트, 셰이프, 공간의 상호친화성Affinities이라고 명명했다.

다시 말하면 상호친화성이란 몸과 에포트, 셰이프와 공간 요소가 서로 친화적인 특질을 가지며 상호 관계를 이루는 것을 의미한다. 즉, 상호친화성의 원리를 통해 나타나는 움직임은 자연스럽고 안정적인 움직임의 특질을 갖게 된다. 예를 들면, 위/아래의 수직 공간에서는 중력의 법칙에 따라 나타나는 무거움과 가벼움 등 에포트의 무게 요소와, 위로 올라가고 아래로 줄어드는 셰이프의 요소가 나타난다. 오른쪽/왼쪽의 수평 공간에서는 몸 움직임의 너비와 관계해서 직접적이거나 간접적인 에포트의 공간 요소나 감싸고 펼치는 셰이프의 요소가 나타난다. 그리고 앞/뒤의 시상 공간에서는 인간의 감각 중 시각과 관련한 빨라지고 느려지는 에포트의 시간 요소와 앞으로 나아가고 뒤로 물러나는 셰이프의 요소가 나타난다. 이러한 원리에 따르면, 인간의 몸은 수직 공간에서 중력의 제한을 받기 때문에 몸이 중력에 가까워질수록, 즉 아래 공간으로 내려갈수록 강한 에포트로 움직이는 것이 자연스럽고, 이와 반대로 중력에서 멀어질수록 가벼운 에포트로 움직이는 것이 자연스럽게 보인다. 따라서 아래 공간과 강한 에포트 그리고 위 공간과 가벼운 에포트는 상호친화성을 갖는다고 할 수 있다.

또한 인간은 수평 공간에서 가장 광범위한 초점을 사용하기 때문에 몸의 중력을 극복해야 하는 수직 공간과는 다르게 자연적 한계를 덜 받는다. 이러한 수평 공간의 특질은 자연 속에서 발견되는 수평선이나 평평하고 안정적인 테이블과 같은 사물에서도 느낄 수 있다. 우리가 이러한 수평 공간에서 팔을 움직일 때에는 다양한 초점을 탐색할 수 있는 간접적인 공간 에포트를 사용할 수 있다. 이와 반대로, 펼쳐진 팔을 모을 때에는 열린 공간에서 점점 좁아지는 공간으로 움직임이 옮겨가면서 공간의 많은 초점이 사라져 결국 단 하나의 초점을 갖게 되는 직접적인 공간을 사용할 수 있다. 이러한 예를 통해 수평 공간과 에포트의 직접적 · 간접적인 공간, 셰이프의 열리는 · 닫히는 공간이 상호친화성을 갖고 있음을 인식할 수 있다.

마지막으로 시상 공간에서는 앞으로 나아가거나 후퇴하는 움직임에서 시간성이 발견되기 때문에 앞을 향해 나아가는 발걸음에서 시간의 진행을 느낄 수 있으며, 상대적으로 뒤에 남아 있는 흔적에서는 과거를 느낄 수 있다. 또한, 우리 몸의 앞 공간은 시각적으로 감지할 수 있으므로 넓은 시야를 확보해 다가올 상황을 예측하고 대비하며 천천히 움직일 수 있다. 하지만 뒤 공간은 보이지 않으므로 예측하지 못하는 것과 보이지 않는 것에 대한 공포나 불안감 때문에 뒤 공간으로 진행하는 움직임이 빠르고 급작스러울 수 있다. 그러므로 시상 공간은 시간과 관련이 있다.

이렇게 상호친화성을 가지고 이루어지는 일상적인 움직임의 예를 들면, 떠다니는 솜털을 잡으려고 할 때이다. 이 때 우리는 손을 가볍게 위로 들어 순간적으로 솜털을 살짝 잡으려는 움직임을 하게 될 것이다. 우리가 이런 행동을 하는 이유는 가볍게 날아다니는 솜털의 자연적 성질을 알기 때문이다. 만약, 우리가 그와 상반되는 행동을 한다면 의도한 결과를 쉽게 얻지 못하고 그 솜털을 날려 보내게 될 것이다. 이는 우리가 움직일 때 이 네 가지 카테고리 간의 관계를 인식하지 못하는 상황에서도 언제나 서로 친화성을 갖고 서로가 무한한 방법으로 어울려 실용적이면서 미적인 움직임을 창조하고 있음을 말하는 것이다. 따라서 친화성의 원리를 파악하고 이를 적용해 움직인다면 좀 더 조화롭고 자연스럽게 움직일 수 있으며, 더불어 보는 사람과도 그 움직임의 의미를 쉽게 소통할 수 있게 될 것이다.

이러한 BESS의 상호친화성을 좀 더 구체적으로 설명하기 위해서는 앞서 제시한 공간에 대한 개념과 원리에 대해 다시 한 번 살펴보는 것이 필요하다. 그 이유는 라반의 움직임 요소는 공간 연구를 통해 대부분 그 이론의 발전과 체계화가 이루어졌기 때문이다. 따라서 앞장에서 설명한 1차원, 2차원, 3차원 공간의 의미와 함께 에포트-셰이프에 대한 내용을 충분히 습득하게 되면 이 장에서 논의하고자 하는 BESS의 상호친화성에 대해 쉽게 이해할 수 있을 것이다.

## 2. 1차원 공간과 에포트-셰이프의 상호친화성

라반이 설명하는 1차원 공간이란 위-아래를 가리키는 수직축, 왼쪽 옆-오른쪽 옆의 수평축, 그리고 앞-뒤 시상축 등 양 방향으로 한 개의 공간적 당김을 갖는 공간을 의미한다. 1차원 공간에서 나타나는 움직임은 선적인 형태를 가지며, 그 선이 지나가는 방향에 따라 서로 다른 에포트와 셰이프의 관계에서 상호친화성을 갖게 된다. 예를 들면, 무게 에포트는 위-아래를 지나가는 수직축의 공간과 친화성을 갖고, 공간 에포트는 오른쪽-왼쪽을 지나가는 선인 수평축 공간과 친화성을 가지며, 시간 에포트는 앞-뒤로 지나가는 선인 시상축 공간과 친화성을 갖는다. 에포트의 인자 중 흐름 에포트는 수직, 수평, 시상 공간과는 친화성을 갖지 않는데, 이는 호흡과 관련되어 들숨과 날숨처럼 몸의 중심으로부터 들어오거나inward 나가는outward 움직임으로 공간보다는 몸 자체에 초점이 맞춰져 있기 때문이다. 이는 셰이프 흐름의 경우에도 마찬가지이다. 하지만 셰이프 흐름의 기본 요소인 가라앉는 셰이프와 자라나는 셰이프가 점차 공간과 상호 연결되어 움직임의 형태를 갖추기 시작할 때에는 수직, 수평, 시상의 공간과 상호친화성을 갖는 셰이프 요소가 형성된다.

이 장에서는 1차원 공간의 디멘셔널 교차축에서 각 방향에 따라 친화적으로 나타나는 에포트와 셰이프의 특징적인 요소를 살펴볼 것이다. 또한 이를 알기 쉽게

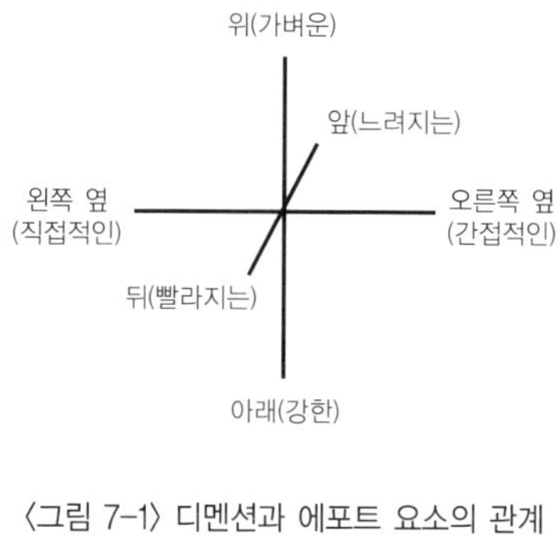


〈그림 7-1〉 디멘션과 에포트 요소의 관계

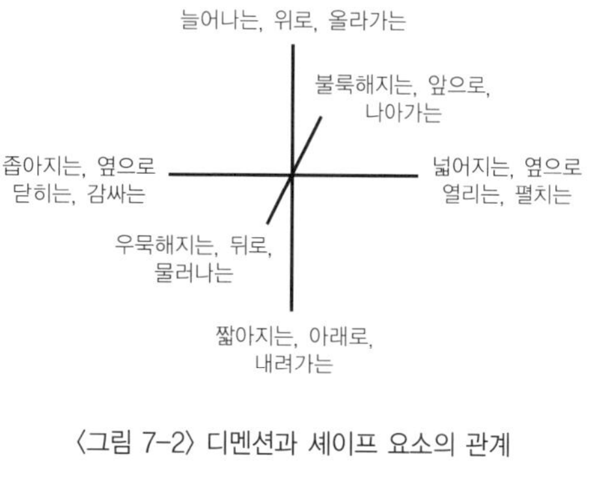


〈그림 7-2〉 디멘션과 셰이프 요소의 관계

표현하기 위해 〈그림 7-1〉 그리고 〈그림 7-2〉를 제시했다. 이 그림이 의미하는 내용에 대해 자세히 설명하면 다음과 같다.

### 1차원 공간과 에포트의 상호친화성

몸의 중심을 지나가는 디멘셔널 교차축들은 〈그림 7-1〉과 같이 수직으로 '위-아래'의 선과 수평으로 '왼쪽-오른쪽' 선 그리고 시상으로 '앞-뒤'의 선 등 수직선, 수평선, 시상선이 서로 교차하게 된다. 이 선들은 각각 1개의 공간적 당김Spatial Pull을 갖고 양쪽 두 방향으로 뻗어나간다. 에포트 인자들은 각 방향에 따라 그 표현 요소를 달리하는데, 예를 들면 움직이는 사람이 의식하거나 그렇지 않건 간에 무게 에포트 인자는 중력의 법칙에 따라 수직적인 표현을 하게 된다. 공간 에포트 인자는 공간을 직접적으로 혹은 간접적으로 진행하면서 수평적인 표현을 하게 된다. 또한, 시간 에포트 인자는 느려지거나 빨라지는 현상에 따라 자연스럽게 시상적인 표현을 하게 된다. 그래서 수직선상에서는 올라가는 가벼운 무게와 내려가면서 강한 무게로 표현하게 되고, 수평선상에서 왼쪽으로 몸이 닫히면서 하나의 초점을 갖는 직접적인 공간으로 그리고 몸이 옆으로 열리면서 다초점을 갖는 간접적인 공간으로 표현하게 된다. 시상선상에서는 뒤로 갈 때 갑작스러운 에포트, 즉 빨라지는 시간으로 표현하게 되고, 앞으로 가면서 느려지는 시간으로 표현하게 된다.

디멘셔널 교차축 상에서 표현되는 움직임과 에포트의 상호친화성을 적용한 일반적인 예를 들어보면, 어떤 사람이 머리 위에서 날아다니는 비눗방울을 잡으려고 할 때나 천장에 붙어 실이 아래로 내려온 풍선을 잡으려 할 때에는 강한 무게 에포트를 사용하지 않고 가벼운 무게 에포트로 팔을 올리는 것을 볼 수 있다. 이 경우, 위로 올라가는 수직적 움직임의 가장 친화적이고 관계가 있는 에포트가 가벼운 무게이다. 또 앞으로 나아가는 것은 뒤로 가는 것보다 편안하게 느껴지기 때문에 느려지는 시간 에포트가 친화적인 것이 된다. 그러나 우리의 몸이 뒤로 떨어질 때에는 엉덩이를 다치지 않기 위해 아주 재빠르게 뒤로 스텝을 하게 된다. 이런 경우에는 시상적으로 뒤로 물러나게 되는데, 이 때의 가장 친화적인 에포트가 빨라지는 시간이다. 또한 직접적인 공간 에포트와 가장 친화적인 움직임은 수평선상에서 옆으로 닫히면서 폭이 좁게 집중하는 제스처가 될 것이다. 이것은 우리가 이를 닦을 때 칫솔질을 하는 오른팔의 움직임을 상상해 보면 이해가 될 것이다. 칫솔을 든 팔은 어깨 부위로부터 오른쪽으로 벌어졌다가 왼쪽으로 닫히는 동작을 반복하게 될 것이다. 이 때 왼쪽으로 좁혀지는 동작이 직접적인 공간과 친화적인 에포트이다. 반대로 간접적인 에포트와 친화적인 동작의 예를 들어 보면, 무대 위에서 무용수가 관객의 환호에 화답하기 위해 곳곳에 시선을 주면서 팔을 옆으로 펼칠 때를 상상할 수 있다.

하지만 우리가 이렇게 서로 친화적이고 자연스럽게 이루어지는 에포트를 역행해서 자연 법칙에 위배되는 동작을 표현하려고 한다면, 아주 강한 의지를 가지고 친화적인 에포트와 상반된 움직임을 만들도록 노력해야 할 것이다. 이에 대한 설명은 다음 절에 제시한 BESS의 반친화성에서 자세하게 논의할 것이다.

### 1차원 공간과 셰이프의 상호친화성

에포트와 1차원 공간의 상호친화성과 마찬가지로 셰이프도 1차원 공간과 친화적으로 그 모습을 그려낸다. 예를 들면, 셰이프와 1차원의 수직선, 수평선, 시상선 등 세 개 선과의 관계 속에서 자주 일어나는 움직임의 경우를 보면 제자리에서 위로 행하는 움직임은 올리는 느낌이고, 제자리에서 아래로 행하는 움직임은 가라앉는 것과 같은 느낌으로 보인다. 또 오른팔이 왼쪽으로 교차하는 움직임은 닫히는 것과 같은 느낌을 받고, 몸을 오른쪽 옆으로 벌리는 움직임은 열리는 것과 같은 느낌을 받는다. 그리고 몸을 뒤로 행하는 움직임은 물러나는 것과 같은 느낌이고 앞으로 행하는 움직임은 나아가는 것과 같은 느낌이다. 이러한 느낌들은 1차원 공간상에서 셰이프 흐름, 방향 지향적 셰이프 그리고 셰이핑 등 특징적인 셰이프 유형으로 행하는 움직임에서 경험할 수 있다.

〈그림 7-2〉는 1차원 공간에 세 가지 셰이프 유형의 움직임 특질을 표시한 것이다. 이 그림을 보면, 셰이프 흐름에서는 수직선으로 늘어나는-짧아지는Lengthening-Shortening 느낌으로, 수평선으로는 넓어지는-좁아지는Widening- Narrowing 느낌으로, 그리고 시상선으로는 불룩해지는-우묵해지는Bulging-Hollowing 느낌으로 움직임을 행하게 된다. 이러한 동작이 행해질 때에는 몸의 내부에서 일어나는 호흡이 중심이 되며, 몸 외부로 방향을 지시하는 어떤 형태의 움직임도 일어나지 않는다. 방향 지향적 셰이프에서는 수직선으로 위로-아래로Upward- Downward, 수평선으로 옆으로 열리는-옆으로 교차하는Sideways Open-Sideways Across 그리고 시상선으로 앞으로-뒤로Forward-Backward 행하는 느낌이 된다. 그리고 입체감을 갖고 움직이는 셰이핑에서는 올라가는-내려가는Ascending-Descending 느낌이 수직선에서 이루어지고, 감싸는-펼치는Enclosing-Spreading 느낌은 수평선에서, 나아가는-물러나는Advancing-Retreating 느낌은 시상선에서 이루어진다.

결론적으로 1차원 공간과 에포트-셰이프의 친화성은 자연 법칙에 위배되지 않는 상황에서 이루어지고 있음을 알 수 있다. 즉, 1차원 공간과 에포트-셰이프의 관계 속에서 가벼운 것은 위로 올라가는 특성을 가지고 있고, 무거운 것은 아래로 내려가는 특성을 가지고 있다. 그리고 직접적으로 바라보는 공간은 간접적인 공간보다 폭이 좁다는 느낌을 준다. 또한 뒤로 물러나는 움직임은 빨라지는 느낌을 주고 앞으로 나아가는 움직임은 느리게 행한다는 느낌을 준다. 이것은 에포트의 무게와 공간, 그리고 시간 인자와 셰이프의 셰이프 흐름, 방향 지향적 셰이프, 셰이핑의 각 요소가 우리가 살아가고 있는 환경과 친화적인 특성을 보여 주는 사례이다. 이것을 수직적, 수평적, 시상적 관점에서 자세히 설명하면 다음과 같다.

수직선상에서의 움직임은 무게 에포트로 가볍거나 강한 특질을 보여 주며, 셰이프 흐름에서는 자라나거나 가라앉는 특질을 보여 주게 된다. 방향 지향적 셰이프에서는 위나 아래로 향하는 움직임의 특질을 보여 주며, 올라가거나 내려오는 셰이핑의 특질을 보여 주게 된다. 수평선상에서의 움직임은 공간 에포트로 직접적이거나 간접적인 특질과 관계되며 닫힘이나 열림과 관계를 가지고 있다. 그러므로 공간 사용이 직접적일 경우에 좁아지는 느낌을 주며 공간 사용이 간접적일 경우에는 넓어지는 느낌을 준다. 셰이프 흐름은 수평적으로 좁아지거나 넓어지며, 옆으로 교차하거나 옆으로 여는 방향 지향적 특질을 보여 준다. 그리고 안으로 감싸안거나 밖으로 펼치는 셰이핑의 특질도 나타난다. 시상선상에서의 움직임은 시간 에포트와 관계가 있다. 즉, 시간 에포트에서 제시하는 빨라지는 시간과 느려지는 시간으로 행하는 움직임 특질과 관계가 있다. 이는 또한 앞으로 불룩하게 내밀거나 뒤로 우묵하게 밀어넣는 셰이프 흐름과 함께 앞으로 가거나 뒤로 가는 방향 지향적 셰이프의 특질과 연관된다. 그리고 뒤로 물러나거나 앞으로 나아가는 셰이핑과도 상관성을 가지고 있다.

이러한 현상으로 볼 때, 수직선으로, 수평선으로 그리고 시상선으로의 움직임과 자연 법칙과의 조화는 몸이 똑바로 서 있는 자세에서 디멘셔널 교차축들의 양끝 지점을 향해 에포트로 그리고 셰이프의 세 가지 유형으로 움직이면서 실제로 경험해 보면 쉽게 이해할 수 있을 것이다.

1차원 공간과 에포트 그리고 세 가지 셰이프 유형 간의 친화성을 요약해 보면 〈표 5〉와 같다.

〈표 5〉 1차원 공간과 에포트-셰이프 친화성

| 1차원 공간 | 에포트 인자 | 에포트 요소 | 셰이프 흐름 | 방향 지향적 셰이프 | 셰이핑 |
|---|---|---|---|---|---|
| 수직축 | 무게 | 가벼운 | 늘어나는 | 위로 | 올라가는 |
| | | 강한 | 짧아지는 | 아래로 | 내려가는 |
| 수평축 | 공간 | 직접적인 | 좁아지는 | 옆으로 교차하는 | 감싸는 |
| | | 간접적인 | 넓어지는 | 옆으로 열리는 | 펼치는 |
| 시상축 | 시간 | 빨라지는 | 우묵해지는 | 뒤로 | 물러나는 |
| | | 느려지는 | 불룩해지는 | 앞으로 | 나아가는 |

## 3. 2차원 공간과 에포트-셰이프의 상호친화성

### 2차원 공간과 에포트의 상호친화성

2차원 공간은 세 개의 선이 교차하는 1차원 공간에서 발전되어 세 개의 면으로 교체된 공간을 말한다. 이것은 수직면, 수평면 그리고 시상면이다. 이 면들은 각각 두 개의 수직선과 수평선이 만나 수직면을 만들고, 각각 두 개의 수평선과 시상선이 만나 수평면을, 그리고 각각 두 개의 시상선과 수직선이 만나 시상면을 만든다. 그래서 각각 네 개씩 꼭지점을 갖게 된다. 그리고 이 세 개의 면들은 서로 교차해 〈그림 7-3〉과 같은 모습을 하게 되고 열두 개의 꼭지점을 갖게 된다. 이 세 가지 2차원 면의 꼭지점들은 하나의 당김을 가지고 있는 1차원 선 두 개가 합쳐져 두 개의 공간적 당김을 갖게 된다. 그러나 이 두 개의 공간적 당김은 서로 그 강도가 달라 하나의 당김이 다른 하나의 당김보다 더 강하게 작용한다. 라반이 제시한 2차원 면의 모양이 직사각형으로 되어 있는 것도 서로 다른 공간적 당김의 강도와 관련해 이해할 수 있다.

우선 수직면의 경우, 수직선과 수평선 두 개의 공간적 당김 중에서 수직선이 수평선보다 강하게 작용한다. 그래서 위-아래가 긴 직사각형 형태이다. 이와 같은 수직면에서 우리가 〈그림 7-3〉에 표시된 위/오른쪽에 있는 꼭지점(1)으로 움직이고자 한다면 수평선보다는 수직선을 강조하게 되어 좀 더 높은 곳으로 움직이게 될 것이다. 이것을 에포트와 관련시켜 생각해 보면, 수직선과 친화성을 가지고 있는 무게 에포트에 더 강조를 두고 행하는 것이 적절하다. 즉, 수평선과 친화성

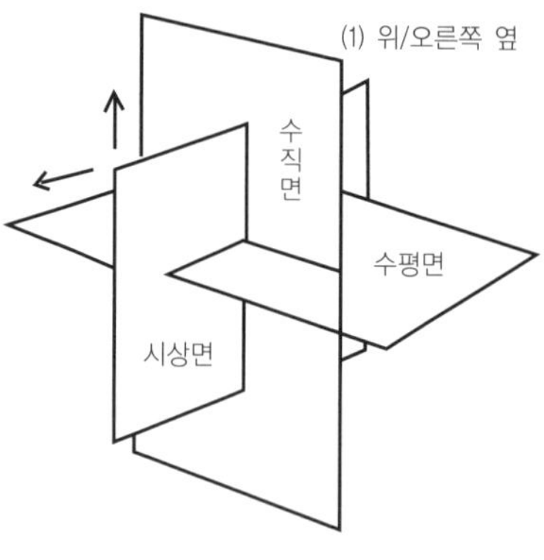


〈그림 7-3〉 2차원 수직면, 수평면, 시상면의 교차

〈표 6〉 2차원 면들의 꼭지점과 친화적인 에포트

| 2차원 공간 | 방향 | 에포트 | |
|---|---|---|---|
| | | 강 | 약 |
| 수직면 | 위/오른쪽 | 가벼운 | 간접적인 |
| | 위/왼쪽 | 가벼운 | 직접적인 |
| | 아래/오른쪽 | 강한 | 간접적인 |
| | 아래/왼쪽 | 강한 | 직접적인 |
| 수평면 | 왼쪽/ 앞 | 직접적인 | 느려지는 |
| | 왼쪽/뒤 | 직접적인 | 빨라지는 |
| | 오른쪽/앞 | 간접적인 | 느려지는 |
| | 오른쪽/뒤 | 간접적인 | 빨라지는 |
| 시상면 | 뒤/위 | 빨라지는 | 가벼운 |
| | 뒤/아래 | 빨라지는 | 강한 |
| | 앞 /위 | 느려지는 | 가벼운 |
| | 앞 /아래 | 느려지는 | 강한 |

을 가지고 있는 간접적인 공간보다는 수직선과 친화성을 가지고 있는 가벼운 무게의 느낌을 더욱 강조하면서 움직이는 것이 수직면에서의 움직임을 더 잘 묘사하게 된다. 이와 같은 원리는 수평면과 시상면의 꼭지점 등 다른 꼭지점으로 움직일 때에도 똑같이 적용된다. 따라서 2차원 면들의 꼭지점으로 움직일 때 표현되는 친화적인 에포트는 〈표 6〉과 같이 요약할 수 있다.

## 2차원 공간과 셰이프의 상호친화성

2차원 면이 가지고 있는 꼭지점으로 움직일 때 에포트 요소들과 상호친화성을 갖는 것처럼 셰이프의 요소들과도 친화성을 갖는다. 앞서 언급했듯이 수직면의 각 꼭지점은 수직선과 수평선의 공간적 당김이 만나 이루어진다. 그래서 수직면의 꼭

〈표 7〉 2차원 면들의 꼭지점과 친화적인 셰이프

| 2차원 공간 | 방향 | 셰이프 흐름 | | 방향 지향적 셰이프 | | 셰이핑 | |
|---|---|---|---|---|---|---|---|
| | | 강 | 약 | 강 | 약 | 강 | 약 |
| 수직면 | 위/<br>오른쪽 | 늘어나는 | 넓어지는 | 위로 | 옆으로<br>열리는 | 올라가는 | 펼치는 |
| | 위/<br>왼쪽 | 늘어나는 | 좁아지는 | 위로 | 옆으로<br>교차하는 | 올라가는 | 감싸는 |
| | 아래/<br>오른쪽 | 짧아지는 | 넓어지는 | 아래로 | 옆으로<br>열리는 | 내려가는 | 펼치는 |
| | 아래/왼쪽 | 짧아지는 | 좁아지는 | 아래로 | 옆으로<br>교차하는 | 내려가는 | 감싸는 |
| 수평면 | 왼쪽/<br>앞 | 좁아지는 | 불룩해지는 | 옆으로<br>교차하는 | 앞으로 | 감싸는 | 나아가는 |
| | 왼쪽/<br>뒤 | 좁아지는 | 우묵해지는 | 옆으로<br>교차하는 | 뒤로 | 감싸는 | 물러나는 |
| | 오른쪽/앞 | 넓어지는 | 불룩해지는 | 옆으로<br>열리는 | 앞으로 | 펼치는 | 나아가는 |
| | 오른쪽/뒤 | 넓어지는 | 우묵해지는 | 옆으로<br>열리는 | 뒤로 | 펼치는 | 물러나는 |
| 시상면 | 뒤/위 | 우묵해지는 | 늘어나는 | 뒤로 | 위로 | 물러나는 | 올라가는 |
| | 뒤/<br>아래 | 우묵해지는 | 짧아지는 | 뒤로 | 아래로 | 물러나는 | 내려가는 |
| | 앞 /위 | 불룩해지는 | 늘어나는 | 앞으로 | 위로 | 나아가는 | 올라가는 |
| | 앞/<br>아래 | 불룩해지는 | 짧아지는 | 앞으로 | 아래로 | 나아가는 | 내려가는 |

지점 중에서 위/오른쪽의 꼭지점(1)으로 움직일 때에는 유형별로 친화성을 갖는 셰이프가 적용된다. 먼저 위/오른쪽의 꼭지점은 수직선, 수평선과 친화성을 가지고 있어서 셰이프 흐름의 경우, 늘어나는/넓어지는 셰이프로 움직일 수 있다. 방향 지향적 셰이프의 경우에는 위로/옆으로 열리는 방향으로 움직이게 되고, 셰이핑의

경우에는 올라가는/펼치는 셰이프와 친화성을 갖고 움직이게 된다. 하지만 2차원 면과 셰이프의 친화성도 에포트와 마찬가지로 두 개 선이 갖는 당김 강도가 다르기 때문에 수직면의 위/오른쪽으로 움직일 경우 수직을 강조하는 늘어나는/위로/올라가는 셰이프가 수평을 강조하는 넓어지는/옆으로 열리는/펼치는 셰이프보다 강하게 나타난다. 이와 같은 원리는 각각 수평면과 시상면에서도 똑같이 적용된다. 2차원 면의 꼭지점으로 움직일 때 친화적인 셰이프를 유형별로 제시하면 앞의 〈표 7〉과 같이 요약할 수 있다.

## 4. 3차원 공간과 에포트-셰이프의 상호친화성

### 3차원 공간과 에포트의 상호친화성

2차원 공간에서 에포트-셰이프가 공간과 상호친화성을 갖는 것과 마찬가지로 높이, 폭, 깊이로 구성되어 있는 3차원 공간인 정육면체의 꼭지점을 향한 움직임도 에포트와 자연 친화적으로 연결되어 있다. 정육면체에는 수직, 수평, 시상 등 세 개의 공간적 당김에 의해 만들어지는 여덟 개의 꼭지점이 있고, 한 개의 꼭지점과 사선으로 반대의 꼭지점에 이르는 네 개의 대각선이 있다.

이 네 개의 대각선은 〈그림 7-4〉와 같이 각각 두 개의 꼭지점을 포함하고 있어서 여덟 개의 꼭지점을 향해 움직일 수 있는 가능성을 열어 준다. 이 여덟 개의 꼭지점은 세 개의 공간적 당김이 모여 그 특징을 나타낸다. 따라서 에포트의 유형도 1차원의 각 방향과 에포트의 관계에서 설명한 것처럼 수직선은 무게 에포트와 수평선은 공간 에포트 그리고 시상선은 시간 에포트와 자연적으로 친화성을 갖게 된다. 예를 들면, 〈그림 7-5〉에서 위/오른쪽/앞의 꼭지점은 가벼운/간접적인/느려지는 에포트 요소를 표현하게 되고, 반대쪽 아래/왼쪽/뒤의 꼭지점은 강한/직접적인/빨라지는 에포트를 표현하게 된다. 즉 위로 열리면서 앞을 향하는 움직임은 몸

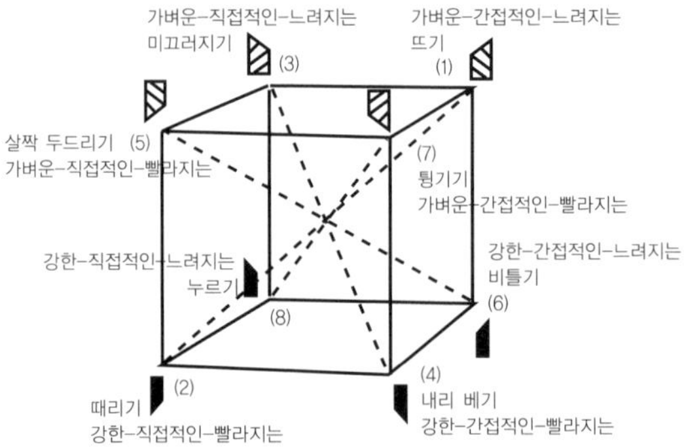


〈그림 7-4〉 정육면체의 꼭지점과 에포트 요소의 상호친화성

〈표 8〉 3차원 공간과 에포트-셰이프의 친화성

| 3차원 공간 | 에포트 유형 | 에포트 요소 | 셰이프 흐름 | 방향 지향적 셰이프 | 셰이핑 |
|---|---|---|---|---|---|
| 위/오른쪽/앞 | 뜨기 | 가벼운<br>간접적인<br>느려지는 | 늘어나는<br>넓어지는<br>불룩해지는 | 위로<br>옆으로 열리는<br>앞으로 | 올라가는<br>펼치는<br>나아가는 |
| 아래/왼쪽/뒤 | 때리기 | 강한<br>직접적인<br>빨라지는 | 짧아지는<br>좁아지는<br>우묵해지는 | 아래로<br>옆으로 닫히는<br>뒤로 | 내려가는<br>감싸는<br>물러가는 |
| 위/왼쪽/앞 | 미끄러지기 | 가벼운<br>직접적인<br>느려지는 | 늘어나는<br>좁아지는<br>불룩해지는 | 위로<br>옆으로 닫히는<br>앞으로 | 올라가는<br>감싸는<br>나아가는 |
| 아래/오른쪽/뒤 | 내리 베기 | 강한<br>간접적인<br>빨라지는 | 짧아지는<br>넓어지는<br>우묵해지는 | 아래로<br>옆으로 열리는<br>뒤로 | 내려가는<br>펼치는<br>물러가는 |
| 위/왼쪽/뒤 | 살짝 두드리기 | 가벼운<br>직접적인<br>빨라지는 | 늘어나는<br>좁아지는<br>우묵해지는 | 위로<br>옆으로 닫히는<br>뒤로 | 올라가는<br>감싸는<br>물러가는 |
| 아래/오른쪽/앞 | 비틀기 | 강한<br>간접적인<br>느려지는 | 짧아지는<br>넓어지는<br>불룩해지는 | 아래로<br>옆으로 열리는<br>앞으로 | 내려가는<br>펼치는<br>나아가는 |
| 위/오른쪽/뒤 | 튕기기 | 가벼운<br>간접적인<br>빨라지는 | 늘어나는<br>넓어지는<br>우묵해지는 | 위로<br>옆으로 열리는<br>뒤로 | 올라가는<br>펼치는<br>물러가는 |
| 아래/왼쪽/앞 | 누르기 | 강한<br>직접적인<br>느려지는 | 짧아지는<br>좁아지는<br>불룩해지는 | 아래로<br>옆으로 닫히는<br>앞으로 | 내려가는<br>감싸는<br>나아가는 |

의 무게가 가볍고 공간은 다초점의 특징을 가지면서 천천히 이동하는 것이 자연스러워 보인다. 반대로 아래쪽으로 몸이 닫히며 뒤로 향하는 움직임에서는 몸의 불편한 자세에서 빨리 벗어나기 위해 무게를 강하게 하고 초점을 한 곳으로 모으면서 빨라지는 동작을 하게 된다. 즉 특정 공간이 갖는 특성과 친화적인 움직임을 하면서 자연스럽고 편안하게 움직이게 된다. 이러한 원리에 따라 여덟 개의 꼭지점으로 움직일 때 사용할 수 있는 에포트는 〈표 8〉과 같다.

이러한 3차원 공간의 에포트 조합은 제4장에서 설명한 동작 충동의 기본 에포트 동작Basic Effort Action과 일치한다. 위/오른쪽/앞에서 나타나는 가벼운/간접적인/느려지는 에포트 조합은 기본 에포트 동작의 뜨기Float와 같고, 아래/왼쪽/뒤에서 나타나는 강한/직접적인/빨라지는 에포트의 조합은 때리기Punch와 같은 형태이다. 즉 좀 더 폭넓은 형태의 움직임을 표현할 수 있는 3차원 공간의 디아고널에서 펼쳐지는 기본 에포트 동작 역시 상호친화성을 가지고 행해지고 있음을 알 수 있다. 이러한 움직임은 매우 효과적이고 자연스럽게 자연의 법칙에 순응하는 표현으로서 공간과 에포트 간의 상호친화성을 보여 주는 사례라 할 수 있다.

### 3차원 공간과 셰이프의 상호친화성

1차원, 2차원 공간과 셰이프가 친화성을 갖고 있는 것과 마찬가지로 3차원 공간과 셰이프 역시 친화적으로 연결되어 있다. 3차원 정육면체의 꼭지점은 1차원의 수직, 수평, 시상선 각각의 선들이 서로 연결되면서 세 개의 당김을 한꺼번에 느끼게 하는 움직임을 만든다. 예를 들면, 정육면체 위쪽에 있는 네 개의 꼭지점과 아래쪽 네 개의 꼭지점으로 움직일 때에는 매우 폭이 넓고 볼륨이 있으며 몸이 뒤틀리는 형태의 움직임을 만들게 된다. 특히 서로 대각선으로 마주보고 있는 꼭지점을 연결한 선을 그리며 움직일 때 이런 특징이 두드러지게 나타나게 된다.

이렇게 3차원 공간상에서 여덟 개의 꼭지점을 향해 움직이는 셰이프 유형을 설명하면, 먼저 〈그림 7-5〉의 위/오른쪽/앞 꼭지점은 (1)에 제시한 것과 같이 셰이프 흐름은 늘어나는/넓어지는/불룩해지는 느낌의 움직임이 되고, 방향 지향적 셰이프는 위로/옆으로 열리는/앞으로 등의 특질을 보이게 된다. 그리고 셰이핑의 특징은 올라가는/펼치는/나아가는 느낌의 움직임이 되어 이 세 가지 유형의 셰이프는 꼭지점 (1)과 친화적인 움직임이 된다. 이러한 움직임의 특징은 가벼운/간접적인/느려지는 에포트의 특성을 그대로 반영하기 때문에 모든 셰이프 유형에서 행하는 움직임은 자연 법칙에 순응하는 움직임의 형태를 만들면서 결국 위로 올라가면 가벼운 느낌을 주고 열리면 포괄적이면서 앞으로 천천히 진행하는 느낌을 자연스럽게 표현하게 된다. 이 세 가지 셰이프 유형의 움직임 특질을 설명하면 〈그림 7-5〉와 같다.

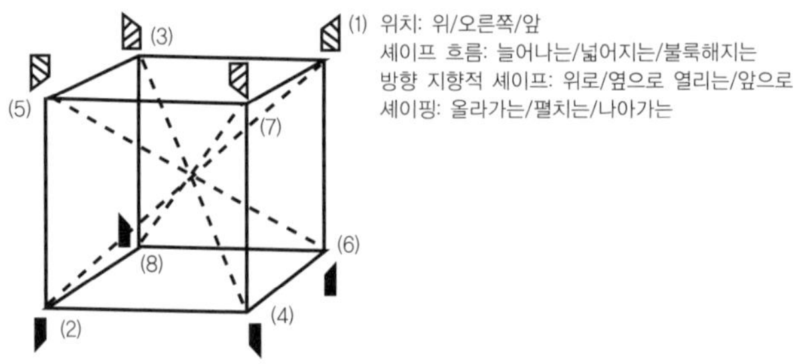


〈그림 7-5〉 3차원 정육면체의 꼭지점과 셰이프 친화성

위 그림에서 나타내는 셰이프는 1차원 공간과 셰이프의 관계를 나타내는 〈표 5〉를 기준으로 결정하게 되며, 이를 종합해 보면 몸이 똑바로 서 있는 자세에서 세 개의 당김이 있는 꼭지점으로 움직일 때에는 위에서 설명한 것과 같이 상호친화적으로 움직임이 이루어지고 있음을 알 수 있다. 즉, 우리가 움직일 때 특정한 공간의 방향으로 향하는 움직임과 에포트-셰이프 요소 간에는 인간이 자연적이고 보편적으로 느끼는 친화성이 있으며, 이것은 움직이고 있는 개인의 느낌과 공간과의 조화로운 역동성이 서로 관계를 갖고 있음을 말하는 것이다. 이상에서 설명한 3차원 공간과 에포트-셰이프의 친화성을 요약해 보면 앞의 〈표 8〉과 같다.

이처럼 라반의 BESS의 이론과 실제는 개별적으로 그리고 각각의 요소가 서로 상호 관계 및 친화성을 갖고 인간이 자연스럽고 기능적으로 그리고 표현적으로 움직일 수 있도록 그 원리를 제시한다.

## 5. BESS의 반친화성

앞서 설명했던 BESS의 친화성은 인간이 움직일 때, 1차원, 2차원, 3차원 공간이 에포트-셰이프의 특질과 자연스럽고 조화롭게 어울리게 된다는 개념이다. 이것은, 즉 자연의 법칙과 원리가 바탕이 되어 조화로운 움직임이 창조된다는 것을 의미한다. 하지만 우리는 항상 자연의 법칙에 따라 움직이는 것은 아니다. 어떤 경우에는 자연을 거스르며 인간의 강한 의지를 보여 줄 수도 있고 보는 사람의 관심을 끌기 위한 충격적인 움직임을 연출하기도 한다. 이는 BESS의 친화성에서 논의한 것과는 상반된 반친화적Disaffinities인 움직임의 관점에서 설명될 수 있다.

반친화적인 움직임이란 자연의 법칙에 순응할 때 일어나는 움직임이 아니라 그것을 역행하는 움직임을 말한다. 예컨대, 수직선상에서 위와 친화적인 에포트는 가벼운 무게이다. 우리는 사지를 이용해 위로 향하는 동작을 할 때, 가벼운 에포트를 사용해서 표현하는 것이 편안하게 느껴질 것이다. 하지만 이러한 에포트의 사용과 반대로 위로 향하는 동작에서 강한 에포트를 사용한다면 우리는 물론 이를 관찰하는 사람도 매우 불편한 감정을 느끼게 될 것이다. 이는 자연에 순응해서 움직인다는 느낌보다 의지를 가지고 움직이는 느낌이라고 할 수 있다. 우리는 종종 우리의 의견을 주장하거나 호소할 때 팔을 강하게 위로 올려 표현하는 것을 볼 수 있는데, 이러한 움직임이 대표적인 반친화적 움직임이다. 또 다른 예로, 위/오른쪽/앞 공간과 친화적인 가볍고 간접적이며 느려지는 뜨기 동작을 할 때, 우리가 강하고 직접적이며 빨라지는 상반된 에포트를 사용한다면 자연스러운 흐름을 억지로 역행하는 느낌으로 움직이게 될 것이다. 이는 중력의 법칙을 거스르는 동작으로 자연에 순응한다기보다는 인간의 강한 의지를 나타내는 반친화성을 개입시킨 움직임의 결과라고 할 수 있다.

이처럼 우리를 둘러싸고 있는 공간은 각 지점마다 특징적인 에포트를 가지고 있다. 그래서 각 지점에서 일어나는 움직임마다 서로 다른 독특한 특질을 갖게 된다. 우리는 움직이면서 무의식적으로 BESS의 친화성 법칙을 따르게 된다. 하지만 움직이는 사람이 의도적으로 불편한 감정을 표현하기 위해 그리고 극적으로 분위기를 전환하려고 할 때에는 반친화성의 법칙을 따르기도 한다. 이러한 원리는 셰이프 흐름이나 방향 지향적 셰이프 그리고 셰이핑에서도 똑같이 작용한다. 따라서 우리가 이 BESS의 반친화성 개념을 이해하고 이를 직접 움직임에 적용한다면 자연에 순응하는 움직임에서는 나타낼 수 없는 강한 역동적 동작을 접할 수 있을 것이다.

〈사진 26〉은 움직임의 반친화성을 보여 주는 대표적인 예이다. 친화적 관점에서는 위로 올라가는 움직임에서는 가볍고 부드러운 움직임이 어울리지만 태권도를 하는 소년의 팔은 위로 올라가면서 매우 강한 무게를 사용하고 있다. 우리가 이와 같은 인간의 강한 의지와 역동성을 느낄 수 있는 것은 바로 공간과 에포트의 반친화적인 움직임을 의도적으로 수행하기 때문이다. 공간과 에포트 혹은 셰이프의 친화적 혹은 반친화적 움직임은 창의적으로 사용함에 따라 표현적인 움직임을 창조할 수 있다.

〈사진 26〉 반친화적인 움직임

제8장

# 움직임 표기법-모티프 표기법

1. 라반의 움직임 표기법

2. 모티프 표기법

## 1. 라반의 움직임 표기법

라반은 특수한 기호로 움직임을 묘사할 수 있는 언어를 창조했고 움직임을 관찰하고 분석할 수 있는 움직임 분석 체계를 창안했다. 그가 만든 움직임 언어는 음악의 악보와 마찬가지로 공간상에 그려지는 움직임의 형태를 표기할 수 있는 체계이다. 라반의 움직임 이론에 기초해서 창안된 이 기록 체계는 움직임의 구조를 기록할 수 있는 라바노테이션Labanotation과 움직임의 특질을 기록할 수 있는 에포트-셰이프 표기법 그리고 움직임의 동기나 의도를 기록할 수 있는 모티프 표기법 등이 있다. 이 표기법들의 특징은 움직임을 기록하고 설명하는 약속된 기호와 몸의 형태를 나타내는 기호로 이루어져 있다.

라바노테이션은 움직임을 나타내는 기호들을 이용해 공간상에서 이루어지는 모든 움직임을 표기하도록 고안되어 있으며, 이를 통해 세세한 움직임까지 관찰하고 분석할 수 있는 가능성을 제공한다. 특히 춤의 원자료를 자세하게 기록할 수 있는 유용한 표기법이다. 에포트-셰이프 표기법은 움직임에서 관찰할 수 있는 역동성, 즉 움직임의 특질과 표현을 나타낼 수 있다. 움직임의 질적인 측면을 기록하는 이 표기법은 그 필요에 따라 라바노테이션의 기호를 자유롭게 결합할 수 있어서 움직임을 분석하고 기록하는 데 중요한 언어로서 기능하고 있다. 모티프 표기법은 라바노테이션의 기호들을 바탕으로 발레리 프레스턴 던롭Valerie Preston Dunlop과 앤 허친슨 게스트Ann Hutchinson Guest에 의해 발전된 움직임 기록법으로 움직임을 자세하게 묘사하기보다는 움직임의 동기Motif만을 간단하게 묘사하는 특징을 가지고 있다.

LMA에서는 관찰과 분석이 이루어진 움직임을 기록할 때 주로 에포트-셰이프 표기법과 기본 모티프 표기법을 사용한다. 이 때에는 이 두 가지 체계를 독립적으로 사용할 수도 있고, 모티프 기호에 에포트-셰이프 기호를 첨가한 형태로 기록하는 모티프 표기법을 사용할 수도 있다. 이 장에서는 LMA에서 사용하는 모티프 표기법에 대해 설명하기로 한다.

## 2. 모티프 표기법

### 모티프 표기법의 개념

모티프 표기법Motif Writing은 움직임의 주제와 가장 두드러진 특색 그리고 그 움직임에서 나타나는 동기와 의도 등을 간단하게 기록하는 움직임 기록 체계이다. 이것은 움직임을 간단하게 기록하는 형태로서 라바노테이션과는 다르게 핵심적인 움직임의 특질만 기록한다.

〈그림 8-1〉 수직 보표

모티프 표기법은 〈그림 8-1〉과 같이 모티프 기호를 표기하도록 수직 보표Staff를 그린다. 이 수직 보표는 마디선과 박자를 표시하는 시간 개념이 들어가게 된다.

이 수직 보표에 그려 넣게 되는 모티프 기호는 움직임의 동기를 간단하게 표기할 수 있는 기호들로 제3장에서 이미 제시된 뛰기Jump, 이동하기Locomote, 정지하기Hold, 늘리기Extend, 수축하기Contract, 돌기Turn, 접기Fold, 펴기Unfold, 모으기Gather, 흩뿌리기Scatter, 무게 이동하기Weight Shift, 지지하기Support 등과 에포트-셰이프, 공간 그리고 몸의 기호들을 서로 다양하게 조합해서 모티브 구문Motif Phrase을 만들게 된다. 이 구문 안에 들어가는 기호의 개념과 기본 동작을 설명하면 다음과 같다.

## 동작 기호

### 동작선

동작선Action stroke은 하나의 동작을 실행하는 것을 의미하는 기호이다. ≀ 기호는 '어떤 동작any action'을 말하며, 그 위의 직선 기호는 어떤 동작을 실행하기를 의미한다. ≀ 기호는 동작선의 길이와 상관없이 항상 같은 크기로 그린다. 동작의 길이는 ≀ 기호가 시작되는 곳부터 직선 기호가 끝날 때까지를 말한다.

〈그림 8-2〉 동작선

동작선은 수직 보표에 〈그림 8-3〉과 같이 움직임의 주제, 즉 동기를 그리며, 아래에서 위로 읽어간다. 동작선의 길이는 〈그림 8-4〉와 같이 길고 짧게 그리며, 기호의 길이는 동작을 지속하는 시간을 나타낸다.

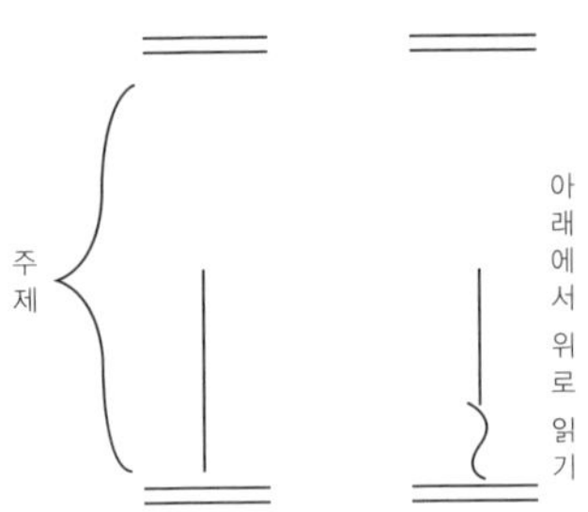

〈그림 8-3〉 동작선 그리기

악보의 기호가 박자의 길이를 나타내듯 움직임을 행하는 시간 정도를 나타낼 때에는 〈그림 8-4〉와 같이 기호를 길거나 짧게 그려 준다. 이렇게 동작의 길이를 나타내는 기호는 제자리 기호뿐 아니라 다양한 방향을 가리키는 모든 기호에 적용되며, 스텝을 할 때나 제스처를 할 때 사용하는 시간 길이로 표기된다.

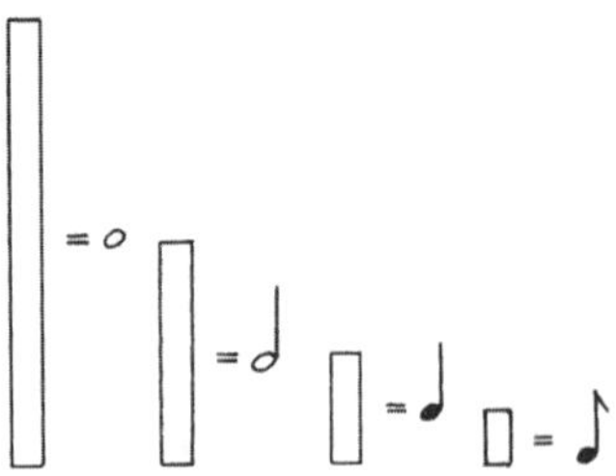
〈그림 8-4〉 동작의 길이

### 방향과 높낮이

방향은 기호의 모양에 따라 구분되고, 높낮이는 기호의 색깔에 따라 표기된다. 방향을

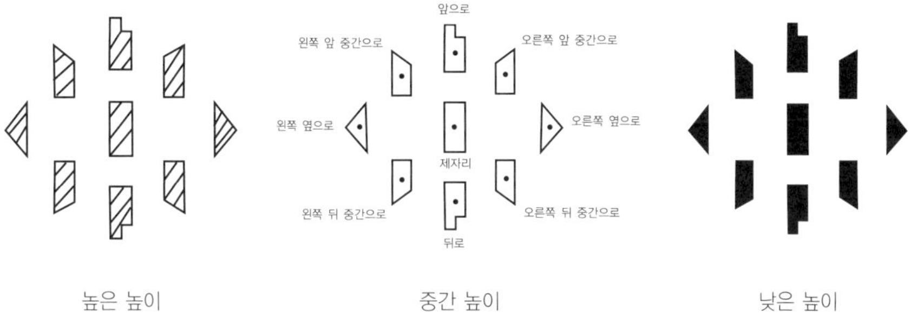


〈그림 8-5〉 방향과 높낮이

나타내는 기호는 〈그림 8-5〉와 같이 앞으로-뒤로, 오른쪽으로-왼쪽으로, 오른쪽 앞 중간 -왼쪽 뒤 중간으로, 왼쪽 앞 중간 -오른쪽 뒤 중간 등 8개 방향을 가리키고, 높낮이는 높은 높이, 중간 높이, 낮은 높이로 나뉘며, 제자리의 세 가지 높낮이를 합쳐 총 27개 방향의 기호가 만들어진다. 이 기호를 사용해서 스텝과 같은 무게 이동이 있는 동작을 할 때, 높은 높이는 발 앞꿈치로 서서 이동하는 것을 의미한다. 이 기호는 오른쪽 위에서 왼쪽 아래로 경사지게 빗금을 쳐서 높은 높이의 색깔을 나타낸다. 중간 높이는 보통으로 걷는 높이를 말하며, 이 기호는 몸의 배꼽 중심을 나타내는 점을 기호 가운데 찍는다. 낮은 높이는 무릎을 구부려 걷는 것을 의미하며, 몸이 아래로 내려가 무거운 느낌을 나타내기 위해 기호를 검게 칠한다. 이 높낮이와 방향 기호를 무게 중심의 이동이 없는 제스처, 즉 팔과 다리 같은 사지의 움직임에 적용할 때에는 중력과 관계없이 제자리, 즉 사지가 몸체에 부착되어 있는 부위에서 방향을 가리키는 동작을 행하게 된다.

### 이동하기

이동하기Locomote는 직선으로 이동하기, 오른쪽(시계 방향)으로 혹은 왼쪽(반시계 방향)으로 원을 그리며 이동하는 것을 말한다. 즉, 직선 경로는 어떤 동작을 하면서 직선으로 이동하기를 말하며, 곡선 경로는 원의 중심을 축으로 오른쪽으로 원 그리기와 왼쪽으로 원 그리기를 하면서 이동하기를 의미한다. 곡선 경로의 양

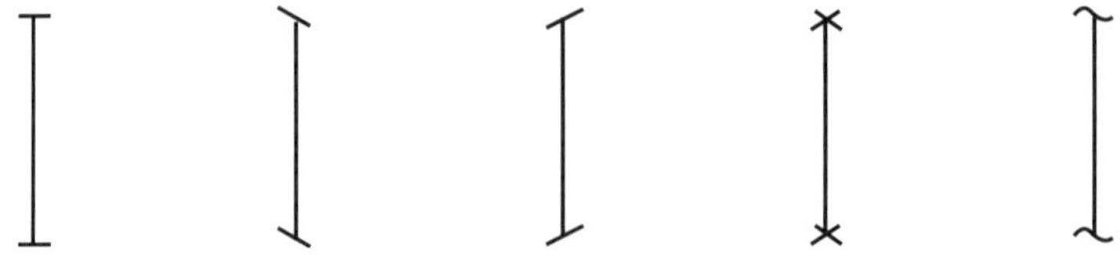

직선으로 이동하기 | 왼쪽으로 원 그리기 | 오른쪽으로 원 그리기 | 왼쪽 또는 오른쪽으로 원 그리기 | 어떤any 이동하기

〈그림 8-6〉 이동하기

쪽이 모두 표기되었을 경우에는 오른쪽이든 왼쪽이든 선택해서 원 그리기를 할 수 있다. 또 물결 표시가 그려진 이동하기 기호는 직선이나 오른쪽 왼쪽 곡선 경로 중 원하는 하나의 경로를 선택해 이동할 수 있다.

### 피봇 회전

피봇 회전Pivot Turn은 제자리에서 도는 회전처럼 몸의 축이 회전하는 주축돌기를 말하며, 시계 방향과 반시계 방향으로 회전하기로 구분된다. 이 기호는 평행사변형을 길쭉하게 세워 놓은 것처럼 표기하며, 〈그림 8-7〉과 같이 높은 쪽에 위치한 꼭지점이 오른쪽에 있으면, 오른쪽(시계 방향)으로 회전하는 것을 의미하고, 높은 쪽의 꼭지점이 왼쪽에 있으면, 왼쪽(반시계 방향)으로 회전하는 것을 의미한다. 그리고 어느 쪽으로 돌든 관계없을 때에는 방향을 특별히 정해 주지 않고 양쪽 기호를 겹쳐 꼭지점이 모두 높게 올라가도록 그려 준다. 점선 화살표는 그 방향으로 돌아가는 것을 나타낸 것이다.

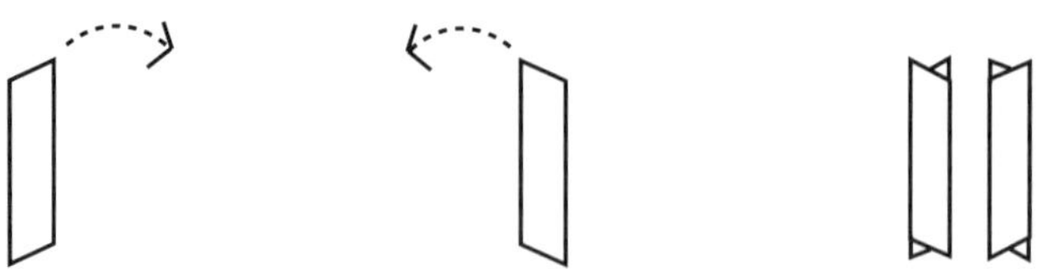

시계 방향 | 반시계 방향 | 시계 방향 또는 반시계 방향

〈그림 8-7〉 피봇 회전

### 수축하기와 늘리기

수축하기Contract와 늘리기Extend의 정도는 〈그림 8-8〉과 같이 구분된다. ×와 ∕|처럼 물결 표시가 그려진 기호는 수축과 늘리기의 어떤any 종류도 행할 수 있음을 의미하며, 움직임을 수행하는 사람의 느낌대로 행하는 것을 말한다. 그림과 같이 × 기호는 안쪽으로 수축하기를 나타내며, ⩙와 같이 기호를 두 번 겹쳐 그리면 더 많이 수축하는 것을 의미한다. 그리고 ∕| 기호는 늘어나는 느낌으로 움직임을 행하는 것을 나타내며, ⫽|와 같이 기호 가운데에 선을 하나 더 그려 주면 더 많이 늘리는 것을 말한다. 이러한 수축하기와 늘리기는 몸 전체에 적용할 수 있으며, 관절과 같이 몸의 어느 한 부위에만 적용할 수도 있다.

〈그림 8-8〉 수축하기와 늘리기

### 순간 정지하기

순간 정지하기Stillness and Hold는 동그라미 형태의 기호로 나타낸다. 이는 움직임을 행하다가 잠시 정지하는 것을 나타내는 기호이며, 뒤에 새로운 기호가 따라오지 않을 경우에는 정지가 계속 유지되는 것을 의미한다. 동그라미 위에 그려진 V 기호는 '밖으로 흐르는' 혹은 '~을 향해'를 의미하며, 이미 행한 움직임의 특질을 계속 유지하도록 강조하는 기호이기도 하다.

〈그림 8-9〉 정지

### 뛰기

뛰기Jump란 준비, 공중 동작 그리고 착지 등의 순서로 이루어지는 동작이다. 보통 뛰기라고 말하는 공중 동작은 무릎을 구부리며 준비해 바닥에서 발이 떨어지면서 공중으로 도약하고 다시 착지하는 동작을 의미한다. 이러한 공중 동작에는 양발이 바닥과 접촉하는 방법에 따라 다섯 가지 형태가 있다. 점프jump는 두 발에서 두 발로 떨어지는 것을 말하며, 홉hop은 한 발로 도약해서 같은 발로 착지하는 것을 말한다. 립leap은 한 발로 도약해서 다른 발로 착지하는 것이며, 아상블레assemble는 한 발로 도약해서 양발로 착지하는 것을 말한다. 그리고 양발로 도약해서 한 발로 착지하는 시손느sissone가 있다. 이 다섯 가지 공중 동작은 정박에 착지하는 경우가 대부분이지만 표현적으로 색다른 분위기를 만들기 위해 엇박자로 행하는 경우도 있다.

〈그림 8-10〉 뛰기

〈그림 8-11〉 다양한 뛰기 기호

지지하기

지지하기Support 기호는 몸 부위가 지면에 접촉해서 무게를 두는 관계를 나타내는 데 이용하며, 몸 부위를 나타내는 기호와 함께 표기한다. 이 기호는 몸의 무게가 바닥에 지지하고 있음을 나타낸다. 오른쪽 다리나 왼쪽 어깨 등 몸의 부위를 나타내는 기호를 사용해서 지지하고 있는 부위가 어디인지를 나타낸다.

〈그림 8-12〉 지지하기

무게 이동

무게 이동Weight Shift은 무게 중심이 완전히 이동하는 것을 말한다. 예를 들면,

한 발에서 다른 발로 이동하는 것을 말한다. 이 기호의 위 양끝에 몸 부위 기호를 첨가함으로써 무게의 이동이 어디에서 어디로 이동하는가를 나타내게 된다.

〈그림 8-13〉 무게 이동

### 점점 향해 가기

≀ 기호는 어떤 지점이나 물체를 나타내며, 점점 향해 가기Motion Toward는 어떤 동작을 하면서 그 지점이나 물체를 향해 점점 가까이 가는 것을 말한다.

〈그림 8-14〉 점점 향해 가기

### 점점 멀어지기

점점 멀어지기Motion Away는 어떤 동작을 하면서 어떤 지점이나 물체로부터 점점 멀어지는 것을 말한다.

〈그림 8-15〉 점점 멀어지기

### 균형과 불균형

어떤 동작을 행할 때 중심을 유지하거나 잃는 것을 말한다. 균형Balance과 불균형Off Balance을 이용한 움직임을 할 때에는 매우 역동적인 동작이 창조되기도 한다.

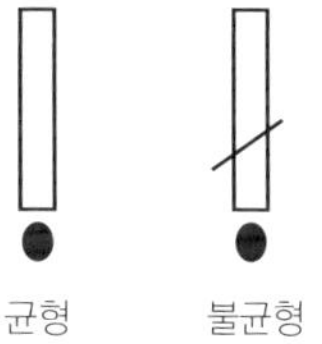

〈그림 8-16〉 균형과 불균형

### 모으기와 흩뿌리기

〈그림 8-17〉과 같이 동작선 아래쪽이 둥글게 구부러진 것은 모으기Gather이며, 위쪽이 둥글게 그려진 것은 흩뿌리기Scatter이다. 이 동작을 할 때에는 팔, 다리 등 사지 전체를 사용해서 움직일 수 있고, 몸의 한 부위로도 행할 수 있다. 모으기는 주로 몸 안쪽으로 움직임이 행해지며, 흩뿌리기는 몸 밖으로 펼치는 동작이 주류를 이룬다.

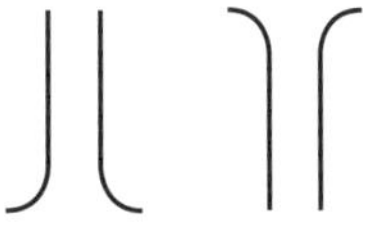

〈그림 8-17〉 모으기와 흩뿌리기

접기와 펴기

⊻ 기호는 접기를 나타내며, ⩚ 기호는 펴기를 의미한다. 이러한 접기Fold와 펴기Unfold는 몸 부위 전체에 적용할 수 있다. 예를 들면, 인사를 90도 각도로 한다든지 옆으로 펴서 들고 있는 팔의 팔꿈치 관절을 접어 손끝을 위로 향하게 할 때 접기로 표현되며, 그 자세에서 제자리로 돌아올 때 펴기가 된다.

〈그림 8-18〉 접기와 펴기

## 모티프 표기법 그리는 방법

위에 제시한 기본 동작 기호는 움직임을 관찰한 것을 간단하게 축약해서 표기한 것이다. 이 장의 목적이 분석 과정에 필요한 관찰 기법과 기록 체계를 소개하는 것이므로 위에 제시되어 있는 다양한 움직임 기호와 앞 장들에서 설명한 몸, 에포트, 셰이프, 공간 등의 간단한 기호들을 익히고 익숙하게 사용할 수 있도록 노력하는 것이 바람직하다.

다음은 LIMS의 강사들(A. Ann, M. Amy, C. John, G. Ellen)이 모티프 표기법의 일반적 법칙과 구체적 법칙을 제시한 것이다. 이 법칙에 실례를 덧붙여 쉽게 그릴 수 있도록 모티프 표기 방법을 제시했다.

### 모티프 표기법의 일반적 법칙

• 리듬을 먼저 파악하고 그 다음에 움직임 구문을 그린다. 나머지 자세한 사항은 나중에 첨부한다.

• 움직임을 최대한 간단하게 기록하고, 기본 동작Basic Body Action을 주로 사용하면서 일반적인 방법으로 표기한다.

구체적인 법칙

• 〈그림 8-19〉와 같이 처음과 끝에 두 줄을 그어 움직임의 수직 보표를 그린다.

〈그림 8-19〉 수직 보표

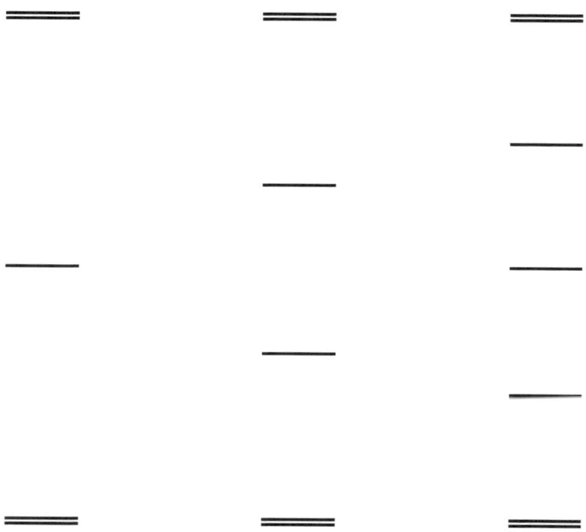

〈그림 8-20〉 마디로 나뉜 수직 보표

• 여러 개의 독립된 마디로 나누기 위해 〈그림 8-20〉과 같이 〈그림 8-19〉 가운데에 한 줄을 긋거나 그 이상의 줄을 그어 마디를 나눈다. 모티프 표기가 끝나지 않은 상태에서 다음 보표로 넘어갈 때에는 〈그림 8-21〉과 같이 다음 보표의 처음에 한 줄을 그어 앞 보표의 내용과 연결된 것임을 나타낸다. 또한 한 마디 안에 들어갈 내용이 끝나지 않은 채 다음 보표로 넘어갈 때는 캐럿caret( 〈 또는 〉 )으로 연결한다.

• 움직임의 길이(시간)에 따라 늘리거나 줄일 수 있는 기호는 앞 장에서 제시한 기호들인 동작선Action Strokes, 공간 방향 기호Space Symbols, 뛰기Jump, 돌기Turn,

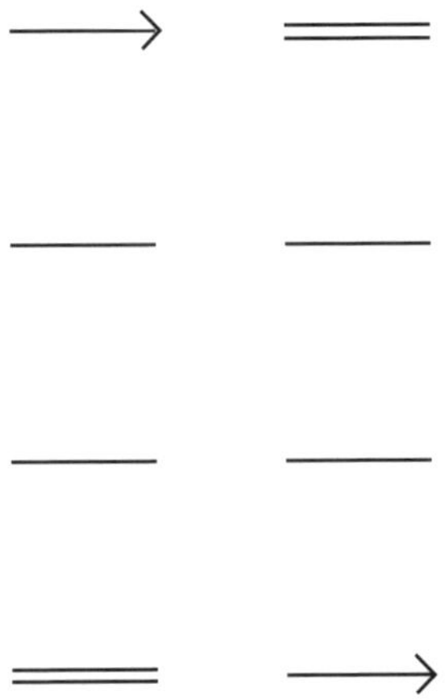

〈그림 8-21〉 다음 보표로 넘어갈 때의 캐럿 표기

모으기Gather, 흩뿌리기Scatter, 증가하기Increasing, 감소하기Decreasing 등이다. 이 기호를 제외한 나머지 기호들은 동작Action 기호에 고리 기호Hook( ( 또는 ) )를 사용해 표시할 수 있다. 수축하기Contract/늘리기Extend, 접기Fold/펴기Unfold, 몸 기호, 에포트 기호, 셰이프 기호 등은 동작선에 고리 기호를 사용해 움직임의 길이를 나타낼 수 있다.

• 캐럿caret( 〈, 〉 )은 먼저 움직인 신체 부위로 다른 움직임을 행할 때 앞의 움직임과 같은 몸의 부위의 사용하는 것을 나타내기 위한 목적으로 사용한다.

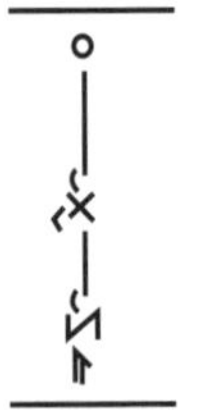

〈그림 8-22〉 캐럿 표기

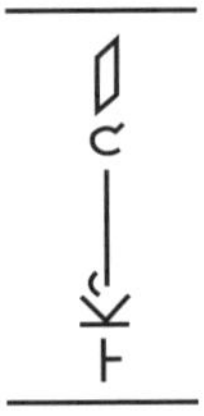

〈그림 8-23〉 몸 기호와 다양한 기호의 조합

• 움직임의 모티프를 그릴 때 몸 기호는 독립적으로 사용하지 않는다. 몸 기호는 동작선Action Stroke, 기본 동작 기호Basic Body Action Symbols, 공간 기호, 셰이프 기호, 에포트 기호 등과 함께 쓸 때 움직임 구문을 완성할 수 있다.

• 동시에 일어나는 움직임은 〈그림 8-24〉와 같이 한 마디에 모두 그릴 수 있으며 겹치며 일어나는 움직임도 〈그림 8-25〉와 같이 순서에 따라 한 마디에 모두 그릴 수 있다.

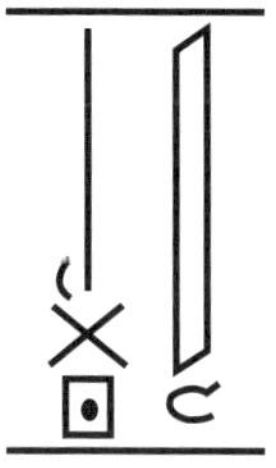

〈그림 8-24〉 동시에 일어나는 움직임

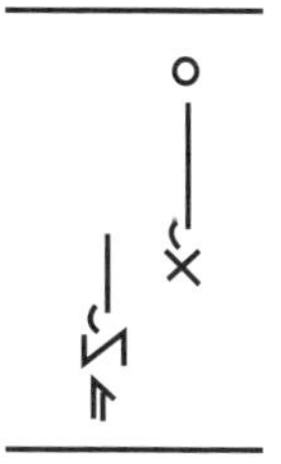

〈그림 8-25〉 겹치는 움직임

• 반복되는 움직임 구문은 반복 기호를 사용해서 표시하며 똑같은 것을 반복해 그리지 않는다. 한 줄로 된 반복 기호를 사용할 때에는 같은 쪽의 움직임을 반복하는 것이며, 두 줄로 된 반복 기호는 다른 쪽으로 움직임을 반복하는 것을 말한다.

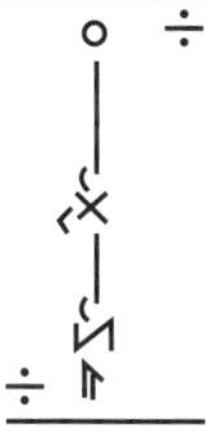

〈그림 8-26〉 같은 쪽 반복

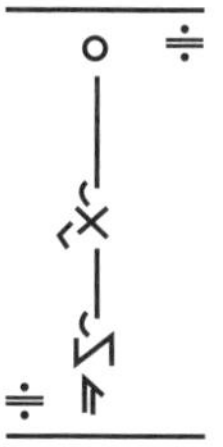

〈그림 8-27〉 다른 쪽 반복

• 수평으로 그리는 모티프 표기법은 〈그림 8-28〉, 〈그림 8-29〉와 같이 에포트나 셰이프 구문을 표기할 때 사용되며 주로 움직임의 특질을 기록하는 데 효과적이다. 이 때 시간을 나타내는 기호를 표기하는 경우는 드물다.

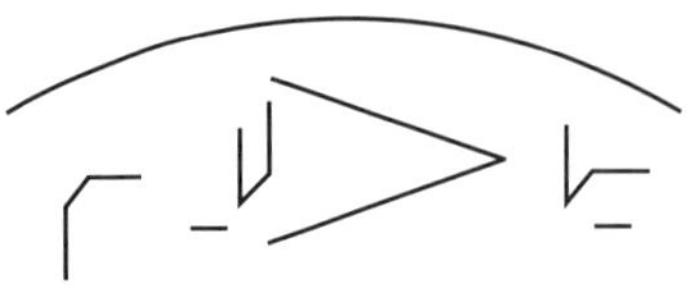

〈그림 8-28〉 에포트 구문

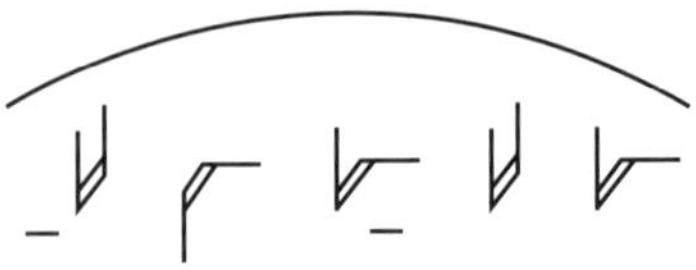

〈그림 8-29〉 셰이프 구문

• 세 종류의 호는 〈그림 8-30〉과 같이 움직임을 이끄는Lead by, 움직임의 시작Initiated by, 움직임을 유지하는Maintain 것이다.

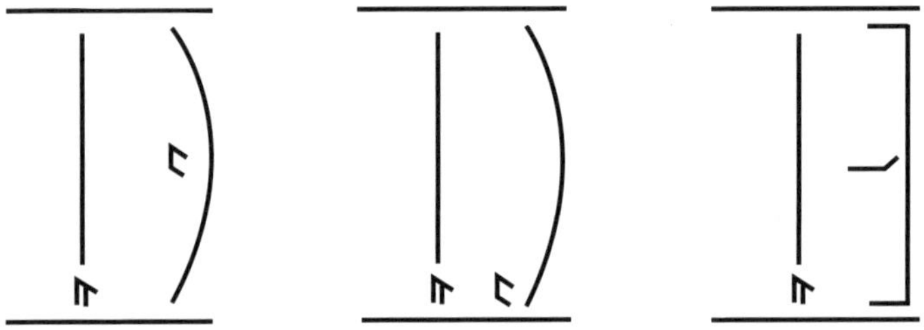

움직임을 이끄는　　움직임의 시작　　움직임을 유지하는

〈그림 8-30〉 움직임의 순서

• 한 마디의 양쪽에 무엇을 그릴 것인가는 어느 쪽이 더 보기 좋은가에 따라 모티프를 그리는 사람이 정할 수 있다.

• 동작선과 몸 기호는 모두 움직이는 시간을 나타낸다. 즉 몸 부위 기호는 움직임을 행하는 동안의 시간 길이의 한 부분이 되므로 〈그림 8-31〉에 표기된 두 보표와 같이 시간 길이가 같도록 몸 부위 기호를 움직임의 시간 길이와 같도록 표기한다.

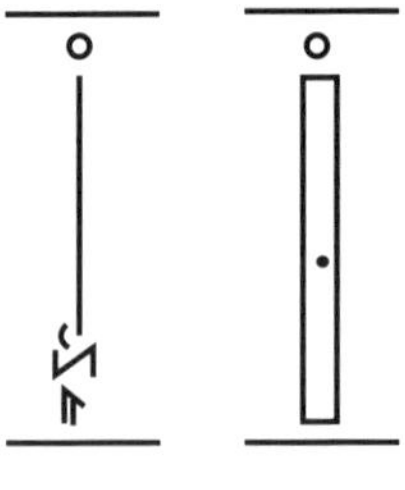

〈그림 8-31〉 움직임의 시간 길이

다음은 앞에서 제시한 모티프 그리는 방법을 통해 움직임 구문으로 발전시켜 완성한 모티프 표기법의 다양한 예시들이다.

### 동작 기호와 정지 기호

〈그림 8-32〉 동작와 정지를 이용한 수직 보표

### 뛰기 기호와 주축 돌기 기호

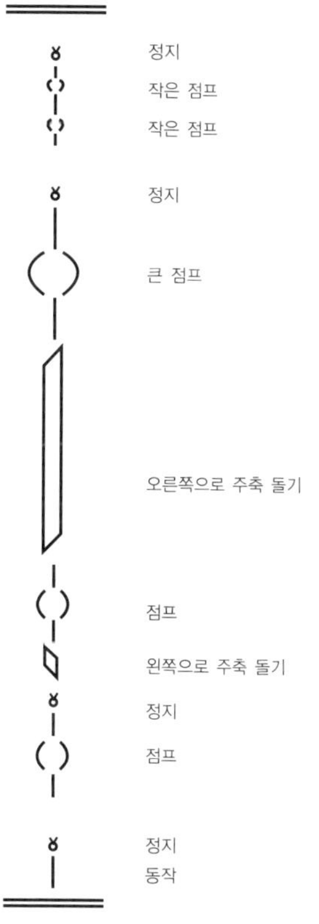


〈그림 8-33〉 점프와 돌기를 이용한 수직 보표

위의 모티프 수직 보표는 시간적 리듬을 갖고 동작과 정지를 반복하는 연속으로 되어 있다. 동작을 하는 동안은 움직임을 하는 사람의 의도에 따라 다양한 동작으로 창작할 수 있다.

점프의 경우 기호의 크기에 따라 크고 작은 점프를 행할 수 있으며, 기호를 약간 변형하여 점프의 다섯 가지 종류를 행할 수 있다. 돌기는 원하는 방향으로 표시할 수 있다.

늘리기와 수축하기

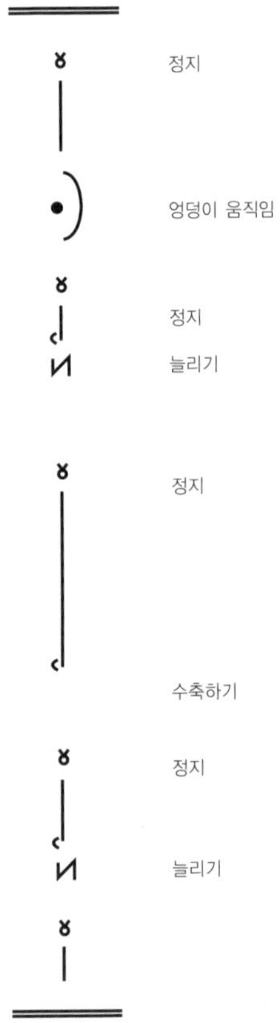


높낮이와 이동하기

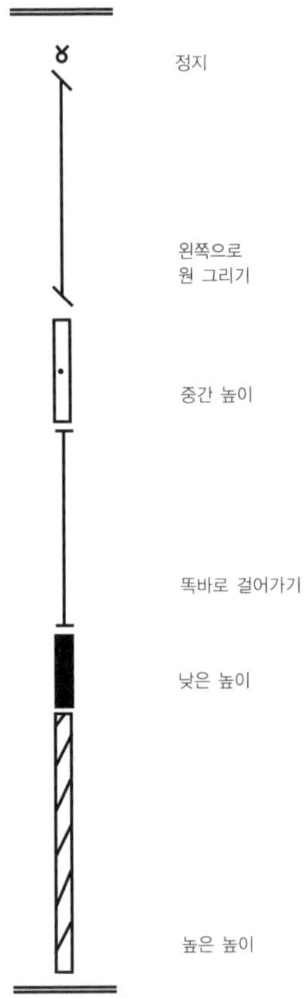


〈그림 8-34〉 수축하기와 늘리기를 이용한 수직 보표

〈그림 8-35〉 높낮이와 이동하기를 이용한 수직 보표

위의 움직임 구문은 늘리기와 수축하기의 조화로 이루어져 있고, 정지와 동작선을 이용해서 시간적 개념을 포함한 모티프 표기이다. 수축과 늘리는 정도는 두 개의 선을 사용해서 표시하는 방법과 더 심도 깊게 표시하기 위해 점을 이용하기도 한다.

무게와 공간의 개념이 적용된 위의 움직임 구문은 위, 중간, 아래 등의 높낮이가 활용되었고, 직선으로 이동하기와 왼쪽으로 원 그리기를 사용했다.

접기와 펴기 및 무게 이동

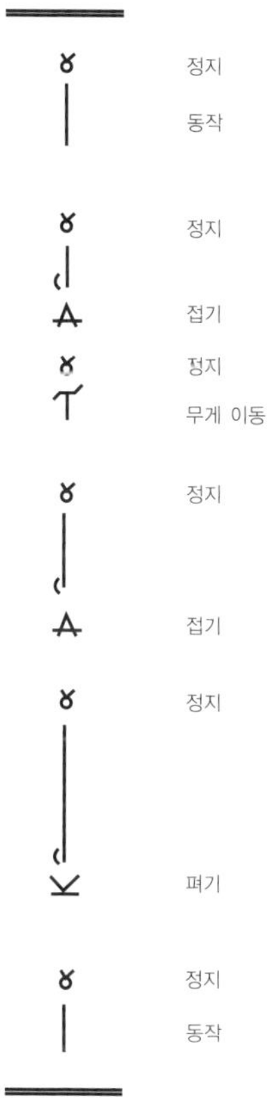


〈그림 8-36〉 접기와 펴기 및 무게 이동을 이용한 수직 보표

모으기와 흩뿌리기 및 지지하기

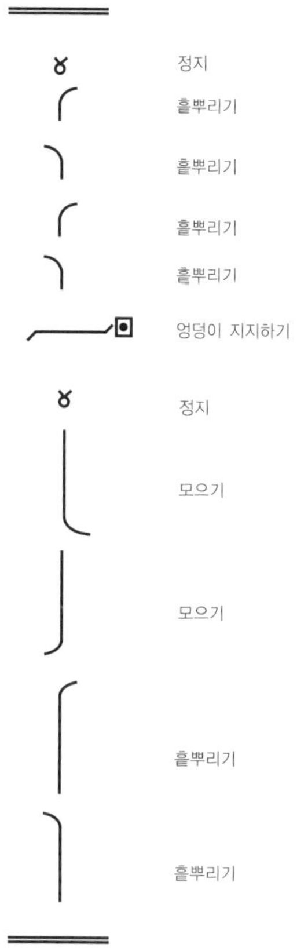


〈그림 8-37〉 모으기와 흩뿌리기 및 지지하기를 이용한 수직 보표

공간상에서 움직이는 신체 부위의 움직임으로 접기와 펴기 그리고 무게 이동을 활용한 모티브 표기이다. 움직임의 중간에 여러 번의 순간 정지하기로 움직임에 리듬을 주며 행할 수 있다.

모으기와 흩뿌리기 및 지지하기를 활용한 수직 보표이다. 모으기와 흩뿌리기는 몸의 다양한 부위로 수행할 수 있지만 지지하기에서는 엉덩이로 지지하도록 되어 있다.

특히 이 모티프 표기법은 〈그림 8-38〉과 같이 라반의 움직임 분석 시 관찰 대상이 되는 몸, 에포트, 셰이프, 공간 등 움직임의 특질을 기록하는 데에도 사용된다. 이상에서 제시한 기본 동작 등의 간단한 기호들을 조합해서 〈그림 8-38〉과 같이 움직임의 동기를 기록한 것을 읽어 보고 움직여 보자.

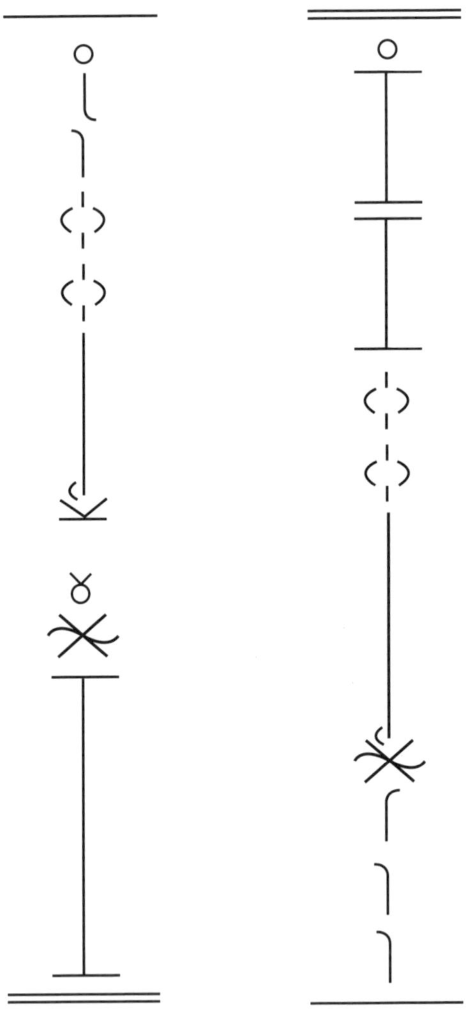

〈그림 8-38〉 창작 모티프 예시

# 부 록

부록 1. LMA 용어 정의

부록 2. 여섯 가지 기본 훈련

부록 3. 근골격계

## | 부록 1 - LMA 용어 정의 |

라반 움직임 분석Laban Movement Analysis: LMA에서 사용되는 용어는 라반이 새롭게 개념화한 것이므로 첫 글자를 대문자로 표기해 사용한다. 이는 영어의 사전적인 의미와 다른 움직임 관점에서 정의한 것이다. 이 책에서는 LMA의 네 가지 카테고리, 즉 몸, 에포트, 셰이프, 공간Body, Effort, Shape, Space: BESS 등으로 나누어 각 카테고리별 용어를 정의했다.

### • 몸

몸Body 분석—BESS 카테고리의 Body에 해당한다. 움직이는 동안에 변화하는 몸의 구조를 분석하는 것을 말한다.

바르테니에프 기초 원리Bartenieff Fundamentals—엄가르트 바르테니에프Irmgard Bartenieff가 라반의 이론을 실제로 몸 움직임에 적용시킬 수 있도록 만든 움직임의 원리이다. 신체적 측면에서의 분석은 거의 바르테니에프의 기초 원리가 중심이 된다.

**뼈 표지점**Bony Landmarks—움직임을 하는 과정에서 두드러지게 보이는 근육이나 뼈 등의 몸 부위.

**바르테니에프의 기본 훈련**Basic Six—바르테니에프의 기초 원리에서 행하는 여섯 가지 기본 동작을 말한다. 이 동작들을 수행하면서 몸 움직임의 효율성을 증진시킬 수 있다.

허벅지 들어올리기Thigh Lift—바르테니에프의 기본 여섯 가지 움직임 중 한 가지. 바닥에 누운 상태에서 허벅지를 들어올리는 움직임.

무릎 떨어뜨리기Knee Drop—바르테니에프의 기본 여섯 가지 움직임 중 한 가지. 바닥에 누운 상태에서 양 무릎을 한 방향으로 떨어뜨리는 움직임.

팔 돌리기Arm Circle—바르테니에프의 기본 여섯 가지 움직임 중 한 가지. 바닥에 누운 상태에서 무릎 떨어뜨리기 후에 팔로 원을 그리는 동작.

골반 앞으로 옮기기Pelvic Forward Shift—바르테니에프의 기본 여섯 가지 움직임 중 한 가지. 누운 상태에서 골반을 앞으로 움직이는 동작.

골반 옆으로 옮기기Pelvic Lateral Shift—바르테니에프의 기본 여섯 가지 움직임 중 한 가지. 누운 상태에서 골반 앞으로 옮기기 후에 골반을 옆으로 움직이는 동작.

몸 측면 움직이기Body Half—바르테니에프의 기본 여섯 가지 움직임 중 한 가지. 누운 상태에서 수직축을 중심으로 상체와 하체를 동시에 움직임.

**엑스 롤**X-Roll—바닥에 알파벳 X 모양으로 누워 구르기. 바르테니에프 기본 훈련 중 한 가지로 관절에서 일어나는 회전을 이용하는 움직임.

**뒤꿈치 흔들기**Heel-Rock—바르테니에프 기본 훈련 중 한 가지. 누운 상태에서 발뒤꿈치를 이용해서 몸을 위아래로 흔드는 움직임.

**시작점**Initiation—움직임이 시작되는 몸 부위.

몸 중심의 시작점Core Initiation—몸 중심 가까운 부위에서 시작되는 움직임.

근위의 시작점Proximal Initiation—몸 중심에 가까운 관절 부위에서 시작되는 움직임.

사지 중간의 시작점Mid-Limb Initiation—몸 중심과 말단 사이의 중간 부분에서 시작되는 움직임. 예를 들어 팔꿈치, 무릎 등에서부터 시작되는 움직임.

말단의 시작점Distal Initiation—몸의 말단 부위에서 시작되는 움직임.

움직임 진행Sequence—움직임이 진행되는 과정.

동시적 진행Simultaneous Sequencing—두 가지 이상의 몸 부위가 동시에 움직임.

연속적 진행Successive Sequencing—연속적으로 겹쳐서 움직임.

순차적 진행Sequential Sequencing—연속적인 움직임. 연속적 진행처럼 움직임이 겹쳐서 일어나지는 않음.

한 단위 진행Unitary Sequencing—몸을 한 단위로 사용하는 움직임.

발달 단계Developmental Patterns

호흡Breath—신체 내부에서 일어나는 가장 기본적인 움직임.

몸 중심-말단Core-Distal—몸 중심과 말단 부위가 서로 긴밀하게 연결되는 움직임.

머리-꼬리Head-Tail—머리부터 꼬리까지 연결된 움직임. 대부분이 척추를 사용하는 움직임에서 발견된다.

상체-하체Upper-Lower—상체와 하체의 움직임이 독립적이지만 서로의 움직임을 지탱해 주는 움직임.

상동 움직임Homologous Movement—상체와 하체가 서로 분리되어 움직임. 개구리가 두 앞발을 먼저 뛰고 나서 두 뒷발을 뛰는 움직임에서 발견된다.

상측 움직임Homolateral Movement—오른팔과 오른쪽 다리를 같이 동시에 움직이는 것과 같이 몸의 수직축을 중심으로 한 오른쪽만 혹은 왼쪽만 사용하는 움직임.

대측 움직임Contralateral Movement—상체와 하체의 서로 다른 쪽 사지를 동시에 움직임. 예를 들어 걸을 때 왼쪽 팔과 오른쪽 다리가 자연스럽게 함께 움직이는 형태나 네 개의 발을 가진 동물이 기어갈 때 상체와 하체의 반대쪽 발을 번갈아가면서 움직이는 형태.

기본 동작Basic Body Action—인간이 주로 사용하는 동작으로 라반은 열두 가지로 제시했다.

## • 에포트

에포트Effort—BESS 카테고리의 Effort에 해당한다. 움직이는 사람의 감정, 내적 충동 혹은 내적 태도에 따라 달라지는 역동성의 특질을 말한다.

흐름 인자Flow Factor—에포트의 네 가지 인자 중의 하나로, 언제나 움직임의 기저에 깔려 있으며 자유로운 흐름과 통제되는 흐름으로 나뉜다.

통제되는 흐름Bound Flow—흐름 인자 중 하나이며, 억제하거나 제한된 움직임.

자유로운 흐름Free Flow—흐름 인자 중 하나이며, 자유롭고 끊임없는 움직임.

무게 인자Weight Factor—에포트의 네 가지 인자 중의 하나로, 무게나 중력에 관계하는 인자로서 가벼운 무게와 강한 무게로 나뉜다.

강한 무게Strong Weight—무게 인자 중 하나이며, 힘의 표현이 강한 무거운 움직임.

가벼운 무게Light Weight—무게 인자 중 하나이며, 주변 환경에 대한 힘의 표현이 세밀하고 부드러운 움직임.

시간 인자Time Factor—에포트의 네 가지 인자 중 하나로서 언제 움직임을 완성하는가를 말해 주며, 시간의 변화를 동반하는 것이 특징이다. 점점 빨라지거나 점점 느려지는 시간으로 나뉜다.

빨라지는 시간Quick Time; Sudden—시간 인자 중 하나이며, 진행 과정이 점점 긴박해지거나 빨라지는 움직임.

느려지는 시간Sustained Time—시간 인자 중 하나이며, 진행 과정이 점점 느려지거나 시간을 늘리려는 움직임.

공간 인자Space Factor—에포트의 네 가지 인자 중 하나이며, 우리가 공간에 접근하는 방법으로 하나의 초점을 가진 직접적인 공간과 다초점을 가진 간접적인 공간으로 나뉜다.

직접적인 공간Direct Space—공간 인자 중 하나이며, 하나의 초점을 가지고 공간 전체를 인식하는 움직임.

간접적인 공간Indirect Space—공간 인자 중 하나이며, 여러 개의 초점을 가지고 공간 전체를 인식하는 움직임.

**너그러운Indulging 에포트 요소**—무게, 시간, 공간, 흐름 인자 중에서 온유하고 온화한 움직임 특질을 갖는 자유로운 흐름, 가벼운 무게, 느려지는 시간, 간접적인 공간 요소를 의미한다.

**압축하는Condensing 또는 싸우는 듯한Fighting 에포트 요소**—무게, 시간, 공간, 흐름 인자 중에서 강렬하고 힘찬 움직임 특질을 갖는 통제적인 흐름, 강한 무게, 빨라지는 시간, 직접적인 공간 요소를 의미한다.

**상태State**—에포트의 두 가지 인자가 결합한 움직임.

꿈 같은 상태Dream State—에포트의 무게 인자와 흐름 인자가 결합한 상태의 움직임.

깨어 있는 상태Awake State—에포트의 공간 인자와 시간 인자가 결합한 상태의 움직임.

유동적 상태Mobile State—에포트의 시간 인자와 흐름 인자가 결합한 상태의 움직임.

안정된 상태Stable State—에포트의 공간 인자와 무게 인자가 결합한 상태의 움직임.

가까운 상태Near State—에포트의 무게 인자와 시간 인자가 결합한 상태의 움직임. 리듬 상태Rhythm State라고도 한다.

희미한 상태Remote State—에포트의 공간 인자와 흐름 인자가 결합한 상태의 움직임. 먼 상태라고도 한다.

충동Drive－에포트의 세 가지 인자가 결합한 움직임.

동작 충동Action Drive－에포트의 세 가지 인자가 결합한 에포트 충동 중 하나로 무게 인자, 공간 인자, 시간 인자가 결합한 형태의 움직임을 말한다. 동작 충동은 다른 세 가지의 충동보다 매우 표현적이어서 다음과 같은 여덟 가지 기본 동작Basic Effort Actions을 포함한다.

뜨기Float－동작 충동의 한 가지 형태로 가벼운 무게, 간접적인 공간, 느려지는 시간의 에포트 요소가 결합한 움직임.

때리기Punch－동작 충동의 한 가지 형태로 강한 무게, 직접적인 공간, 빨라지는 시간의 에포트 요소가 결합한 움직임.

미끄러지기Glide－동작 충동의 한 가지 형태로 가벼운 무게, 직접적인 공간, 느려지는 시간의 에포트 요소가 결합한 움직임.

내리 베기Slash－동작 충동의 한 가지 형태로 강한 무게, 간접적인 공간, 빨라지는 시간의 에포트 요소가 결합한 움직임.

살짝 두드리기Dab－동작 충동의 한 가지 형태로 가벼운 무게, 직접적인 공간, 빨라지는 시간의 에포트 요소가 결합한 움직임.

비틀기Wring－동작 충동의 한 가지 형태로 강한 무게, 간접적인 공간, 느려지는 시간의 에포트 요소가 결합한 움직임.

튕기기Flick－동작 충동의 한 가지 형태로 가벼운 무게, 간접적인 공간, 빨라지는 시간의 에포트 요소가 결합한 움직임.

누르기Press－동작 충동의 한 가지 형태로 강한 무게, 직접적인 공간, 느려지는 시간의 에포트 요소가 결합한 움직임.

열정 충동Passion Drive－에포트 충동 중의 하나로 흐름 인자, 무게 인자, 시간 인자가 결합한 형태의 움직임을 말한다.

마술 충동Spell Drive－에포트 충동 중의 하나로 흐름 인자, 무게 인자, 공간 인자가 결합한 형태의 움직임을 말한다.

환상 충동Vision Drive－에포트 충동 중의 하나로 흐름 인자, 공간 인자, 시간 인자가 결합한 형태의 움직임을 말한다.

## • 셰이프

셰이프Shape—BESS 카테고리의 Shape에 해당한다. 환경에 반응하는 움직임의 형태적 특질을 말한다.

셰이프의 유형Modes of Shape Change—셰이프 흐름, 방향 지향적 셰이프, 셰이핑 등 세 가지 셰이프 양식.

셰이프 흐름Shape Flow—신체 내부에서 일어나는 움직임의 셰이프로서 호흡과 같이 자연스럽게 발생되는 움직임에서 발견된다. 이는 다음과 같은 두 가지 개념과 여섯 가지 셰이프 흐름을 가지고 있다.

자라나는Growing—자라나는 셰이프 흐름의 움직임 형태.
줄어드는Shrinking—줄어드는 셰이프 흐름의 움직임 형태.

늘어나는Lengthening—수직 공간의 위아래로 늘어나는 움직임.
짧아지는Shortening—수직 공간의 위아래로 짧아지는 움직임.
넓어지는Widening—수평 공간의 옆으로 넓어지는 움직임.
좁아지는Narrowing—수평 공간의 옆으로 좁아지는 움직임.
불룩해지는Bulging—시상 공간의 앞뒤로 불룩해지는 움직임.
우묵해지는Hollowing—시상 공간의 앞뒤로 우묵해지는 움직임.

방향 지향적 셰이프Directional Shape—환경과 반응해서 일어나는 움직임의 형태로서 다음과 같은 두 가지 개념과 여섯 가지 방향 지향적 셰이프를 가지고 있다.

원호 같은Arc-like—몸 중심에서 멀리 원호 같은 모양을 그리는 움직임의 형태.

직선 같은Spoke-like—몸 중심을 지나 직선 같은 모양을 그리는 움직임의 형태.

위로Upward—수직 공간의 위로 진행하는 움직임.
아래로Downward—수직 공간의 아래로 진행하는 움직임.
옆으로 교차하는Sideways Across—수평 공간의 옆으로 열리며 진행하는 움직임.
옆으로 열리는Sideways Open—수평 공간의 옆으로 교차하며 진행하는 움직임.
앞으로Forward—시상 공간의 앞으로 진행하는 움직임.
뒤로Backward—시상 공간의 뒤로 진행하는 움직임.

셰이핑Shaping—공간상에서 부피감을 갖는 움직임의 형태. 부피감을 갖는 모양 만들기Carving라고도 함. 이는 다음과 같은 두 가지 개념과 여섯 가지 셰이핑을 가지고 있다.

모으기Gather—부피감을 갖고 신체 중심으로 모으는 움직임의 형태.
흩뿌리기Scatter—부피감을 갖고 신체 밖으로 모으는 움직임의 형태.

올라가는Ascending—부피감을 갖고 수직 위로 상승하는 움직임.
내려가는Descending—부피감을 갖고 수직 아래로 내려가는 움직임.
펼치는Spreading—부피감을 갖고 수평 옆으로 펼치는 움직임.
감싸는Enclosing—부피감을 갖고 수평 옆으로 감싸는 움직임.
나아가는Advancing—부피감을 갖고 시상 앞으로 나아가는 움직임.
후퇴하는Retreating—부피감을 갖고 시상 뒤로 후퇴하는 움직임.

## • 공간

공간Space—BESS 카테고리의 Space에 해당한다. 코레우틱스Choreutics 또는 공간 조화Space Harmony라고도 하며, 공간 안에서 그려지는 조화로운 움직임의 흔적들에 대한 연구로 정의된다.

키네스피어Kinesphere 또는 개인 공간Personal Space—움직이는 사람이 무게 중심의 이동 없이 사지를 벌려 가능한 한 멀리 도달할 수 있는 공간이다.

일반 공간General Space—개인 공간이 이동해 만들어 내는 공간이다. 개인 공간을 포함한 모든 공간을 일반 공간이라 한다.

역동 공간Dynamosphere—움직임의 동적 요소나 에너지가 개인 공간의 경계선을 넘어 무한한 공간으로 뻗어나가거나 움직임의 내부에서 파생되는 역동성이 창조되는 공간이다.

공간으로 도달하는Reach of Kinesphere—개인 공간에 도달하는 방법.

가깝게 도달하는Near-Reach—몸의 중심에서 가까운 거리의 움직임(약 15cm).
중간으로 도달하는Mid-Reach—몸의 중심에서 중간 거리의 움직임(약 30cm).
멀리 도달하는Far-Reach—몸의 중심에서 먼 거리의 움직임(30cm 이상).

결정체Crystalline Forms—공간상에서 그려지는 움직임의 흔적들의 기본 구조를 이루는 정다면체.

정사면체Tetrahedron—4개의 정삼각면을 가진 정다면체.
정육면체Cube—6개의 정사각면을 가진 정다면체.
정팔면체Octahedron—8개의 정삼각면을 가진 정다면체.
정십이면체Icosahedron—12개의 정오각면을 가진 정다면체.
정이십면체Dodecahedron—20개의 정삼각면을 가진 정다면체.

디멘션Demension—1차원의 축.

수직축Vertical Dimension—중력과 관계된 위-아래를 가리키는 축.
수평축Horizontal Dimension—공간과 관계된 옆-옆을 가리키는 축.

시상축Sagittal Dimension－시간과 관계된 앞-뒤를 가리키는 축.

디멘셔널 교차축Dimentional Cross of Axis－수직, 수평, 시상축이 서로 교차된 형태이다.

평면Plane－2차원의 면.

수직면Vertical Plane－위-아래가 강조되고 옆-옆의 잡아당김이 포함된 직사각 평면.
수평면Horizontal Plane－옆-옆이 강조되고 앞-뒤의 잡아당김이 포함된 직사각 평면.
시상면Sagittal Plane－앞-뒤가 강조되고 위-아래의 잡아당김이 포함된 직사각 평면.

디아미터Diameter－2차원 평면의 꼭지점을 대각으로 연결한 선.

디아고널Diagonal－3차원의 정육면체 꼭지점을 대각으로 연결한 선.

뜨기/때리기 디아고널Float/Punch Diagonal－정육면체의 앞/위/오른쪽옆 꼭지점과 뒤/ 아래/왼쪽옆 꼭지점을 대가으로 연결힌 선.
미끄러지기/내리 베기 디아고널Glide/Slash Diagonal－정육면체의 앞/위/왼쪽옆 꼭지점과 뒤/아래/오른쪽옆 꼭지점을 대각으로 연결한 선.
살짝 두드리기/비틀기 디아고널Dab/Wring Diagonal－정육면체의 뒤/위/왼쪽옆 꼭지점과 앞/ 아래/오른쪽옆 꼭지점을 대각으로 연결한 선.
튕기기/누르기 디아고널Flick/Press Diagonal－정육면체의 뒤/위/오른쪽옆 꼭지점과 앞 /아래/왼쪽옆 꼭지점을 대각으로 연결한 선.

스케일Scale－다양한 결정체 안에서 각 꼭지점들을 조화롭게 연결해서 그려내는 움직임 형태.

액시스 스케일Axis Scale－정육면체의 대각선 축 주위를 횡단하면서 정이십면체의 여섯 개 꼭지점의 연결로 만들어지는 움직임 형태.

거들 스케일Girdle Scale—정육면체의 대각선 축 주위에 원을 그리며 정이십면체의 여섯 개 꼭지점의 연결로 만들어지는 움직임 형태.

프라이머리 스케일Primary Scale—정육면체의 대각선 축을 중심으로 액시스 스케일과 거들 스케일의 꼭지점을 번갈아가며 그리는 움직임 형태.

A 스케일A Scale—정육면체의 튕기기/누르기 선을 제외한 나머지 세 개 대각선의 주위를 수직, 수평, 시상의 공간을 번갈아 돌며 정이십면체의 꼭지점을 지나며 그리는 움직임 형태.

B 스케일B Scale—정육면체의 두드리기/비틀기 선을 제외한 나머지 세 개의 대각선의 주위를 수직, 수평, 시상의 공간을 번갈아 돌며 정이십면체의 꼭지점을 지나가며 그리는 움직임 형태.

27개의 공간 방향 기호Names of 27 Space Symbols—중심으로부터 수직, 수평, 시상적 차원으로 27개의 방향을 가리키는 기호이다.

경로Pathway—공간 안에서 움직임이 지나가는 선.

중심적 경로Central Pathway—몸의 중심을 지나는 선.

주변적 경로Peripheral Pathway—몸 중심에서 먼 주변을 지나는 선.

횡단적 경로Transverse Pathway—몸의 중심과 주변 사이를 지나는 선.

공간적 긴장Spatial Tension—움직이는 사람의 의도로 표현되는 공간적 긴장이다.

중심적 공간 긴장Central Spatial Tension—자신의 의지에 의해 움직이는 영역을 자신의 중심으로 모으고자 하는 심리.

주변적 공간 긴장Peripheral Spatial Tension—자신의 의지에 의해 움직이는 영역이 신체에서 먼 곳을 향하고자 하는 심리.

횡단적 공간 긴장Transverse Spatial Tension—자신의 의지에 의해 움직이는 영역 이 중심과 주변 사이를 횡단하고자 하는 심리.

## | 부록 2 – 여섯 가지 기본 훈련 |

여섯 가지 기본 훈련Basic 6 Exercises은 깊은 근육deep Muscles을 강화시키고 움직임을 통해 신체를 의식하는 것Body Awareness에 목적을 둔다. 훈련을 통해 기존에 의식하지 않았던 몸 부위를 새롭게 의식할 수 있으며, 몸의 불균형을 초래하는 나쁜 습관을 없애고 바른 자세를 유지하도록 몸을 재교육repatterning 할 수 있다. 이 훈련은 바닥에 누운 상태에서 수행되므로floor work 몸이 가장 편안한 상태에서 중력을 느끼며 훈련할 수 있으며, 장애나 상해가 있어 스스로 움직이거나 몸무게를 지탱하기 불편한 사람들도 훈련할 수 있다.

이 여섯 가지 훈련은 인간의 움직임이 발달하는 과정, 즉 발달 단계에 기본을 두고 움직임을 창안했기 때문에 우리의 몸에 무리가 가지 않는 자연스러운 움직임이다. 가장 기본이 되는 호흡Breath을 동반한 뒤꿈치 흔들기Heel Rock, 허벅지 들어 올리기Thigh Lift, 팔 돌리기Arm Circle, 몸 측면 움직이기Body Half, 골반 앞으로 옮기기Pelvic Forward Shift, 골반 옆으로 옮기기Pelvic Lateral Shift, 무릎 떨어뜨리기Knee Drop 등의 유형과 머리-꼬리Head-Tail, 중심 방사Naval Radiation, 상동 움직임Homolougos, 상측 움직임Homolateral, 대측Contralateral 움직임 등의 발달 단계로 구성되어 있다. 이 여섯 가지 훈련을 시도할 때에는 동적인 신체 정렬Dynamic Alignment[42] 과 몸 부위의 연결Connectivity[43] 이 매우 중요하기 때문에 항상 보이지 않는 몸 부위의 연결에 대해 상상을 하고 느끼면서 움직이는 것이 좋다.

그리고 이 여섯 가지 동작은 처음 시작하는 동작과 끝나는 동작이 같은 것이 특징이며, 동작을 실행할 때에는 다음과 같은 발달 단계Developmental Pattern상의 움직임 특징을 이해하면서 움직이면 큰 효과를 기대할 수 있다.

- 눕는 동작에서 서는 동작까지 진행할 수 있다.
- 몸 표면의 근육보다 심층부의 근육을 사용하는 것이 중요하다.
- 움직임은 근육계의 단계적인 연결에 따라 서로 중복되고 겹쳐져 일어난다.
- 눕기, 앉기, 서기의 높낮이 변화로 각각의 훈련을 반복할 수 있다.
- 반사, 반응, 균형 감각의 역할을 생각한다.
- 환경적 영향을 받는다.
- 호흡을 동반하는 것이 매우 중요하다.

### 연습 1. 허벅지 들어올리기 ♁

허벅지 들어올리기Thigh Lift는 인간의 움직임 발단 단계 중 상동 움직임Homolougos에 해당한다. 상동 움직임이란 상체와 하체가 서로 독립적으로 움직이는 것을 말한다. 하지만 상체와 하체가 완전하게 분리되는 것이 아니라 서로의 움직임을 잘 수행할 수 있도록 지지해 주는 역할을 한다. 이 동작의 훈련이 잘 될 경우 바닥으로 내려앉는 힘과 공기 중으로 튀어 올라가는 힘이 향상되어 순조로운 움직임이 가능해진다.

42 동적인 신체 정렬이란 단순히 신체를 수직적인 상태로 올리는 것도 단순한 자세도 아니다. 그것은 움직임 안에서 균형을 이루는 긴장감이라 할 수 있다(Janis Pforsich, 2002: Workbook).

43 몸 부위 연결은 두 가지 형태로 보일 수 있는데, 하나는 건축학적 뼈 표지점이며, 다른 하나는 운동학적 연결고리이다.

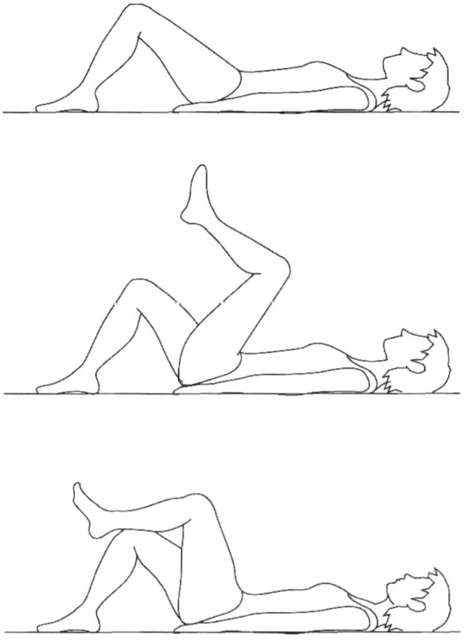

〈그림 2-1〉 허벅지 들어올리기

목적

① 허벅지를 들어올리는 단순한 움직임으로 구성되어 있으며, 상체와 하체를 연결해 주는 골반의 깊은 근육인 장요근iliopsoas을 사용할 수 있다.
② 이 훈련은 골반의 굴곡flexion만으로 이루어지며 골반의 경사 정도에 대해 의식할 수 있게 해 준다.

순서

① 바닥에 등을 대고 누워 무릎을 세운 상태에서 시작한다. 이 상태에서 숨을 깊게 내쉬면서 하복부를 우묵하게 만든다.

② 거의 숨을 내쉰 끝에 허벅지를 들어 오른쪽 무릎을 들어올린다. 움직임을 수행하는 동안 무릎의 각도를 유지한다.
③ 처음 자세로 돌아온다.
④ 왼쪽도 같은 과정으로 수행한다.

### 뼈 표지점 경험하기

① 서혜부inguinal area에서 깊은 굴곡이 일어난다.
② 둔부신전근군gluteal extensor muscles이 점차 이완되면서 천골sacrum이 바닥에 안정적으로 닿는다.
③ 이 운동에서 가장 중요한 것은 장요근의 기능이다. 이 근육을 사용함으로써 허벅지 주변 근육의 긴장을 최소화할 수 있다.
④ 제자리로 돌아오는 동작에서 좌골ischium 주변에서 움직임이 시작되어 서혜부의 접혔던 부분이 펴지게 되며 천골과 미골coccyx이 동작을 수행하는 동안 안정적으로 이를 지지해 준다.
⑤ 이 동작을 수행하는 몸 부위의 반대쪽 좌골에서부터 발 뒤꿈치heel까지 이 동작을 지지해 주고 가슴chest이 넓어지면서 견갑골scapula에서 상체의 무게를 느낄 수 있다.

### 주요 근육계

장요근/큰허리근iliopsoas, 요추신전근군/허리펴짐근군lumbar extensor muscles, 둔부신전근군/볼기펴짐근군gluteal extensor muscles, 중둔근/중간볼기근gluteus medius, 대퇴근막장근/넙다리근막긴장근tensor fasciae latae, 슬굴곡근/허벅지뒤근육hamstring muscle

## 관련된 에포트/셰이프 /공간

〈표 9〉 허벅지 들어올리기

| 에포트 | 셰이프 | 공간 |
|---|---|---|
| 다리를 들어올릴 때 자유로운 흐름Free Flow을 사용한다.<br>다리를 내려놓을 때에는 약간 통제되는 흐름Bound Flow, 직접적인 공간Direct Space을 동시에 사용한다. | 전체적으로 셰이프 흐름Shape Flow에 따른 자연스러운 동작이다. | 시상면Sagital Plane에서 일어나는 동작이다. |

## 주의할 점

① 깊은 근육인 장요근을 이용하며 허벅지, 하복부, 무릎 뒤쪽에 긴장감 없이 호흡과 함께 자연스러운 동작을 만든다. 장요근의 사용은 등과 다리 바깥쪽 근육에 긴장감을 주지 않도록 도와 준다.

② 무릎이 접힌 각도를 유지하며 다리를 들어올리는 동안 상체, 특히 요추 부위가 바닥에서 떨어지거나 배가 볼록해지는 것을 피해야 한다.

③ 목, 턱, 어깨 등은 안정성을 유지하되 이 부위에 불필요한 힘을 가하지 않도록 한다.

## 동작 활용의 예

이 훈련은 일상 생활 중에 기어가기, 걷기, 행진하기, 달리기, 계단 오르기 등에서 발견할 수 있다.

## 연습 2. 골반 앞으로 옮기기

골반 앞으로 옮기기Pelvic Forward Shift 훈련은 발단 단계 중 상동 움직임에 해당한다.

### 목적

① 골반을 이동할 때 무게를 사용하는 것을 느끼고 〈그림 2-2〉와 같이 치골, 좌골과 꼬리뼈 사이의 평평한 부분을 일컫는 골반 바닥pelvic floor를 사용할 수 있게 한다.
② 골반을 들어올리고 내릴 때에는 공간을 인식할 수 있다.

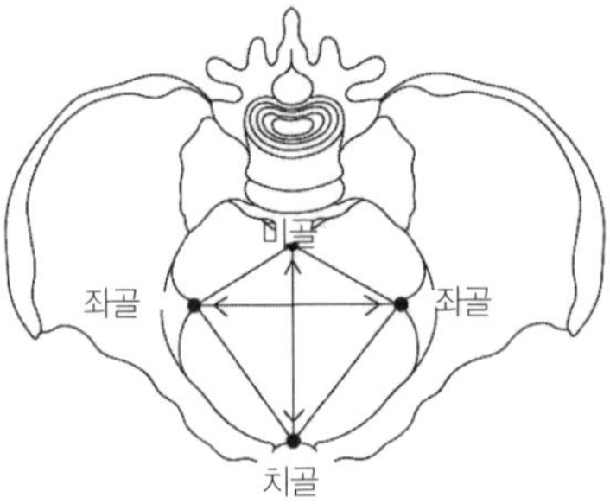

〈그림 2-2〉 골반 바닥

### 순서

① 바닥에 등을 대고 누워 무릎을 세운 상태에서 시작한다. 이 때, 손과 팔은 자연스럽게 몸통 옆에 늘어뜨린다.
② 허벅지 들어올리기 동작과 마찬가지로 숨을 내쉬면서 배를 우묵하게 만든다.
③ 엉덩이를 위로 들어올리면서 무릎과 무게 중심을 무릎 앞쪽으로 미끄러지듯

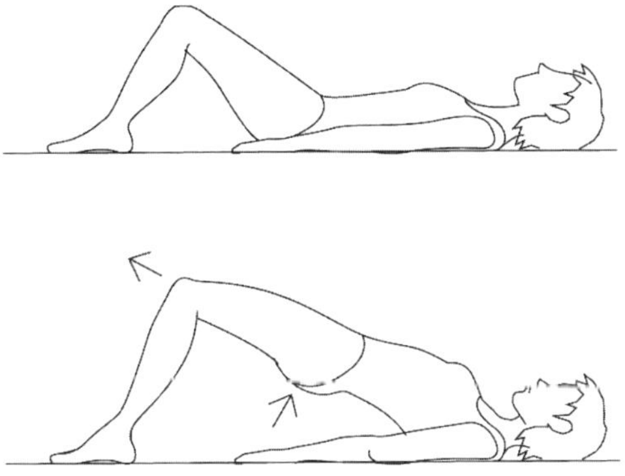

〈그림 2-3〉 골반 앞으로 옮기기

이 들어올린다. 이 때, 배가 천장을 향하지 않도록 주의한다.
④ 두 발이 들어올린 상체의 움직임을 지지해 준다.
⑤ 숨을 내쉬면서 처음 자세로 돌아온다.

### 뼈 표지점 경험하기

① 뒤꿈치를 누르는 힘과 미골와 슬굴곡근hamstrings에서 나오는 움직임의 도움으로 서혜부가 평평해진다.
② 미골을 인식해 등의 아랫 부분lower back이 점차 길어지는 듯한 이미지를 이용한다.
③ 발과 골반의 연결에 대해 느낄 수 있다.
④ 골반 바닥의 사용이 두드러지는 움직임이다.

### 주요 근육계

장요근/큰허리근, 대퇴근막장근/넙다리근막긴장근, 내측광근/안쪽넓은근vastus

medialis, 외측광근/가쪽넓은근vastus lateralis, 중둔근/중간볼기근, 슬굴곡근/허벅지뒤근육

## 관련된 에포트/셰이프 /공간

〈표 10〉 골반 앞으로 옮기기

| 에포트 | 셰이프 | 공간 |
|---|---|---|
| 엉덩이를 들어올릴 때에는 자유로운 흐름Free Flow으로 시작해 끝 동작에서 통제되는 흐름을 사용한다.<br>엉덩이를 내릴 때 자유로운 흐름을 사용하고 바닥에 거의 닿을 때 자연스럽게neutral 변화시킨다. | 엉덩이를 내릴 때 셰이프 흐름의 사용이 나타난다.<br>무릎을 앞으로 향하게 할 때 방향 지향적 셰이프Directional Shape가 나타난다. | 엉덩이를 들어올릴 때, 무릎이 위가 아닌 시상면 상의 앞을 향하도록 한다. |

## 주의할 점

① 시작 자세에서 발과 무릎이 평행을 유지하도록 하며 팔과 손에 힘을 주어 동작을 지지하지 않는다.
② 골반 바닥의 근육이 움직임을 지지하되, 엉덩이 근육에 무리하게 힘을 주지 않는다.
③ 엉덩이를 무리하게 들어올려 배가 불룩해지거나 등이 활 모양으로 휘지 않게 한다.

## 동작 활용의 예

앉았다 일어서는 동작이나, 누워 있다가 앉는 동작 등에서 찾아볼 수 있다. 또는 계단 오르기, 재즈 댄스를 할 때, 골반을 돌리거나 마사 그레이엄 테크닉 중 수축 동작에서 찾아볼 수 있다.

### 연습 3. 골반 옆으로 옮기기

골반 옆으로 옮기기Pelvic Lateral Shift 훈련 역시 발단 단계 중 상동 움직임에 해당한다.

목적

① 무게 중심을 옮길 때 골반과 엉덩이, 골반 바닥을 적절히 사용함으로써 상체에 뒤틀림 없이 동작을 할 수 있다.
② 골반 바닥 근육을 강화하면서 허벅지와 다리를 내회전, 외회전과 내전, 외전을 경험한다. 골반 바닥과 다른 근육이 상호 작용하며 동작을 만들어 내는 것에 대한 경험을 할 수 있다.

순서

① 골반 옆으로 옮기기는 앞서 설명했던 골반 앞으로 옮기기의 동작을 완성한 상태(골반을 들어올린 상태)에서 시작된다.
② 골반을 오른쪽으로 완벽한 직선 경로를 통해 옮긴다. 그리고 바닥에 부드럽게 내려놓는다.
③ 잠깐 동안 휴식을 취한 후에 다시 골반을 들어올린다.
④ 골반은 몸의 중심선으로 다시 옮기고 나서 처음 자세로 돌아간다.

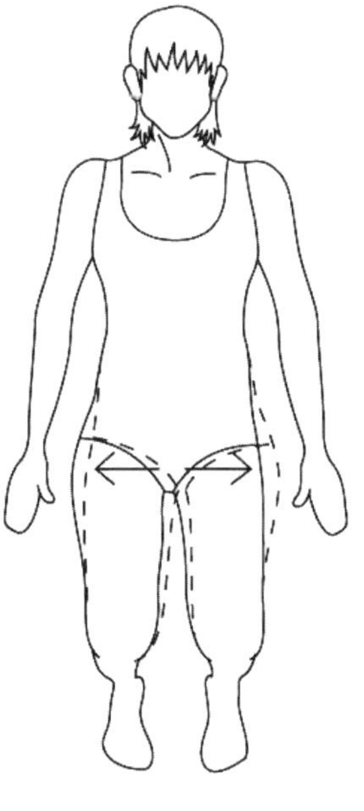

〈그림 2-4〉 골반 옆으로 옮기기

⑤ 왼쪽도 같은 방법으로 진행한다.

### 뼈 표지점 경험하기

① 골반을 들어올릴 때, 등이 길어지는 듯한 이미지를 사용하며 천골에서 미골로 이어지는 척추 아랫 부분이 움직임을 주도한다.
② 골반을 옆으로 옮기는 동작에서 대퇴돌기trochanters 부분을 길게 편다. 이 부위는 골반이 앞뒤로 움직이지 않도록 하기 위한 축이 된다.
③ 미골과 좌골은 이 동작을 지속적으로 지지한다.

### 주요 근육계

장요근/큰허리근, 대퇴근막장근/넙다리근막긴장근, 내측광근/안쪽넓은근, 중둔근/중간볼기근, 외측광근/가쪽넓은근, 슬굴곡근/허벅지뒤근육

### 관련된 에포트/셰이프 /공간

〈표 11〉 골반 옆으로 옮기기

| 에포트 | 셰이프 | 공간 |
|---|---|---|
| 발목을 펴고 접고, 골반을 올리고 내릴 때, 자유로운 흐름/통제되는 흐름을 번갈아가며 이용한다. | 호흡이 주도하는 셰이프 흐름을 사용한다. | 골반을 옆으로 옮기는 동작에서 몸통의 뒤틀림 없이 수평축Horizontal Dimension으로 움직인다. |

### 주의할 점

① 이 동작을 수행하는 동안 허벅지 바깥쪽의 큰대퇴돌기greater trochanters를 통해 수평축을 느낀다. 만약 골반의 윗부분 주변에서 수평축을 느낀다면 골반

바닥이나 골반의 외전을 느낄 수 없을 것이다.

② 움직임의 시작이 골반 가장자리에서 시작되지 않게 한다. 대부분이 저지르는 실수로 골반을 끌어올리는데 이것은 허리를 대퇴돌기의 수평축을 따라 옆으로 이동하는 것 대신, 허리가 비틀어지는 현상을 만들어 낸다.

③ 상체나 다리에 불필요한 힘을 주지 않는다.

동작 활용의 예

다리의 회전적 요소를 강조하는 걷기, 측면으로 걷기('게' 걸음), 측면으로 무게 중심 옮기기

### 연습 4. 몸 측면 움직이기 ∮

몸 측면 움직이기Body Half는 상측 움직임Homolateral에 해당한다. 상측 움직임이란 오른쪽과 왼쪽이 서로 다른 움직임을 말하며, 두뇌의 측면 기능을 통합하고 활성화할 수 있는 폭넓은 기초를 제공한다.

목적

① 몸을 수직축을 중심으로 반으로 나누었을 때 생기는 중심선midline에 대해 의식한다.

② 오른쪽 혹은 왼쪽의 팔과 다리를 동시에 움직일 수 있도록 한다.

③ 왼쪽과 오른쪽이 비대칭적인 동작이 일어나는 수직면에 대해 의식할 수 있다.

순서

① 바닥에 알파벳 'X'자 모양으로 눕는다.

② 숨을 내쉬면서 오른쪽 몸통, 팔꿈치, 무릎이 동시에 움직인다. 이러한 몸 부위들은 이 움직임의 시작점이 된다. 이 때, 머리는 움직이는 방향으로 향한다.

③ 다시 시작 자세로 돌아오는 동작에서 원래 지나갔던 경로를 따라 움직이며 이것은 손가락과 발가락으로부터 시작하는 움직임으로 이루어진다.

④ 왼쪽도 같은 과정으로 진행한다.

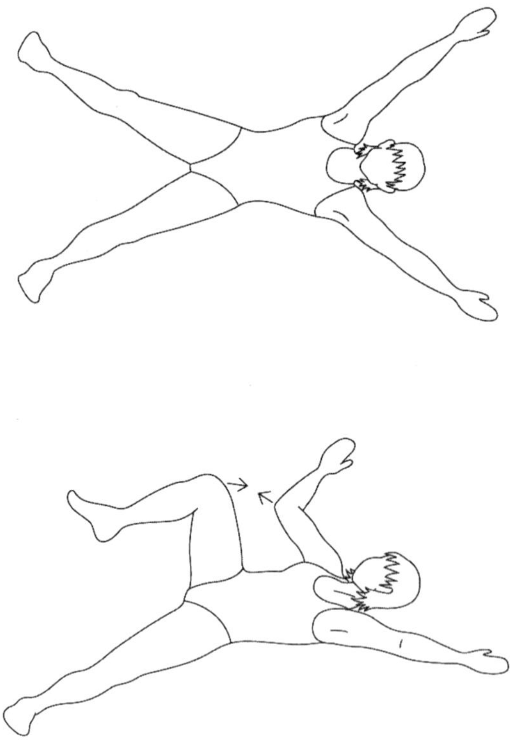

〈그림 2-5〉 몸 측면 움직이기

### 뼈 표지점 경험하기

① 처음 동작을 시작할 때, 머리, 팔꿈치, 무릎이 신체 중심점으로 향해 동시에 움직인다.
② 무릎과 팔꿈치는 수직면 상에서 동시에 움직인다.
③ 골반의 관절이 약간 바깥쪽으로 회전된다.

### 주요 근육계

장요근/큰허리근, 전거근/앞톱니근serratus anterior, 외사근/배바깥근external oblique

### 관련된 에포트/셰이프 /공간

〈표 12〉 몸 측면 움직이기

| 에포트 | 셰이프 | 공간 |
|---|---|---|
| 팔꿈치와 무릎을 구부릴 때, 통제되는 흐름이 점점 증가한다.<br>처음 자세로 돌아오는 동작에서 자유로운 흐름을 유지하다가 이 요소가 점점 사라진다. | 호흡과 함께 셰이프 흐름을 유지한다. | 움직임이 수직면에서 이루어진다. |

### 주의할 점

① 몸 중심의 수축으로 움직임이 시작되지 않으며 반드시 무릎과 팔꿈치가 동시에 움직임을 시작한다.
② 움직임이 반드시 수직면에서 이루어져야 하며 팔이나 다리가 앞 혹은 뒤로 움직이지 않는다.

③ 팔꿈치와 무릎을 구부릴 때, 시선이 같은 방향으로 향하게 한다.
④ 움직임이 일어나는 몸의 반대쪽은 안정적으로 이를 지지한다.

동작 활용의 예

아기의 첫 번째 걸음마, 무용이나 스포츠에서의 수직 회전, 서커스에서 광대가 통 안에 들어가 옆으로 굴러가는 움직임.

### 연습 5. 무릎 떨어뜨리기

무릎 떨어뜨리기Knee Drops는 대측Contralateral 움직임에 해당한다. 대측 움직임이란 신체가 만들어 내는 가장 긴 선인 사선(대각선) 동작과 관련된 움직임이며, 두뇌 앞쪽의 발달과 자아에 대한 의식을 발전시킨다.

목적

① 내전과 외전과 함께 골반 바닥의 한쪽 측면unilateral만을 사용할 수 있다.
② 상체와 하체가 트위스트 동작을 통해 완벽한 대측 움직임을 만들어 내는 것을 경험한다.

순서

① 바닥에 등을 대고 누워 무릎을 세운 상태에서 팔을 옆으로 벌리고, 손바닥은 아래를 향하도록 한다. 골반 양쪽의 좌골과 무릎과 발이 일직선상에 위치하도록 한다.
② 숨을 내쉬면서 무릎을 오른쪽으로 떨어뜨린다. 오른발의 바깥쪽과 왼발의 안

쪽으로 지지한다.

③ 잠깐 그대로 머무른다.

④ 숨을 내쉬면서, 배를 움푹하게 만든다. 이 때, 척추의 아랫 부분이 먼저 바닥에 닿고 나서 무릎을 세운 처음 자세로 돌아온다.

⑤ 왼쪽도 같은 과정으로 수행한다.

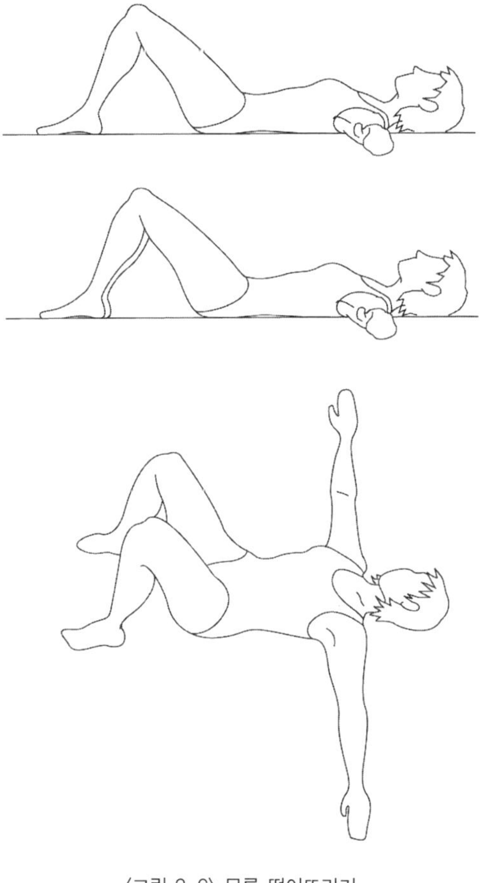

〈그림 2-6〉 무릎 떨어뜨리기

뼈 표지점 경험하기

① 무릎이 떨어질 때, 무릎부터 좌골까지 연속적으로 연결된 움직임이다.
② 숨을 깊게 내쉬는 동안, 꼬리뼈- 대퇴돌기-뒤꿈치가 차례대로 움직이는 것을 느낄 수 있다.
③ 처음 자세로 돌아올 때, 서혜부가 가라앉으면서 꼬리뼈와 천골과 함께 등판이 길어지는 듯한 이미지를 갖는다.

주요 근육계

장요근/큰허리근, 요추신전근/허리펴짐근lumbar extensor muscles, 둔부신전근/볼기펴짐근, 내측광근/안쪽넓은근, 대퇴근막장근/넙다리근막긴장근, 외측광근/가쪽넓은근, 슬굴곡근/허벅지뒤근육.

관련된 에포트/셰이프 /공간

〈표 13〉 무릎 떨어뜨리기

| 에포트 | 셰이프 | 공간 |
|---|---|---|
| 다리를 떨어뜨릴 때, 자유로운 흐름이 점점 증가하다가 마지막에 자연스럽게 바뀐다. | 다리를 떨어뜨릴 때, 셰이프 흐름을 사용한다.<br>처음 자세로 되돌릴 때에도 셰이프 흐름을 유지한다. | 수평면에서 일어나는 움직임이다. |

주의할 점

① 배의 근육을 무리하게 사용하지 않는다.
② 허벅지 앞쪽 근육과 대퇴근막장근의 긴장을 주지 않는다.

③ 처음 자세로 돌아올 때, 천골과 꼬리뼈에서부터 시작한다. 이것은 무리하게 좌골부터 허벅지 뒤까지 연결되는 근육을 사용하는 것을 방지하고 장요근을 적절히 사용하도록 한다.

동작 활용의 예

손과 발이 자연스럽게 움직이는 걸음걸이, 비틀거나 나선형의 모양을 갖는 표현적인 무용 동작에 사용된다.

## 연습 6. 팔 돌리기 X

팔 돌리기Arm Circles는 대측 움직임에 해당한다.

목적

① 팔과 견갑골과 어깨에서 만들어 내는 내회전, 외회전 움직임internal/external rotation을 경험할 수 있다.
② 오른쪽 상체와 왼쪽 하체의 정확한 사선을 만들 수 있다.

순서

① 누운 상태에서 무릎을 세우고 팔을 자연스럽게 바닥 위에 내려놓는다. 이것은 연습 5 무릎 떨어뜨리기와 처음 자세가 같다.
② 무릎 떨어뜨리기와 같은 과정을 통해 오른쪽으로 무릎을 떨어뜨린다.
③ 오른쪽 골반으로부터 대각선 반대 방향으로 향하는 왼쪽 팔을 쫙 펴서 사선을 만든다.

④ 왼쪽 손바닥을 위로 향하게 한 다음, 시계 방향으로 큰 원을 그린다.

⑤ 시선은 움직이는 손으로 향하며 머리도 손이 진행하는 방향을 따라 자연스럽게 움직인다.

⑥ 회전하던 팔이 처음 자세로 돌아오면 잠깐 쉬었다가 시계 반대 방향으로 다

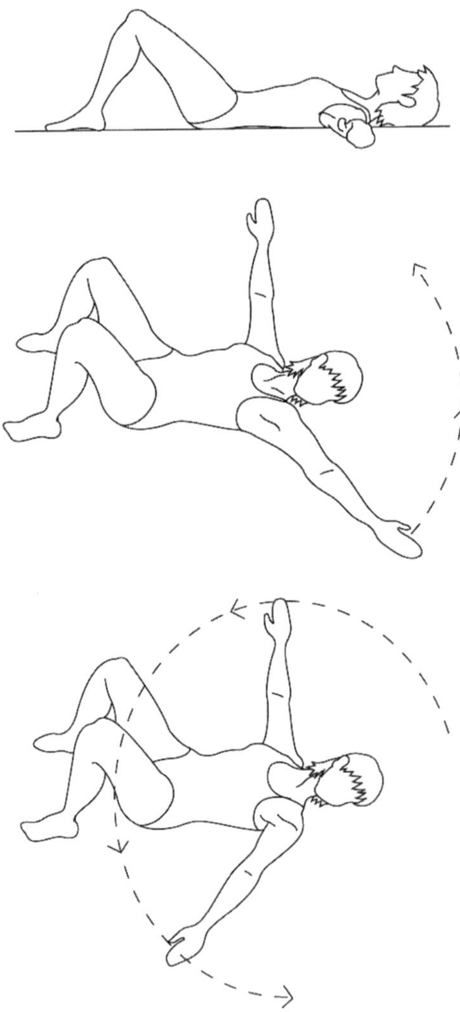

〈그림 2-7〉 팔 돌리기

시 회전한다.

⑦ 왼쪽도 같은 과정으로 수행한다.

### 뼈 표지점 경험하기

① 손끝과 팔, 머리, 눈이 한 방향으로 동시에 움직인다.

② 팔을 회전하는 동안, 팔과 어깨, 견갑골이 연속적으로 연결되어 움직임을 만든다.

③ 상체와 하체가 완벽한 사선을 만들었을 때, 배와 등은 대칭적인 움직임을 갖는다.

### 주요 근육계

광배근/넓은등근latissimus doris, 대퇴근막장근/넙다리근막긴장근, 대퇴거근/넙다리곧은근rectus femoris, 봉공근/넙다리빗근sartorius, 장요근/큰허리근.

### 관련된 에포트/셰이프/공간

〈표 14〉 팔 돌리기

| 에포트 | 셰이프 | 공간 |
| --- | --- | --- |
| 무릎을 옆으로 떨어뜨릴 때, 자유로운 흐름을 유지한다.<br>머리 위 사선에서 골반 쪽으로 팔을 내릴 때, 통제되는 흐름과 가벼운 무게가 점점 증가된다.<br>팔을 처음 자세에 가까이 가져갈 때 자유로운 흐름을 사용하면서 느려지는 시간은 점점 감소된다. | 팔을 사용해서 공간에 큰 원을 그리는 동작으로 2차원에서 일어나는 셰이핑의 특질을 갖는다. | 손 끝이 개인 공간의 먼 거리Far-Reach에 도달하도록 한다. |

### 주의할 점

① 팔을 회전시킬 때, 급작스럽게 돌리지 않고 적당한 단계를 거치면서 움직인다.
② 팔꿈치의 사용을 부드럽게 한다.
③ 손 끝으로 그리는 원이 한쪽으로 기울어지지 않도록 균형을 유지한다.
④ 어깨 관절의 움직임에만 주의를 기울이기보다는 몸 중심의 지지와 팔, 손끝 등 신체 연결을 통한 자연스러운 움직임을 만들 수 있도록 한다.

### 동작 활용의 예

이러한 훈련은 팔과 상체의 자연스러운 셰이핑을 할 수 있도록 도와 주며 3차원 상에서 상체의 아름답고 표현적인 움직임을 만들 수 있다.

## | 부록 3 - 근골격계 |

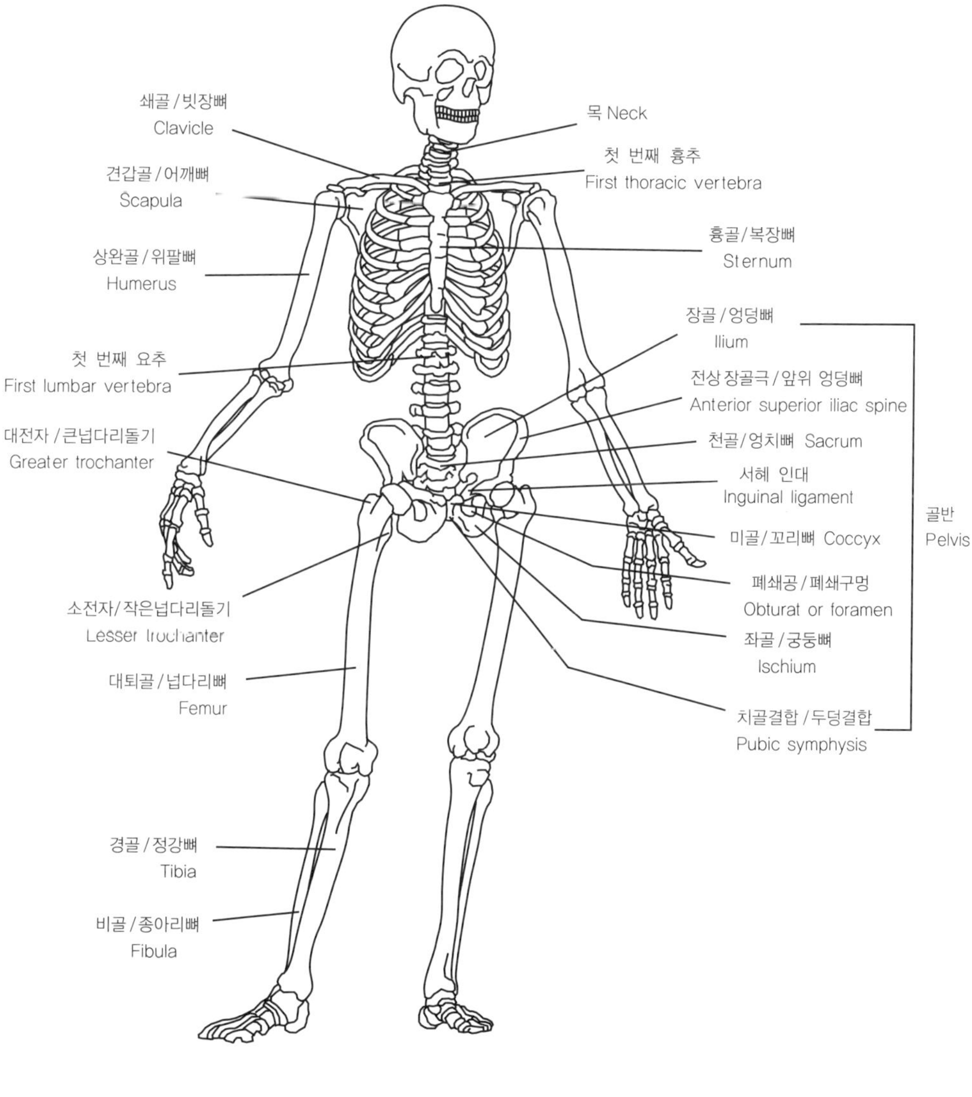


〈그림 3-1〉 골격계 전면

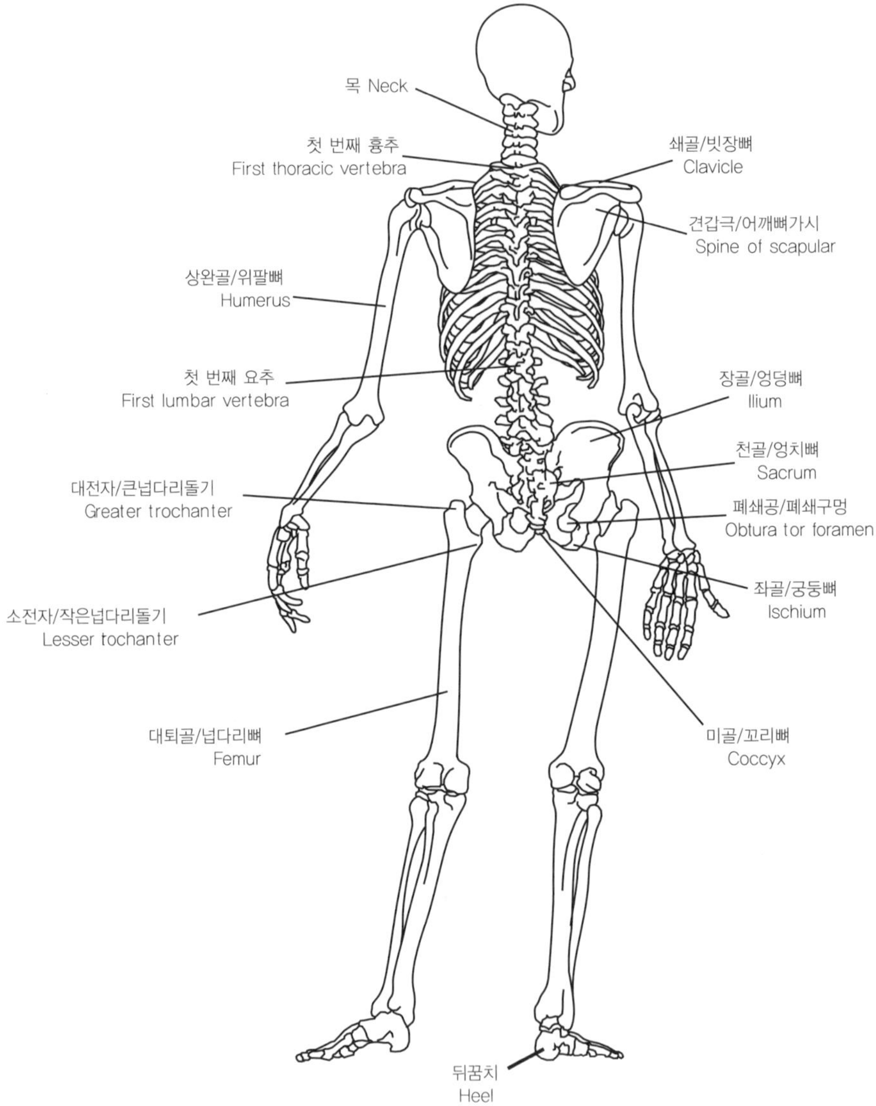
목 Neck
첫 번째 흉추
First thoracic vertebra
쇄골/빗장뼈
Clavicle
견갑극/어깨뼈가시
Spine of scapular
상완골/위팔뼈
Humerus
첫 번째 요추
First lumbar vertebra
장골/엉덩뼈
Ilium
천골/엉치뼈
Sacrum
대전자/큰넙다리돌기
Greater trochanter
폐쇄공/폐쇄구멍
Obtura tor foramen
좌골/궁둥뼈
Ischium
소전자/작은넙다리돌기
Lesser tochanter
대퇴골/넙다리뼈
Femur
미골/꼬리뼈
Coccyx
뒤꿈치
Heel

〈그림 3-2〉 골격계 후면

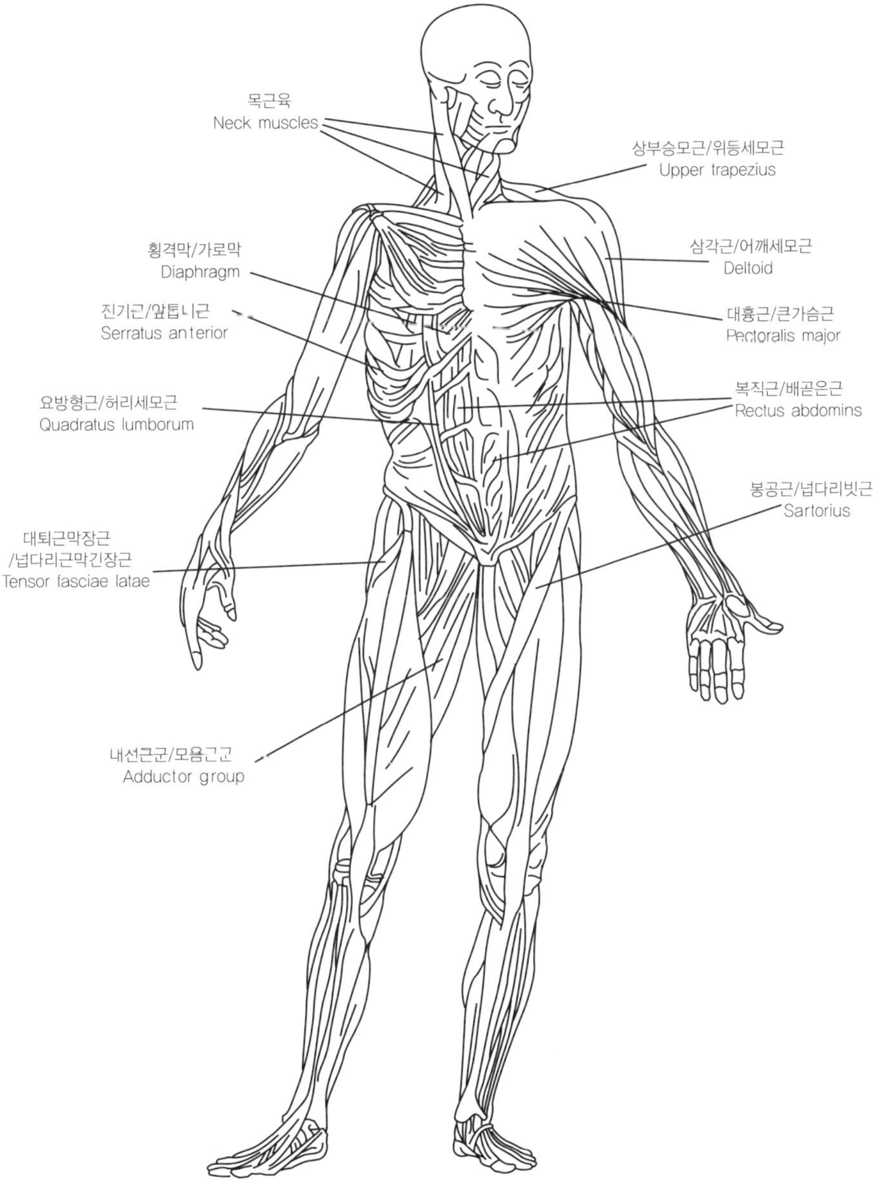
목근육
Neck muscles
상부승모근/위등세모근
Upper trapezius
횡격막/가로막
Diaphragm
삼각근/어깨세모근
Deltoid
진기근/앞톱니근
Serratus anterior
대흉근/큰가슴근
Pectoralis major
요방형근/허리세모근
Quadratus lumborum
복직근/배곧은근
Rectus abdomins
봉공근/넙다리빗근
Sartorius
대퇴근막장근
/넙다리근막긴장근
Tensor fasciae latae
내선근군/모음근군
Adductor group

〈그림 3-3〉 근육계 전면

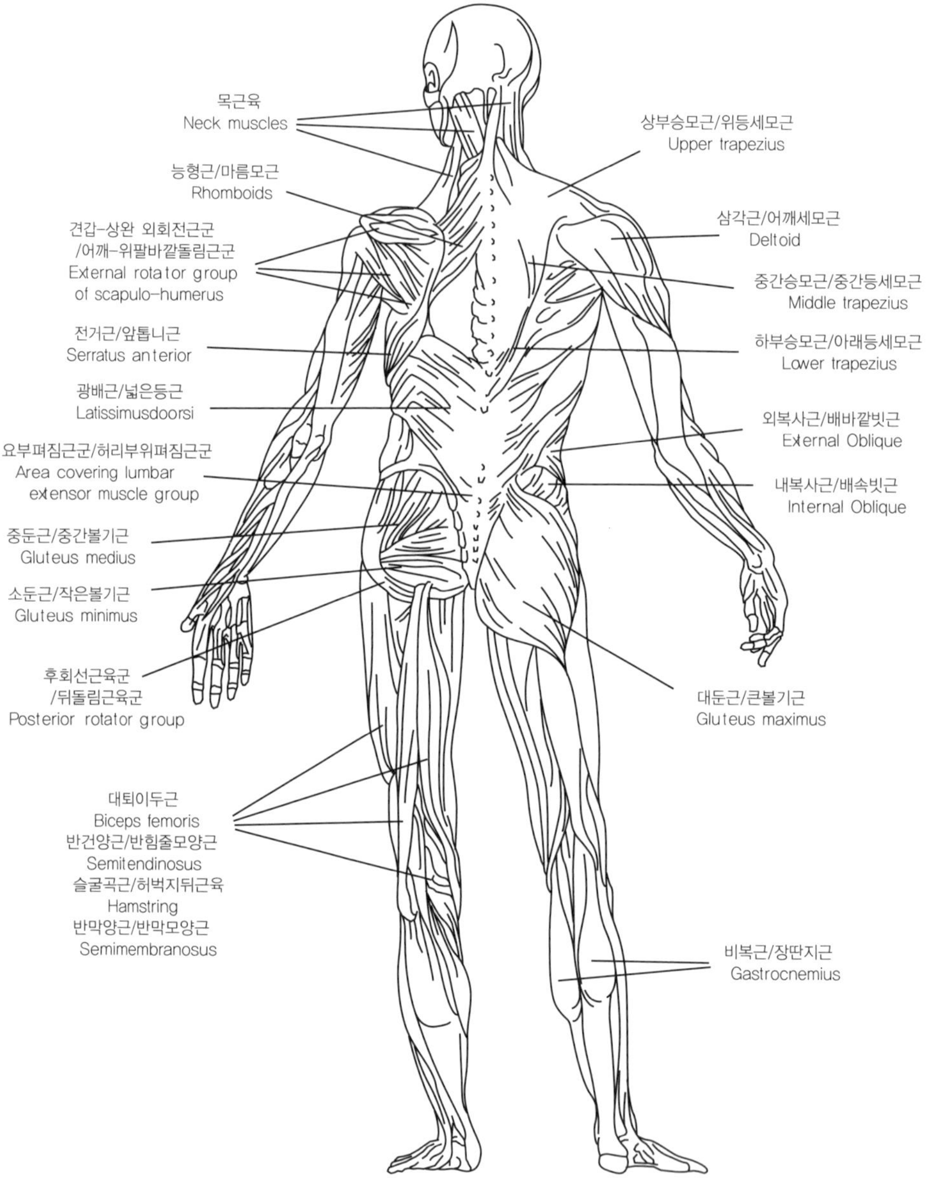
목근육
Neck muscles
상부승모근/위등세모근
Upper trapezius
능형근/마름모근
Rhomboids
삼각근/어깨세모근
Deltoid
견갑-상완 외회전근군
/어깨-위팔바깥돌림근군
External rotator group
of scapulo-humerus
중간승모근/중간등세모근
Middle trapezius
전거근/앞톱니근
Serratus anterior
하부승모근/아래등세모근
Lower trapezius
광배근/넓은등근
Latissimusdoorsi
외복사근/배바깥빗근
External Oblique
요부펴짐근군/허리부위펴짐근군
Area covering lumbar
extensor muscle group
내복사근/배속빗근
Internal Oblique
중둔근/중간볼기근
Gluteus medius
소둔근/작은볼기근
Gluteus minimus
후회선근육군
/뒤돌림근육군
Posterior rotator group
대둔근/큰볼기근
Gluteus maximus
대퇴이두근
Biceps femoris
반건양근/반힘줄모양근
Semitendinosus
슬굴곡근/허벅지뒤근육
Hamstring
반막양근/반막모양근
Semimembranosus
비복근/장딴지근
Gastrocnemius

〈그림 3-4〉 근육계 후면

## | 그림 목차 |

그림 2-1. BESS 관계 모형 _ 36
그림 2-2. 라반의 BESS 상호친화성 모형 _ 39

그림 3-1. 몸 분석의 단위 _ 49
그림 3-2. 몸 부위별 기호 _ 50
그림 3-3. 열두 가지 기본 동작 _ 55
그림 3-4. 동적인 신체 정렬 _ 62
그림 3-5. 움직임의 진행 과정 _ 68

그림 4-1. 에포트 그래프 _ 84
그림 4-2. 에포트 인자와 그 요소 _ 85
그림 4-3. 에포트 요소의 상태와 충동 _ 86
그림 4-4. 흐름 에포트 _ 87
그림 4-5. 무게 에포트 _ 90
그림 4-6. 시간 에포트 _ 92
그림 4-7. 공간 에포트 _ 95
그림 4-8. 에포트 상태 _ 98
그림 4-9. 깨어 있는 상태 _ 99
그림 4-10. 깨어 있는 상태의 에포트 조합 _ 99
그림 4-11. 꿈 같은 상태 _ 99
그림 4-12. 꿈 같은 상태의 에포트 조합 _ 100
그림 4-13. 먼, 희미한 상태 _ 100
그림 4-14. 희미한 상태의 에포트 조합 _ 100
그림 4-15. 리듬감 있는 혹은 가까운 상태 _ 101
그림 4-16. 리듬감 있는 혹은 가까운 상태의 에포트 조합 _ 101
그림 4-17. 안정된 상태 _ 102
그림 4-18. 안정된 상태의 에포트 조합 _ 102
그림 4-19. 유동적 상태 _ 103
그림 4-20. 유동적 상태의 에포트 조합 _ 103
그림 4-21. 에포트 충동 _ 104
그림 4-22. 열정 충동 그래프 _ 105
그림 4-23. 열정 충동의 에포트 조합 _ 105

그림 4-24. 마술 충동 그래프 _ 106
그림 4-25. 마술 충동의 에포트 조합 _ 107
그림 4-26. 환상 충동 그래프 _ 107
그림 4-27. 환상 충동의 에포트 조합 _ 107
그림 4-28. 동작 충동 그래프 _ 108
그림 4-29. 기본 에포트 동작 _ 108
그림 4-30. 정육면체상의 에포트 충동 _ 109
그림 4-31. 단조로운 구문 _ 114
그림 4-32. 악센트 구문 _ 115
그림 4-33. 진동 구문 _ 115
그림 4-34. 증가되는 구문 _ 115
그림 4-35. 충격 구문 _ 116
그림 4-36. 감소되는 구문 _ 116
그림 4-37. 추진 구문 _ 116
그림 4-38. 스윙 구문 _ 117
그림 4-39. 탄력 구문 _ 117

그림 5-1. 기본 셰이프 그래프 _ 123
그림 5-2. 셰이프 흐름 그래프 _ 124
그림 5-3. 셰이프 흐름 기호 _ 125
그림 5-4. 셰이프 흐름의 움직임 _ 126
그림 5-5. 몸을 나누는 면들 _ 129
그림 5-6. 방향 지향적 셰이프 그래프 _ 130
그림 5-7. 방향 지향적 셰이프 기호 _ 130
그림 5-8. 원호와 직선을 그리는 방향 지향적 셰이프 움직임 _ 131
그림 5-9. 셰이핑 그래프 _ 133
그림 5-10. 셰이핑 기호 _ 134
그림 5-11. 셰이핑 움직임 _ 135

그림 6-1. 플라톤의 정다면체 _ 143
그림 6-2. 개인 공간 _ 145
그림 6-3. 역동 공간 _ 145
그림 6-4. 방향과 높낮이 기호 _ 147
그림 6-5. 몸의 구조 및 공간 방향 기준점들 _ 148
그림 6-6. 세 가지 움직임 경로 _ 151
그림 6-7. 1차원의 공간적 당김 _ 156
그림 6-8. 세 개의 축 _ 157
그림 6-9. 디멘셔널 교차축의 움직임 모티프 _ 157
그림 6-10. 2차원 평면의 교차 _ 158
그림 6-11. 수직, 수평, 시상면의 움직임 순서 _ 159
그림 6-12. 2차원 평면적 움직임의 모티프 _ 159
그림 6-13. 정육면체 꼭지점의 공간적 당김 _ 160
그림 6-14. 정육면체의 8개 꼭지점과 대각선 _ 161
그림 6-15. 정육면체의 움직임 모티프 _ 161
그림 6-16. 디멘셔널 스케일 혹은 디펜스 스케일 _ 162
그림 6-17. 디멘셔널 스케일의 움직임 순서 _ 163
그림 6-18. 정육면체의 꼭지점과 대각선 _ 165

그림 6-19. 디아고널 스케일의 흘러가는 표현 _ 165
그림 6-20. 정육면체 꼭지점과 동작 충동 _ 166
그림 6-21. 정이십면체 내의 수직면, 수평면, 시상면의 꼭지점들 _ 166
그림 6-22. 정이십면체의 액시스 스케일 _ 167
그림 6-23. 액시스 스케일 라인 _ 167
그림 6-24. 거들 스케일 _ 169
그림 6-25. 거들 스케일 라인 _ 169
그림 6-26. 프라이머리 스케일 _ 170
그림 6-27. 프라이머리 스케일 라인 _ 170
그림 6-28. 정이십면체와 12개의 꼭지점 _ 171
그림 6-29. 정이십면체의 수직면, 수평면, 시상면 _ 171
그림 6-30. A 스케일 움직임 순서 _ 172
그림 6-31. A 스케일 _ 172
그림 6-32. A 스케일 경로 기호 및 셰이프-에포트 기호 _ 173
그림 6-33. A 스케일의 볼루트와 스티플 _ 174
그림 6-34. B 스케일 움직임 순서 _ 174
그림 6-35. B 스케일 _ 175
그림 6-36. B 스케일 경로 기호 및 셰이프-에포트 기호 _ 175
그림 6-37. B 스케일의 볼루트와 스티플 _ 176
그림 6-38. A와 B 스케일 _ 176

그림 7-1. 디멘션과 에포트 요소의 관계 _ 183
그림 7-2. 디멘션과 셰이프 요소의 관계 _ 183
그림 7-3. 2차원 수직면, 수평면, 시상면의 교차 _ 188
그림 7-4. 정육면체의 꼭지점과 에포트 요소의 상호친화성 _ 192
그림 7-5. 3차원 정육면체의 꼭지점과 셰이프 진화성 _ 194

그림 8-1. 수직 보표 _ 199
그림 8-2. 동작선 _ 200
그림 8-3. 동작선 그리기 _ 200
그림 8-4. 동작의 길이 _ 200
그림 8-5. 방향과 높낮이 _ 201
그림 8-6. 이동하기 _ 202
그림 8-7. 피봇 회전 _ 202
그림 8-8. 수축하기와 늘리기 _ 203
그림 8-9. 정지 _ 203
그림 8-10. 뛰기 _ 204
그림 8-11. 다양한 뛰기 기호 _ 204
그림 8-12. 지지하기 _ 204
그림 8-13. 무게 이동 _ 205
그림 8-14. 점점 향해 가기 _ 205
그림 8-15. 점점 멀어지기 _ 205
그림 8-16. 균형과 불균형 _ 205
그림 8-17. 모으기와 흩뿌리기 _ 205
그림 8-18. 접기와 펴기 _ 206
그림 8-19. 수직 보표 _ 207

그림 8-20. 마디로 나뉜 수직 보표 _ 207
그림 8-21. 다음 보표로 넘어갈 때의 캐럿 표기 _ 208
그림 8-22. 캐럿 표기 _ 208
그림 8-23. 몸 기호와 다양한 기호의 조합 _ 208
그림 8-24. 동시에 일어나는 움직임 _ 209
그림 8-25. 겹치는 움직임 _ 209
그림 8-26. 같은 쪽 반복 _ 209
그림 8-27. 다른 쪽 반복 _ 209
그림 8-28. 에포트 구문 _ 210
그림 8-29. 셰이프 구문 _ 210
그림 8-30. 움직임의 순서 _ 210
그림 8-31. 움직임의 시간 길이 _ 210
그림 8-32. 동작와 정지를 이용한 수직 보표 _ 211
그림 8-33. 점프와 돌기를 이용한 수직 보표 _ 211
그림 8-34. 수축하기와 늘리기를 이용한 수직 보표 _ 212
그림 8-35. 높낮이와 이동하기를 이용한 수직 보표 _ 212
그림 8-36. 접기와 펴기 및 무게 이동을 이용한 수직 보표 _ 213
그림 8-37. 모으기와 흩뿌리기 및 지지하기를 이용한 수직 보표 _ 213
그림 8-38. 창작 모티프 예시 _ 214

〈부록〉

그림 2-1. 허벅지 들어올리기 _ 229
그림 2-2. 골반 바닥 _ 232
그림 2-3. 골반 앞으로 들어올리기 _ 233
그림 2-4. 골반 옆으로 옮기기 _ 235
그림 2-5. 몸 측면 움직이기 _ 238
그림 2-6. 무릎 떨어뜨리기 _ 241
그림 2-7. 팔 돌리기 _ 244

그림 3-1. 골격계 전면 _ 247
그림 3-2. 골격계 후면 _ 248
그림 3-3. 근육계 전면 _ 249
그림 3-4. 근육계 후면 _ 250

## | 표 목차 |

표 1. 움직임의 시작 _ 68

표 2. 에포트 인자의 개념 _ 83

표 3. 셰이프 유형의 특징 _ 137

표 4. 경로와 공간적 긴장의 조화 _ 154

표 5. 1차원 공간과 에포트-셰이프 친화성 _ 187

표 6. 2차원 면들의 꼭지점과 친화적인 에포트 _ 189

표 7. 2차원 면들의 꼭지점과 친화적인 셰이프 _ 190

표 8. 3차원 공간과 에포트-셰이프의 친화성 _ 192

표 9. 허벅지 들어올리기 _ 231

표 10. 골반 앞으로 옮기기 _ 234

표 11. 골반 옆으로 옮기기 _ 236

표 12. 몸 측면 움직이기 _ 239

표 13. 무릎 떨어뜨리기 _ 242

표 14. 팔 돌리기 _ 245

## | 참고 문헌 |


강성범 (2004). LMA를 통한 한국 전통 무용의 움직임 특성의 분석: 중요 무형문화재 제 27호 이매방류 승무를 중심으로. 「한국무용기록학회지」. 6호, 1-28.

_____ (2006). 살풀이춤과 지젤에서 표현하는 정서 '한'의 LMA 분석. 동덕여자대학교 대학원 박사학위 논문.

강성범 · 김재리 (2007). 라반 움직임 표현 프로그램이 저소득층 아동의 자기 표현 능력 개발에 미치는 효과. 「한국무용기록학회지」. 9호.

강성범 · 김현주 (2007). LMA 분석을 통한 강선영류 태평무의 움직임 특성 연구. 「한국무용기록학회지」. 12호.

김경희 (2007). 바티니에프 기본 원리(Bartenieff Fundamentals)를 적용한 무용 실기 "기초 연습(Basic Exercises)" 개발 -발달 모형(Developmental Patterning)을 중심으로. 「대한무용학회논문집」. 52호.

김긍수 (2008). Juliet의 캐릭터에 나타난 시대별 여성 표현 양상 연구. 한양대학교 대학원 박사학위 논문.

김용수 외 (2004). 「비주얼 인체 해부학」, 대경북스.

김재리 (2004). LMA를 통한 처용무의 움직임 분석 연구. 「한국무용기록학회지」. 7호.

_____ (2005). 라반의 움직임 분석 이론을 활용한 움직임 창작 과정 연구. 「한국무용기록학회지」. 9호.

김재리 · 조양숙 (2008). 안무방법론 개발을 위한 LMA(Laban Movement Analysis)의 적용성 연구. 「대한무용학회논문집」. 54호.

김현정 (2004). 라반의 움직임 이론(BESS)에 근거한 필라티즈 바디 컨디셔닝 실행 기법 연구. 이화여자대학교 대학원 석사학위 논문.

김현주 (2005). 키네토그라피 라반(Kinetographie Laban)의 분석 방법을 통한 문묘일무의 춤사위 특성 연구. 「한국무용기록학회지」. 9호.

_____ (2007). Motif를 활용한 예술통합형 창의적 움직임 교육에 관한 질적 연구: 초등학교에서의 적용 사례를 중심으로. 성균관대학교 대학원 박사학위 논문.

뉴러브, J. & 달비, J. (2006). 「움직임 · 표현 · 기하학」. 신상미(역), 서울: 대한미디어.

라반, R. & 얼만, L. (1993). 「동작분석과 표현」. 신상미(역), 서울: 금광.

랑게, R. (1988). 「춤의 본질 : 인류학적 관점에서」. 최동현(역), 전주: 신아.

박성희 (2007). Teaching Method of Ballet Class. 「한국무용기록학회지」. 13호.

박영애 (2006). Rudolf Laban의 Effort 요소를 활용한 안무기법 모색. 「대한무용학회논문집」. 49호.

박은영 (1990). Pina Bausch의 예술세계와 안무 방법에 관한 연구. 이화여자대학교 대학원 석사학위 논문.

성지민 (2003). Bartenieff 신체요법의 원리와 특징에 관한 연구. 이화여자대학교 석사학위 청구논문. 미간행.

송성아 (1999). Laban의 Effort 분석을 통한 살풀이의 움직임 연구. 부산대학교 대학원 석사학위 청구논문, 미간행.

신상미 (1993). 춤 움직임의 문화인류학적 분석. 「한국체육학회지」. 제33권 2호, 46-56.

_____ (1995). 춤 움직임 분석의 이론과 실제. 「이화여자대학교 한국문화연구원논총, 인문과학, 사회과학, 교육학논집」 제1.2.3권. 165-187.

_____ (1997). 무용학적 관점에서의 한국춤 움직임 분석 및 방법론 탐색. 단국대학교 박사학위 논문.

_____ (2000). 한국춤 공간에 나타나는 음양오행적 표현 특성. 「무용학회논문집」. 제28권 2호.

_____ (2001). 무용 기록과 분석 체계 및 그 활용 사례. 「한국무용기록학회지」. 창간호.

_____ (2002~2003). 창작방법, 연기분석. CMA Pilot Study.

_____ (2003). Analysis of Nonverbal Communication of the Politicians through the LMA.「한국무용기록학회지」. 4호.

_____ (2003). 봉산탈춤 미얄 과장에 등장하는 인물들의 신체 표현과 공간 관계.「한국무용기록학회지」. 5호.

_____ (2005). 라반의 BESS(Body, Effort, Shape, Space) 움직임 이론과 상호친화성 및 적용성 연구.「한국무용기록학회지」. 8호.

_____ (2006). 도상학적 해석을 통한 최승희 〈보살춤〉의 창작기법 연구.「한국무용기록학회지」. 10호.

_____ (2007). 동북 아시아 춤 문화 찾기 I : 한 · 중 · 일 신화 해석을 통한 춤의 원형과 문화 패턴 연구.「무용학회논문집」 제52권 3호. 대한무용학회.

_____ (2008). 동북 아시아 춤 문화 찾기II : 한 · 중 · 일 탈춤놀이극의 텍스트 해석을 통한 춤문화 창조론.「무용학회논문집」 제54권 1호. 대한무용학회.

_____ (2009). 바슬라브 니진스키의 몸짓 유형과 그 의미: 〈목신의 오후〉와 〈봄의 제전〉을 중심으로.「무용학회논문집」 제58권. 대한무용학회.

신상미 · 김현정 (2005). 라반의 움직임 이론(BESS)에 근거한 필라티즈 바디 컨디셔닝 실행 기법 연구.「한국무용기록학회지」. 8호.

양보현 (2003). 라반의 에포트-셰이프 분석을 통한 바가노바와 R.A.D기법 연구. 이화여자대학교 석사학위 청구논문, 미간행.

이경희 (2007). 바티니에프 기본 원리(Bartenieff Fundamentals)가 무용치료사의 신체 지각에 미치는 효과. 한양대학교 박사학위 논문.

최청자 (1998). Rudolf von Laban 동작분석이론의 무용교육 적용에 관한 연구. 단국대학교 박사학위 논문.

콘스탄틴, J 밤바카스(2006).「철학의 탄생」. 이재영(역), 서울: 알마.

토파즈, M. (2001).「라바노테이션: 움직임기록법의 실제 I」, 신상미 · 최해리(역), 서울: 대한미디어.

허친슨, A. (2004).「라바노테이션, 키네토그라피 라반: 움직임분석과 기록 체계」, 신상미 · 전유오(역), 서울: 대한미디어.

황혜원 (2004). The Communicative Function of the Movement Strand of the Dance Medium in *The King and I*. 「한국무용기록학회」. 6호.

Axtmann, A. (1993). Rudolf Laban: Movement Language and the Choreographic Process, M.A. New York: New York University.

Bartenieff, I. (1972). Effort-Shape in Teaching Ethnic Dance. New Dimensions in *Dance Research Anthropology and Dance—The American Indian, the Proceeding of Third Conference in Research in Dance*, CORD, 175 212.

______ (1973). Laban Space Harmony in Relation to Anatomical and Neurophysiological Concepts, *Four Adaptations of Effort Theory in Research and Teaching*. New York: Dance Notation Bureau Inc.

______ (1977). *Effort-Shape Analysis of Movement Behavior: Method of Perceiving Patterns of Small Group Behaviors*, Dance Notation Bureau, Inc.

______ (1980). *Body Movement: Coping with the Environment*. Toronto Press.

Bartienieff, I., Davis, M., & Paulay F. (1970). *Four Adaptations of Effort Theory in Research and Teaching*, New York: Dance Notation Bureau Inc.

Bartenieff, I., Hackney, P., Van Zile, J., & Wolz, C.(1984). The Potential of Movement Analysis as a Research Tool: A Preliminary Analysis, *CORD Dance Research Journal*, 16/1, Spring, 3-26.

Bartenieff, I., Paulay, F. & Lomax, A.(1970). Cross-Cultural study of Dance: Description and Implication, *Four Adaptations of Effort Theory in Research and Teaching*. New York: Dance Notation Bureau Inc., 61-72.

Benesh, R. & Benesh, J. (1956). *An Introduction to Benesh Dance Notation*, London: Pitman Publishing Co.

Billingham, L. A.(2001). The Development of a Gestural Vocabulary for Choral Conductors based on the Movement Theory of Rudolf Laban. D.M.A., The University of Arizona.

Butler, J. (2000). The English Morris Dance: An Ancient Heritage. Ph.D.

Dissertation. Texas Woman's University.

Burton, Susan S.(1990). Malichi, the Flower Fawn: The Symbolism of the Yaqui Deer Dance. M.A.: Texas Woman's University.

Cernohorsky, Nadine C.(1991). A Study of the Effects of Movement Instruction Adapted from the Theories of Rudolf Von Laban upon the Rhythm Performance and Developmental Rhythm Aptitude of Elementary School Children. Ph.D. Dissertation. Temple University.

Chang, Chung-Shiuan(1991). A Creative Dance Curriculum Model for Elementary Children in Taiwan, the Republic of China. Ed.D. Dissertation. Columbia University Teachers College.

Choe, Sang-cheul(1996). Seung-Hee Choi, Pioneer of Korean Modern Dance: Her Life and Art under Japanese Occupation, 1910-1945. Ph.D. Dissertation. New York University,

Cohen, B. B. (1993). *Sensing, Feeling and Action*. Contact Editions, M.A.

Cohen, L. R. (1975). An Inquiry into the Use of Effort-Shape Analysis in the Exploration of Ledership in Small Groups: A System View, Columbia University, Ph. D. Dissertation.

_____ (1978). Introduction to Labananalysis Effort/Shape, *CORD Dance Research Annual IX*, 53-58.

Cohen, L. R. & Schmais, Claire (1967). An Analysis of the Style and Composition of Water Study, *Research in Dance: Problems and Possibilities*. New York: CORD, 105-113.

Davis, J. (1995). Laban Movement Analysis: A Key to Individualizing Children's Dance, *JOPERD*, Feb. 27-30.

Davis, M. (1973). Effort-Shape Analysis, *Four Adaptations of Effort Theory in Research and Teaching*. New York: Dance Notation Bureau Inc., 29-42.

Dell, C. (1977). *A Primer for Movement Description*, New York: Dance Notation Bureau Inc.

Dell, C., Crow, Bartenieff, I. (1977). *Space Harmony*. New York: Dance Notation Bureau Inc.

Duncanson, C. S. (1991). Movement and Discourse in Educational Practice. Ph.D. Dissertation. The Ohio State University.

Eshkol, N. & Wachman, A. (1958). *Movement Notation*, London: Weidenfeld and Nicolson.

Fernandes, C (1995). Pina Bausch and the Wuppertal Dance Theater: Repetition and Transformation. Ph.D. Dissertation. New York University.

Foster, J. (1977). *The Influences of Rudolf Laban*, London: Lepus Books.

Friedman, J, P. (2003). Embodied Narrative: A Laban Movement Analysis of Dance Oral History Toward Ontological Awareness. Ph. D. Dissertation. University of California, Riverside.

Gellerman, J. (1978). The Mayim Pattern as an Indicator of Cultural Attitude in Three American Hasidic Communities: A comparative Approach Based on Labanalysis, *CORD Dance Research Annual IX*, 111-144.

Gleisner, M. (1979). Movement Choirs, Laban Art of Movement *Guild Magazine*, Nov.

Goldman, E. (2003). *As others see us*, New York: Brunner-Routledge.

Groff, Ed (1995). Laban movement analysis: Charting the Ineffable Domain of Human Movement, *JOPERD: Journal of Physical Education, Recreation & Dance*, vol. 66, no. 2.

Hackney, P. (2000). Making Connections. *Total Body Integration Through Bartenieff Fundamentals*. Gordon and Breach Publishers.

Halperin, Daniel Tzvi (1995). Dancing at the Edge of Chaos: An Ethnography of Wildness and Ceremony in an Afro-Brazilian Possession Religion. Ph.D. Dissertation. University of California, Berkeley.

Hanna, J. L. (1987). *To Dance is Human*, London: University of Chicago Press Ltd.

Hodgson, J. (2001). *Mastering Movement: The Life and Work of Rudolf Laban*, New York: Routledge.

Honda, C. M .(1995). Cultural Diversity: Tai Chi Chuan and Laban Movement Analysis, *JOPERD*, Feb. 38-40.

Hutchinson, G. A (1977). *Labanotation or Kinetography Laban: The System of Analyzing and Recording Movement*. New York: Theatre Arts Books.

_____ (1983). *Your Move: A New Approach to the Study of Movement and Dance*, London: Gordon and Breach.

Kagan, E. (1978). Toward the Analysis of a Score: A Comparative Study of Three Epitaphs by Paul Taylor and Water Study by Doris Humphrey, *CORD Dance Research Annual IX*, 75-92.

Kealiinohomoku, J. W. (1976). A Comparative Study of Dance as a Constellation Motor Behaviors Among African and United States, *CORD Dance Research*.

Kerr, K. A. (1991). Differentiation of Ethnic Culture Regions using Laban Movement Analysis: A Study of Bulgarian Dance. Ph.D. Dissertation. Texas Woman's University.

Knust, A. (1979). *Dictionary of Kinetography Laban: Labanotation*, London: MacDonald & Evans, Ltd.

Laban, R. (1963). *The Modern Educational Dance*, London: MacDonald & Evans Ltd.

_____ (1966). *Choreutics*. L. Ullmann(ed.), London: MacDonald & Evans Ltd.

_____ (1974). *The Language of Movement: A Guidebook to Choreutics*, L. Ullmann(trans.), Boston: Plays, Inc. Publishers.

_____ (1975). *A Life for Dance*. London: MacDonald & Evans Ltd.

_____ (1975). *Laban Principles of Dance and Movement Notation*, Boston: Plays, Inc. Publishers.

Laban, R. & Lawrence, F. (1974). *Effort*, London: MacDonald & Evans Ltd.

Landborn, A (2006). Kinesthetic Culture: A Comparative Study of the Movement

Practices of Spanish Bullfighting and Flamenco Dance. Ph.D. Dissertation. Union Institute and University.

Lansdale, J. A. (1988). *Dance Analysis: Theory and Practice*, London: Dance Books.

Lin, Dah-Feng (2000). Bodyflowing: An Integrated Somatic Approach to Health and Well-being. Ph.D. Dissertation. The Ohio State University.

Lomax, A., Bartenieff, I. & Paulay, F. (1972). Choreometrics: A method for the study of cross-cultural pattern in film, New Dimensions in Dance Research Anthropology and Dance : The American Indian, *CORD*, 193-212.

Longstaff, J. S. (1988). Moving in Crystals: A Continued Integration of Polyhedral Geometry with Rudolf Laban's Choreutics Toward its Use as a Choreographic Tool, M.S, University of Oregon.

Lovell, S. M. (1992). Posture and Gesture and Personality Trait Measures: A Study of Nonverbal Behavior. Ph.D. Dissertation. The Claremont Graduate University.

McCaw, D. (2006). *An Eye for Movement, Warren Lamb's Career in Movement Analysis*, London: Brechin Books Limited.

Miller, S. (1988). The Effect of Laban Movement Theory on the Ability of Student Conductors to Communicate Musical Interpretation through Gesture. Ph.D. Dissertation. The University of Wisconsin-Madison. Neubauer, Florence.

Moore, C. & Yamamoto, K. (1988). *Beyond Words: Movement Observation and Analysis*, New York: Gordon and Breach.

North, M. (1972). *Personality Assessment Through Movement*, London: MacDonald & Evans Ltd.

Perkins, J, B. (1988). Images of Movement and Dance in Ancient Greek Art: A Qualitative Approach. Ph.D. Dissertation. The University of Wisconsin-Madison.

Pforsich, J. (1978). Labanalysis and dance style research: An Historical Survey and Report of the 1976 Ohio State University Research Workshop, *CORD Dance Research Annual IX*, 59-75.

Preston-Dunlop, V. (1998). *Rudolf Laban: An Extraordinary Life*, London: Dance Books Ltd.

Redfern, B. (1965). *Introducing Laban Art of Movement*, London: Dance Books Ltd.

Salter, A. (1978). *Laban : Perspectives on Notation, 2*, London: Laban Center for Movement and Dance.

Sandoval, M. C. (1985). Movement and World View: Applying Laban Movement Analysis and Magoroh Maruyama's Paradigms to the Comanche Dance and Lifestyle Data in Three Tewa Pueblos(New Mexico). Ph.D. Dissertation. University of California, Santa Cruz.

Schmitt, J. S. (1994). Tracking the Dream Figure: A Systems Approach to Understanding Meaning in Movement. Ed.D. Dissertation. Temple University.

Schwartz, P. (1995). Laban movement analysis: Theory and application, *JOPERD*, Feb. 25-26.

Silva, M. (1983). Rudolf Von Laban's Theory of Modern Educational Dance: Implications Elementary School. Unpublished ed. doctoral dissertation, Temple University Graduate Board.

Ullmann, L. (1959). The value I see in Laban's ideas, *The New Era in Home and School*, vol.40: 94-98.

Virilio, P. (1994). *Traces of Dance: Choreographers' Drawings And Notations*, Laurence Louppe(ed), Distributed Art Pub Inc.

Wigman, M. (1984). *Mary Wigman Book*, University Press of New England.

Wong, P. Kim-Hung(1989). Cultural Influences on Dance in the T'ang Dynasty and the Movement Characteristics of a Dance of the Period. Ph.D. Dissertation. The University of Wisconsin-Madison.

Youngerman, S. (1978). The Shakers based on Labanalysis, *CORD Dance*

*Research Annual IV*, 93-110.
Zhao, Liwei(2001). Synthesis and Acquisition of Laban Movement Analysis Qualitative Parameters for Communicative Gestures. Ph.D. Dissertation. University of Pennsylvania.

CMA Yearlong Curriculum Book(2002~2003). Laban/Bartenieff Institute of Movement Studies.
CMA Yearlong Curriculum Book(2003~2004). Laban/Bartenieff Institute of Movement Studies.

※ 인터넷 자료
www.prelectur.stanford.edu
www.limsonline.org
www.huntingdon.edu
http://www.movement-education.org
http://www.xoe.com/LisaSandlos/lma.html
www.imsmovement.com
http://www.movementsafoot.com
http://www.dancenotation.org
http://www.pina-bausch.de

## | 찾아보기 |


가까운 상태 220

가깝게 도달하는 224

가벼운 무게 83, 91, 189, 219

간접적인 공간 84, 95, 152, 181, 189, 220

감소되는 구문 표현법 116

감싸는 셰이핑 133, 223

강한 무게 83, 91, 219

개인 공간 144, 146-61, 177, 224

거들 스케일 168, 226

게스트Ann Hutchinson Guest 21, 28, 198

결정체Crystal Forms 144, 161, 177, 224

경로 150, 153

골반 앞으로 옮기기 217, 232

골반 옆으로 옮기기 217, 235

공간 140, 223

공간 에포트 95, 183

공간 인자 83, 219

공간적 긴장 151, 153, 226

공간적 당김 156, 184, 188-9, 191

공간적 의지 65

공간조화Choreutics 16, 19, 22, 140, 147

공인 움직임 분석가CMA 7, 58

괴벨스Joseph Paul Göbels 20

균형 205

그라운딩Grownding 75

그레이엄Martha Graham 64, 127, 234

그로토프스키Jerzy Grotowski 23

그로프Ed Groff 41

근위의 시작점 218

글레이스너Martin Gleisner 19

기본 동작 193, 206, 219

깨어 있는 상태 99, 220

꿈 같은 상태 99, 220

나아가는 셰이핑 133, 185, 223

낮은 높이 147

내려가는 셰이핑 133, 223

내리 베기 111, 166, 221

너그러운 에포트 요소 84, 220
넓어지는 셰이프 125, 127, 222
노스M. North 40
높은 높이 147
누르기 113, 116, 221
뉴러브Jean Newlove 28, 144, 164
느려지는 시간 93, 219
늘리기 53-4, 203, 212
늘어나는 셰이프 125, 222
니진스키Vaslav Nijinsky 44
니체Friedrich Wilhelm Nietzche 20

단조로운 구문 표현법 114
대측 움직임 74, 218
던롭Valerie P. Dunlop 198
던컨Isadora Duncun 88
데니스Ruth St. Denis 17
델사르트François Delsarte 16
동시적 진행 68, 218
동작 기호 200
동작선 84, 200, 207, 210
동작 충동 108, 221
동적인 신체 정렬 62, 227
두드리기 166
뒤꿈치 흔들기 217
뒤로 129, 223
디멘셔널 교차축 156-7, 162, 183, 225
디멘셔널 스케일 162
디멘션Demension 183, 224
디아고널Diagonal 225
디아고널 스케일 164, 225
디아미터Diameter 225
때리기 110, 166, 193, 221
뛰기 53, 203
뜨기 109, 165, 193, 221
뜨기/때리기 디아고널 225

라바노테이션Labanotaion 12, 21, 25-6, 40, 198
라반Rudolf von Laban 12, 27, 32, 82, 96, 144, 157, 161, 177, 183
라반 움직임 분석LMA 12, 22, 32-45, 180
랑게Roderyk Lange 33
램Warren Lamb 28, 36, 41, 120
로렌스F. C. Lawrence 81
로맥스Alan Lomax 40, 58
리듬감 있는 상태 98, 100
리몽José Limón 25
릴케Rainer Maria Rilke 18

마술 충동 106, 221
말단의 시작점 152, 218
머리-꼬리 63, 72, 218
먼, 희미한 상태 100
멀리 도달하는 224
모으기 54, 205, 223
모티프 구문 199
모티프 표기법Motif Writing 22, 49, 69, 198-214
몸 48-78
몸 분석 216
몸 중심-말단 63, 218
몸 중심의 시작점 217
몸 측면 움직이기 237

무게 에포트 90, 183, 191
무게 이동 54, 69, 204, 213, 240
무게 인자 83, 219
무릎 떨어뜨리기 217
무용/움직임 치료 28, 51, 58, 121
미끄러지기 111, 166, 221
미끄러지기/내리 베기 디아고널 174, 176, 225

바르테니에프Irmgard Bartenieff 26, 36, 40, 56, 63, 74, 120, 216
바르테니에프 기초 원리BF 26, 36, 48, 56-78, 216
바르테니에프의 기본 훈련Basic 6 48, 56, 78, 217
바우쉬Pina Bausch 12, 23, 42
바흐Johann Sebastian Bach 14
발달 단계 70, 218, 228
발달 유형 69
발란신George Balanchine 27
방향 지향적 셰이프 128, 152, 222
볼루트Volute 173, 175
불균형 205
불룩해지는 셰이프 125, 127, 222
뷔그만Mary Wigman 12, 23, 27
비틀기 112, 149, 166, 221, 225
빨라지는 시간 93, 219
뼈 표지점 77, 230

사지 중간의 시작점 218
살짝 두드리기 112, 221, 225
상동 움직임 72, 218
상반된 긴장감 76
상체-하체 63, 218
상측 움직임 73, 218, 237
상태 84, 220
상호친화성 180-96
셰이프Shape 36, 120-37, 222
셰이프의 유형 122, 136, 222
셰이프 흐름 37, 123, 126, 180, 194, 222
셰이핑Shaping 38, 132, 152, 223
셰이핑 기호 134
쇤베르크Arnold Schönberg 14
숀Ted Shown 17
수직면 129, 157, 175, 225
수직 보표 199, 211-3
수직선 160
수직축 155, 187, 224
수축하기 149, 203, 212
수평면 129, 157, 175, 189, 225
수평선 160
수평축 155, 187, 224, 236
순간 정지하기 203
순차적 진행 68, 218
스윙 구문표현법 116
스케일Scale 156, 161, 223
스타니슬라브스키Konstantin Sergeevich Stanislavsky 23
스티플Steeple 174-6
시간 에포트 92, 183
시간 인자 83, 219
시상면 129, 157, 175, 189, 225
시상선 160
시상축 156, 187, 225
시작점 217
심신일원론心身一元論 35, 44

아래로 129, 223
아리스토텔레스Aristoteles 41
악센트 구문 표현법 114
안정된 상태 102, 220
압축하는 또는 싸우는 듯한 에포트 요소 84, 220
앞으로 129, 223
액시스 스케일Axis Scale 167, 225
에드쉬드Janet Adshead 33
에콜 드 뷰 아트École des Beaux-Arts 21
에포트Effort 15, 17, 23, 61, 80-117, 184, 219
에포트 구문 표현법 113-7
에포트 동기 67
에포트 상태 98
에포트-셰이프 표기법 22, 40, 121, 183, 188, 191, 198
에포트 인자 67, 82, 87, 103
에포트 충동 103
엑스 롤X-Roll 217
여섯 가지 기본 훈련 58, 78, 227
역동 공간 145, 177, 224
연속적 진행 68, 218
열두 가지 기본 동작 53, 55, 133
열정 충동 105, 221
옆으로 교차하는 129, 223
옆으로 열리는 129, 223
오브리스트Hermann Obrist 14
올라가는 셰이핑 133
요스Kurt Jooss 23, 25, 27
우묵해지는 셰이프 125, 127, 222
운동학적 연결고리 75
울만Lisa Ullmann 26, 28
움직임 구문 61, 69, 81, 113, 173
움직임 유형 분석MPA 28, 35, 122
움직임의 시작점 67, 153
움직임의 진행 68
움직임 합창대 19-20, 26
원호 같은 128, 130, 222
위로 129, 223
유동적 상태 103, 220
융Carl Gustav Jung 17
이동하기 56, 201
일반 공간 145, 224

자라나는 셰이프 124, 222
자유로운 흐름 83, 87, 219
접기 54
정다면체 143, 161
정사면체 142, 161, 224
정십이면체 142, 161
정육면체 142, 161, 165, 191, 193, 224
정이십면체 142, 157, 161, 166, 224
정지하기 54
정팔면체 142, 161, 224
제스처Gesture 15, 32, 42, 51, 148
제스처/포스처 함께하기 53
제스처/포스처 흡수 53
좁아지는 셰이프 125, 127
주변적 경로 150, 154, 168-9
주변적 공간 긴장 153-4, 226
줄어드는 셰이프 124, 222
중간 높이 147
중간으로 도달하는 224

중심 반사 71
중심적 경로 150, 154, 167, 226
중심적 공간 긴장 132, 154, 226
중심 지지 64, 152
증가되는 구문 표현법 115
지지하기 55, 204, 213
직선 같은 128, 130, 223
직접적인 공간 25, 95, 152, 220
진동 구문 표현법 115
짧아지는 셰이프 125, 222

챔퍼논Irene Champernowne 17
추진 구문 표현법 116
충격 구문 표현법 115
충동 84, 221

카간E. Kagan 41
카프카Franz Kafka 18
칸딘스키Wassily Kandinsky 14, 82
커닝엄Merce Cuningham 27
케스텐버그Judith Kestenberg 121, 137
케스텐버그 분석표KMP 28
코너리Thomas Sean Connery 23
코레우틱스Choreutics 15, 26, 140
크누스트Albecht Knust 19, 22, 25
키네스피어Kinesphere 144, 146, 150, 224

탄력 구문 표현법 117
탄츠테아트르Tanztheatre 12, 25, 42
테일러Paul Taylor 25
통제되는 흐름 25, 83, 87, 219
튕기기 112, 166, 221
튕기기/누르기 디아고널 170-1, 174, 176, 225
튜더Anthony Tudor 25

팔 돌리기 217, 243
펴기 54
펼치는 셰이핑 133, 223
평면 129, 225
포사이드William Forsythe 27
포스처Posture 51
포스처-제스처 연결PGM 42
포시크J. Pforsich 40
프라이머리 스케일 170, 226
프로이트Sigmund Freud 17, 121
플라톤Platon 16, 41, 142
피봇 회전 56, 202
피타고라스Phytagoras 16, 142

한 단위 진행 218
해크니Peggy Hackney 137, 148
허벅지 들어올리기 217, 228
험프리Doris Humphrey 40
헤세Hermann Hesse 18
호스트Louis Horst 25
호흡 32, 37, 64, 70, 180, 183, 218
홈Hanya Holm 56
환상 충동 106, 221
황금 비율 140, 158
회전하기 55
회전 인자 66
횡단적 경로 151, 154, 168, 226

횡단적 공간 긴장　152, 154
후퇴하는 셰이핑　134, 223
훼이에Raoul Auger Feuillet　21
흐름 에포트　87, 152, 180
흐름 인자　83, 219
흩뿌리기　54, 205, 213
희미한 상태　220

1차원 공간　183
2차원 공간　189
3차원 공간　191
1차원의 움직임　155
2차원의 움직임　157
3차원의 움직임　160
27개의 공간 방향 기호　147, 226
A 스케일　171, 226
B 스케일　174, 226
C 스케일　177
D 스케일　177
BESS　22, 32, 37, 180-96

# 몸과 움직임 읽기

라반 움직임 분석의 이론과 실제

**펴낸날** 1판 1쇄 2010년 2월 26일
3쇄 2021년 1월 22일
**지은이** 신상미 · 김재리
**펴낸이** 이승아
**펴낸곳** 이화여자대학교출판문화원
**주소** 서울특별시 서대문구 이화여대길 52(우 03760)
**등록** 1954년 7월 6일 제9-61호
**전화** 02) 3277-2965(편집), 02) 362-6076(마케팅)
**팩스** 02) 312-4312
**전자우편** press@ewha.ac.kr
**홈페이지** www.ewhapress.com
**일러스트** 김진주
**디자인** 정혜진
**찍은곳** 한영문화사


ISBN 978-89-7300-865-0 93680

값 20,000원